MINERVA
社会学叢書
㊺

デュルケムの近代社会構想

有機的連帯から職能団体へ

流王貴義著

ミネルヴァ書房

デュルケムの近代社会構想——有機的連帯から職能団体へ　**【目次】**

目　次

【凡例】

文献に関して

一、本書では文献挙示を注にて行う。

一、当該文献への参照が本書で最初に行われる箇所では、その文献の完全な書誌情報を明記する。

一、書誌情報の提示に際しては、初出の年代を、角括弧（［ ］）の中に記した上で、参照頁については、リプリント版のものを示す。例えば、Émile Durkheim,［1893a］1998, *De la division du travail social*, Paris: Presses universitaires de France, p. 194 と記されている場合は、デュルケムが一八九三年に公刊した『社会分業論』につき、Presses universitaires de France が一九九八年に発行したリプリント版の一九四頁への参照を求めている。

一、初出が雑誌論文の場合は、初出雑誌の書誌情報を明記した上で、参照頁については、リプリント版が存在するならば、リプリント版のものを記す。例えば、Émile Durkheim, [1889], "Analyse et compte rendu d'Ferdinand Tönnies, Gemeinschaft und Gesellschaft: Abhandlung des Communismus und des Socialismus als empirischer Culturformen," *Revue philosophique de la France et de l'étranger*, 27: 416–22. Reprinted in Victor Karady（ed.）, 1975, *Textes, t. 1*, Paris: Minuit, p. 390 と記されている場合は、一八八九年の『フランス哲学評論』第二七巻にデュルケムが発表したテンニースの『ゲマインシャフトとゲゼルシャフト』の書評論文につき、一九七五年に発行されたリプリント版の三九〇頁への参照を求めている。

一、二回目以降の参照については、著者の姓と初出年、参照頁のみを明記する。同一の著者が同一の年に公刊した文献が複数ある場合は、初出年の後に小文字のアルファベットを添えて区別する。例えば、Durkheim, [1893a], op. cit., p. 194と記されている場合、『社会分業論』のリプリント版の一九四頁への参照を意味している。

一、本書で参照を求めたすべての文献につき、論文の末尾に文献表を置き、その完全な書誌情報を明示する。

引用に関して

一、引用文中のイタリック、傍点等の強調については、原則としてすべて原文によるものである。

一、日本語以外の文章からの引用については、すべて流王が直接訳出している。

一、引用文につき、途中を省略した場合は、「〔中略〕」「[...]」という記号で、その箇所を明示する。

序章

同時代への応答としてのデュルケム社会学

本書の目的は、前期デュルケムの近代社会構想の検討である。「有機的連帯から職能団体へ」という副題に示したように、デュルケムの近代社会構想には、一八九三年に公刊の『社会分業論』で提示された有機的連帯論と、一八九七年の『自殺論』、一八九八年から一九〇〇年にかけての講義録である『社会学講義』、一九〇二年の『社会分業論』第二版への序文を中心としてデュルケムが展開した職能団体論の二種類が存在する。この二つの近代社会構想に共通するデュルケムの問題関心とは何なのか、なぜデュルケムは『社会分業論』を公刊した後、有機的連帯論に替わる新たな近代社会構想を提示しようと考えたのか。本書の特徴は、『社会分業論』や『社会学講義』といったある程度の長さのあるテキストだけでなく、それ以外の短いテキストにも考察の範囲を広げ、これらの近代社会構想を提示するに至ったデュルケムの問題関心にも留意した上で、その理論的な意義の検討を試みる点である。

ではなぜ前期デュルケムの社会学を検討するに際し、近代社会構想という観点を本書は採用するのか。その理由は、デュルケムの社会学を、同時代の現実や思想的状況に対する応答として理解することを試みたためである。社会学史研究においてデュルケムはまず、客観的な観察に基づく学問としての社会学の確立を試みた先駆者であり、『社会学的方法の規準』や『自殺論』の著者として理解されてきた。本書が主な検討対象とする『社会分業論』や『社会学講義』においても、このような方法論的立場を確かにデュルケムは繰り返し主張している。有機的連帯論や職能団体論を提示する際においても、努めてデュルケムは、それらの近代社会構想が、単なる自らの主観的な立場の表明ではなく、近代社会の現状とその歴史的な背景から、あたかも客観的に導き出されるような構想と映るように立論を行っている。有機的連帯の形成は、社会の形態学的な要因から自然と導き出される現象であり、職能団体の再建も、中世以来のヨーロッパの歴史の方向性に沿った出来事であるかのように。

しかしこのデュルケム自身の客観的な議論の仕方のみに囚われていては、デュルケムの提示した近代社会構想の意義を十分に理解することはできない。デュルケムの近代社会構想を、それ自体として理論的に完結した抽象的モデルと捉えるのではなく、デュルケム自身が直面していた同時代の現実や思想的状況との対照を通じて、その意義の再検討を試みるならば、有機的連帯論にせよ、職能団体論にせよ、デュルケムが同時代の現実を直接的に概念化したわけではない点が明らかとなるだろう。『社会分業論』の第三部のタイトルが「分業の異常形態」となっている通り、デュルケム自身も同時代の現状をそのまま是認してはいないのである。したがって、有機的連帯論や職能団体論は、単に当時の社会を客観的に観察して導出された結論なのではなく、同時代の現実を危機と評価した上で、それを克服する道筋の提示を試みた構想として理解するのが適切である。本書では、同時代の現状に対してのデュルケムの発言が踏まえている現実を、歴史学の知見を踏まえた上で検討し、デュルケムがいかなる現実に対処すべくこれらの近代社会構想を提示したのか、その理論的な意義の検討を試みたい。

また、一九世紀後半のヨーロッパにおいて、同時代の現実に危機感を覚えていたのはデュルケムに限らない。『社会分業論』に登場するオーギュスト・コントやハーバート・スペンサーも、議論の力点に相違はあれ、当時の社会の現状に対する批判を提起した上で、独自の提案を行っている。したがって、『社会分業論』においてデュルケムが提示した有機的連帯という近代社会構想の意義を理解するためには、それをコントやスペンサーの提起した構想への対案として解釈する作業が欠かせないのである。本書では、検討の対象を『社会分業論』以前の執筆となる短いテキストにも広げ、デュルケムが当時のヨーロッパにおけるさまざまな社会構想を視野に入れた上で、個々人の自由の保障と社会統合の両立という独自の規範的な問題関心に基づき、その近代社会構想を提起した点を明らかにしたい。

デュルケムの社会学を同時代の現実や思想的状況に対する応答として理解を試みる視点に基づき本書は、八つの章にて、その近代社会構想の特徴を検討する。

まず第1章では、デュルケムに関する研究史を概観した上で、前期デュルケムの近代社会構想を論じる意義と、この課題に関心が抱かれてこなかった経緯を検討する。第2章では、前期デュルケムの近代社会構想を主題として論じる準備を整えるため、タルコット・パーソンズが『社会的行為の構造』で設定したデュルケム解釈の枠組み、すなわち、後期の宗教社会学を到達点としてデュルケムの学説の展開を理解する枠組みが、前期のテキストの解釈に与えている偏りを指摘し、その解釈の相対化を行う。

第3章では、『社会分業論』以前にデュルケムが執筆したテキストに着目し、有機的連帯という近代社会構想にデュルケムが込めている規範的な問題関心を明らかにする。第4章では、道徳というデュルケム社会学の鍵となる用語に着目し、『社会分業論』の理論枠組みを確認する。第5章では、「契約における非契約的要素」というデュルケムによるスペンサー批判の論点に着目し、有機的連帯の形成と維持を可能とするメカニズムを特定する。第6章では、『社会分業論』の第三部を主な対象として、デュルケムの同時代認識との対照を通じ、有機的連帯という社会統合の理念の理論的な意義を明らかにする。

第7章では、『社会分業論』を公刊した後、なぜデュルケムは職能団体論という新たな近代社会構想の提示を試みたのか。デュルケム自身による『社会分業論』の評価を検討した上で、これら二つの近代社会構想に共通する問題関心と職能団体論を導入した理由を解明する。第8章では、『社会学講義』と『社会分業論』第二版への序文を中心として、国家と職能団体との拮抗関係の制度化の主張という職能団体論の理論的な意義を明らかにする。

第1章 デュルケム研究の現在

1　デュルケムの学説の展開という問題

本書が検討を加えるのは、フランスの社会学者、エミール・デュルケム（一八五八─一九一七）の近代社会構想である。[1] 第1章では、この主題を論じる意義を、デュルケム研究史を踏まえながら提示したい。

デュルケムの社会学を論じる際に問題となってきたのは、その学説の展開をいかにして理解すべきなのか、という論点である。デュルケムが最初に公刊した著書は、パリ大学文学部[2]に提出した博士主論文が原型となっている一八九三年の『社会分業論』である。[3]『社会分業論』にてデュルケムは、過去の社会における統合の形態を機械的連帯と呼んだ上で、分業の展開する現代においては、そのような形での社会統合は弱体化せざるをえず、分業の進展に即した新たな社会統合の形態である有機的連帯の形成が必要であると主張した。[4] その後もデュルケムは、一八九五年に『社会学的方法の規準』、一八九七年に『自殺論』を公刊し、社会学という新興の学問に独自の方法論を定式化すると同時に、自殺という具体的な現象に即して、一九世紀末のヨーロッパ社会を歴史的な視野の下に考察する研究を世に問うていたのである。[5] その後もデュルケムは一八九八年に『社会学年報』を創刊、一九〇二年にはパリ大学へと異動し、フランスの学術界における地歩を着実に固める。[6] そのデュルケムが一九一二年に公刊したのが、オーストラリアの先住民族社会における宗教を考察の対象とした『宗教生活の原初形態』である。[7]

デュルケムが一五年ぶりに公刊したこの著作で扱われている内容が、それまでの三冊とは一見するだけでも異なるため、その間のデュルケムに何らかの変化があったのではないか、という問題を生み出したのである。確かにパリ大学へ異動する前、ボルドー大学で教鞭をとっていた時代にデュルケムが公刊した三冊の著作においても、過去の社会との比較という視点が随所に用いられているため、世界各地の民族誌の資料が引証される例は見られる。[8] 機械的連帯の例証としてデュルケムが『社会分業論』で提示するのは、『旧約聖書』のモーセ五書であり、タキトゥスの『ゲルマニア』であった。[9]『自殺論』においても、集団本位的自殺の例証として、いわゆる「未開社会（sociétés inférieures）」に関する民族誌が多数引証され、『社会学的方法の規準』においても、「単純な社会（société simple）」としてのホルドが民族誌の記述を基にして想定されている。[10] しかしこれら三冊の著作における主題はあくまでも、デュルケムが直面していた一九世紀末のヨーロッパ社会であり、民族誌の資料に基づく記述や概念は、その特徴を際立たせる限りで用いられているにすぎない。専ら方法論的な内容に論述を限定している『社会学的方法の規準』は別としても、『社会分業論』や『自殺論』でデュルケムは、その末尾において、著作で論じた主題を当時の社会における「実践的な問題（le problème pratique）」「非常に深刻な実践的諸問題（des plus graves problèmes pratiques）」と関係づけた上で、論述を閉じているのである。[11]

一方、『宗教生活の原初形態』で論じられているのは終始、デュルケムが「最も原始的で最も単純な宗教（la religion la plus primitive et la plus simple）」と見なしたオーストラリアの先住民族の宗教である。[12] このような宗教を研究する理由としてデュルケムが提示している目的は確かに、「現代における人間（l'homme d'aujourd'hui）」の特徴を明らかにするためであると説明されているが、ここでデュルケムが探求を試みているのは、「人間の宗教的な特質（la nature religieuse de l'homme）」「人間性の本質的・恒久的な側面（un aspect essentiel et permanent de l'humanité）」なのであって、世紀転換期のヨーロッパ社会に特有の諸側面を明らかにすることではなくなっているのである。[13]

デュルケムの研究者の間では、『社会分業論』『社会学的方法の規準』『自殺論』という専ら同時代のヨーロッパ社会の特質を描き出すことが主題となっている三つの著作を中心としたボルドー時代を前期、『宗教生活の原初形態』へと結実する宗教研究を展開するに至ったパリ時代を後期として、デュルケムの学説の展開を大きく区分することが一般的である(14)。本書もデュルケムの学説の展開に関するこの大まかな区分を前提とした上で、前期のデュルケムが提示したその近代社会構想を検討する(15)。

2 パーソンズの解釈枠組み

本書の検討対象はデュルケムの近代社会構想であり、この主題についてデュルケムが考察を加えているのは専ら前期に区分されるボルドー時代なのであれば、検討すべきテキストをその時期のものに絞り込み、分析に着手すればよいかと言うと、事態はそう単純ではない。というのも、デュルケムの学説の展開をいかにして理解すべきか、というデュルケム研究の積み重なりの中で論じられてきた問題が、デュルケムの個々のテキストの理解を方向づける解釈枠組みを規定しているからである。したがって、たとえ前期のデュルケムのテキストに分析の対象を限定したとしても、それらのテキストの内容を適切に理解するためには、デュルケムの学説の展開に関する理解と連動して形成されてきたデュルケムのテキストに関する解釈枠組みを相対化する作業が必要となるのである(16)。この解釈枠組みの相対化という作業を行う上で必要なのは、デュルケム研究の蓄積それ自体を、社会学史研究の対象として考察することである(17)。以下で展開する先行研究の整理は、デュルケムの学説に関する解釈枠組みがいかにして形成されてきたのか、という問題関心の下に行うものである。

デュルケムの学説の展開に関する問題を提起し、この問題をデュルケム解釈の枠組みと関連させて論じたのは、パーソンズの『社会的行為の構造』である。[18] パーソンズ自身は同書の目的につき、以下で論じる人物の「著述や思想が何であったかを突き止める」ことにはなく、同書の叙述は「近年のヨーロッパにおける社会理論史（a history of sociological theory in Europe in, roughly, the last generation）」を意図しておらず、同書で取り上げる論者に関する「包括的な解釈（a general secondary interpretation）」を行うつもりもない、との断りをその冒頭で再三行っている。[19] しかしこのパーソンズによるデュルケム論が、著者自身の意図とは別に、後のデュルケム理解を大きく規定しているのも事実である。[20] そのため本書ではまず、この『社会的行為の構造』におけるデュルケム解釈の枠組みにつき、デュルケム研究の積み重なりの基層として、その特質の確認を行いたい。

『社会的行為の構造』におけるデュルケム論の冒頭でパーソンズは、デュルケムの学説の展開につき、初期において不明瞭であった着想が漸進的に明確化する過程としてではなく、そこには「根底的な変化（a fundamental change）」が存在する、との特徴づけを与えている。この特徴づけを踏まえた上でパーソンズは、デュルケムの学説の展開を、四つの時期に区分するのである。すなわち、『社会分業論』を中心とした初期の形成期、『社会学的方法の規準』と『自殺論』を中心とした初期の総合期、「個人表象と集合表象」『道徳教育論』「道徳的事実の特徴づけ」を中心とした移行期、『宗教生活の原初形態』を中心とする最終期である。[21] 時期区分の数としては四つとなっているが、実質的にはボルドー時代を前期、パリ時代を後期とする本書での区分と同一である。[22]

この前期から後期へ向かうデュルケムの学説の展開をパーソンズは、「実証主義的な（positivistic）」理論体系の構築を目指したのだが、後にそれとは別の理論体系の構築へ向かった、と特徴づけている。[23] ただしこのパーソンズによるデュルケム解釈の枠組みにおいて、デュルケムの学説の展開の前期と後期は、同等の扱いを受けているわけではない。もちろん『社会的行為の構造』の全体の叙述におけるデュルケムの位置づけが、二〇世紀初頭のヨーロッパの社会思想において、「実証主義的な」理論体系の伝統に対する疑念が増大し、「行為の主意主義的理論（voluntaristic theory of action）」というパーソンズが新たに提示を試みようとする理論体系への模索が生じている一例となっている以上、前期に比べて後期の学説が肯定的な評価を受けるのは、当然とも言える(24)。

しかしパーソンズのデュルケム解釈の特徴は、後期を肯定的に評価する一方で、前期を否定的に描く、という単純な対比の図式に収まるものではない。デュルケムの学説の展開につきパーソンズは、「共有価値という要素（the element of common value）に注意を集中する過程」と特徴づけた上で、前期のデュルケムを、「実証主義的な」理論体系の内部において、その体系に収まりきらない要素の存在を感知しているものの、自らの洞察を適切には理論化しえなかった錯綜した存在として描き出しているのである(25)。すなわち、パーソンズの設定したデュルケム解釈の枠組みの特質とは、道徳や集合意識といったパーソンズが肯定的に評価する後期の要素の萌芽を前期にも見出した上で、その後期に結実する萌芽に着目して、前期のデュルケムの学説を叙述する、というものである。このパーソンズによる両義的なデュルケム像が、前期に属するテキストの理解を、現在もなお、独得の仕方で方向づけているのである(26)。

3　デュルケム・ルネサンス

『社会的行為の構造』をパーソンズが公刊した一九三七年の状況と比べると、デュルケム研究の文献学的な基盤は現在、格段に整備されている。一九四九年には、本書でも主要な検討対象とする『社会学講義』のフランス語版、一九五七年には英訳版が公刊され、近代社会における経済活動の規整やデモクラシー、法の役割に関して、『社会分業論』以降のデュルケムがどのような考えを持っていたのかをうかがい知るための重要な資料が手に入るようになっている。[27][28] 一九五五年には、最晩年に講義された『プラグマティズムと社会学』が出版され、デュルケムの宗教論が持つ知識論・認識論としての側面を検討する資料が提供されるに至った。[29] 加えて一九七〇年代には、デュルケムが雑誌等に発表したテキストが網羅的に公刊され、著書に限定されないデュルケムの著作活動の全体を捕らえることが可能となっている。[30] この七〇年代における文献学的な基盤の整備を受け、パーソンズを中心とするそれ以前のデュルケム像の批判を試みたのが、デュルケム・ルネサンスと称される研究潮流である。

七〇年代に始まるこのデュルケム・ルネサンスという研究潮流において試みられたのは、機能主義、経験主義という文脈で理解されたデュルケム像からの脱却である。[31] 具体的には、個人よりも社会秩序の維持を重視する保守主義者、『社会学的方法の規準』における経験主義的な社会学の提示、というデュルケム理解の相対化である。[32] このような課題に取り組むべく、デュルケム・ルネサンスにおいて強調されたのは、社会学における理論や方法の発展を抽象的に捉え、その一段階としてデュルケムを位置づけるのではなく、当時の歴史的文脈に即したデュルケム像を提示する重要性である。[33] このような問題関心の下、例えばドレフュス事件に際してのデュルケム政治活動や第三共和政下での高等教育行政との密接な関係が指摘され、社会史的な視点を加味した新たなデュルケム像が提起されたのである。[34] さらに九〇年代以降では、甥のモースに宛てたデュルケムの手紙、リセの教師時代やボルドー大学時代の講義ノートも刊行され、デュルケムの伝記的・思想史的な研究も飛躍的に進展している。[35]

このようにデュルケムという個人に対象を限定したとしても、書き残されたテキストや関連する資料、考慮すべき社会史的・思想史的な背景が爆発的に増加しているため、近年のデュルケム研究においては、先に述べたデュルケムの学説の展開についての時期区分に従い、主題を限定して論じるのが一般的となっている。具体的な主題としては、大まかに二つの方向性に区分することができる。すなわち、後期の宗教社会学と、前期を中心とした法社会学・政治社会学である。[36] デュルケムの近代社会構想について論じる本書は、この後者に属するものである。

4 パーソンズの解釈枠組みの影響

このようなデュルケム・ルネサンス以降の研究水準の飛躍的精緻化を受け、改めて問うべきなのは、パーソンズの設定したデュルケム解釈の枠組み、すなわち、後期へ向かう萌芽に着目して、前期のデュルケムの学説を叙述する、という解釈枠組みが、果たして適切なのか、という論点である。しかし本書の見るところ、この問題に関して、デュルケム研究の現状は、未だなおパーソンズの解釈枠組みに囚われていると言わざるをえない。[37] 以下では、デュルケムの宗教社会学と法社会学・政治社会学それぞれの代表的な研究を例にとり、パーソンズの設定した解釈枠組みの影響を検討したい。

宗教社会学研究への影響

まずデュルケムの宗教社会学に関する研究だが、この主題について現在までのところ最も包括的な叙述を行っているのはピカリングの研究である。[38] このピカリングの本では、記述の多くが後期のテキストの分析に割かれているのは当然であるが、宗教に対するデュルケムの関心は、その初期から一貫して強いとの特徴づけがなされた上で、少なくとも高等師範学校（École normale supérieure）に入学した一八七九年にはすでに宗教に対する関心をデュルケムが抱いていたとの指摘がなされている。[39] またピカリングは、『社会分業論』以前にデュルケムが執筆した書評論文においても、宗教を論じた著作が多く扱われていると評価している。[40] 特に一八八六年の書評論文においてスペンサーの宗教論を扱った箇所には、宗教に対するデュルケムの姿勢、すなわち、「共通の信念（common belief）」が社会の存立には必要という発想が見られる、との解釈を提示している。[41] その上でピカリングは、『社会分業論』につき、機械的連帯における刑法と宗教との関連に言及し、『自殺論』については、カトリックとプロテスタントの教義とその社会的性格の違いが、自殺率に影響を与える、との内容を紹介している。[42] もちろんこのピカリングの研究は、デュルケムの宗教社会学を主題としている以上、宗教に関する言及を軸としてデュルケムの学説の展開を叙述するのは当然である。それでもなお本書がこのピカリングのデュルケム研究について注目を促したいのは、前期のデュルケムに関する特徴づけ、すなわち、デュルケムはその最初期から、社会の統合には、宗教を典型とする共通の信念が不可欠であるとの洞察を抱いており、前期のテキストにも、例えば『社会分業論』の機械的連帯のように、この洞察が潜在的には伏流している、という特徴づけが、正しくパーソンズの設定した解釈枠組みに一致しているからである。

デュルケムの宗教社会学に関する考察として、もう一冊とりあげるべきは、山崎亮の研究である。[43] 宗教に関するデュルケムの見解につき、ピカリングがその一貫性を主張するのに対して、山崎はそこに「決定的な転回点」があると指摘している。その上で山崎は、デュルケムの学説の展開につき、『社会分業論』において典型的に見られた「初期の決定論的観点が徐々に緩和されて理想主義的観点が支配的になっていく過程」との解釈を提示している。[44] この山崎のデュルケム理解も、パーソンズの設定した解釈枠組みからの大きな影響が見られる。[45] まず

『社会分業論』におけるデュルケムの立場を「決定論的」と特徴づける根拠につき山﨑は、機械的連帯から有機的連帯への移行に際しての人口圧の議論を引き合いに出しているが、この論点はパーソンズが提起したものであり、デュルケムのテキストから直接導き出されるものではない[46]。加えて山﨑は、『社会分業論』における社会概念の中核に位置するのは、「集合意識の概念」であるとの理解を提示した上で、有機的連帯については、「一定の社会的権威によって支えられている」のであり、「間接的にせよ、集合意識の共通性を常に前提」としている以上、「有機的連帯は結局のところ機械的連帯に帰着せざるを得ない」として、その社会統合の類型としての独自の意義を否定的に解釈するのである[47]。

ピカリング、山﨑の研究は、デュルケムの宗教社会学を対象としている以上、後期のテキストに重点を置き、前期のテキストについては、後期へ向かう萌芽を見出そうとする態度をとるのは当然とも言える。そのため、同様の解釈枠組みをとっていたパーソンズのデュルケム理解との親和性が、特にその前期のテキストについては、強く出てきてしまうのであろう。しかしこのパーソンズの解釈枠組みは、デュルケムの法社会学・政治社会学を主題とした研究においても、強い影響を及ぼしている。以下ではその代表例を取り上げ、この点について検討を行う。

法社会学・政治社会学研究への影響

デュルケムの法社会学につき、近年で最も包括的な考察を行っているのは、コテレルの研究である[48]。コテレルは、デュルケムにとって「法に関する研究はその社会学の正しく本質的かつ主軸をなすものである」と解釈しているが、実際のところデュルケムの法社会学のすべての側面を肯定的に評価しているわけではない[49]。コテレルは、宗教の重要性をデュルケムが意識するようになるにつれ、法に対する捉え方も、「機能主義的な見方（functional view）から理念主義的な見方（ideational view）」へと変化すると理解し、『社会分業論』の議論は専ら法を社会統合の指標としてのみ捉えているにすぎず、また社会が複雑化するにつれ、それに対応した法が自動的に生ずるとしたデュルケムの議論は、なぜ人が法を尊重するのか、その基礎を適切に説明できていない、として否定的な評価を下しているのである。(50)その上でコテレルは、『社会分業論』での議論においてこのような難点が生じてしまったのは、復原的法を支える価値と集合意識との関係が見出せていないためであると指摘し、近代社会においても信念や感情の共有が本質的な役割を果たしているはずであると主張する。(51)さらにコテレルは、『自殺論』や一八九八年の個人主義についての論文に依拠しながら、近代社会における共有された信念とは、個人の尊重という価値観であり、この価値観にこそ、近代法の道徳的基礎が求められる、との理解を提示するのである。(52)有機的連帯の基礎には信念や感情の共有といった機械的連帯に由来する要素が存在し、その要素とは個人の人格そのものに対する倫理的な価値づけであるとの指摘を行ったのはパーソンズであるが、コテレルのデュルケム解釈も、その枠組みを踏襲しているのである。(53)

デュルケムの政治社会学について包括的な考察を行っているのは、ラクロワの研究である。(54)しかしラクロワも『社会分業論』については否定的な評価を下すに留まっている。すなわち、『社会分業論』においては国家や政府の権限、宗教や集合意識に関する考察がわずかしか存在せず、デュルケムの政治社会学を論じるには不十分な素材にすぎない、との判断である。(55)加えてラクロワは、『社会分業論』の理論構成は過度に決定論的であり、人間の自由を考慮に入れていないとも批判している。(56)一方でラクロワが肯定的に評価するのが、宗教の重要性を意識するに至った後のデュルケムのテキストである。例えばラクロワは、デュルケムが一八九八年に発表した「個人表象と集合表象」を引き合いに出しながら、形態学的な要素に対する表象の相対的な独立性を指摘した上で、そこに人間の自由の可能性と政治的なものの独自の位相が見出せるとの理解を提示している[57]。このラクロワの研究は、パーソンズの『社会的行為の構造』を直接的に参照しているわけではないが、前期デュルケムの学説を否定的に評価し、後期のテキストに重点を置いた解釈を提示するという点で、パーソンズと同様の解釈枠組みに依拠していると見なすことができるであろう。

以上で概観したように、デュルケム・ルネサンス以降の文献学的な基盤の充実とそれに基づいた個別的な主題に関する考察の深化が存在するとはいえ、道徳や集合意識といった後期のデュルケムにつながる要素の萌芽に着目し、前期のデュルケムの学説を叙述する、というパーソンズの設定した解釈枠組みは依然として揺らいでいない。このパーソンズによるデュルケム解釈の枠組みは、後期へ向かう発展の準備段階として前期を位置づけるため、結果として前期の学説それ自体の意義が問われないままに置かれる、という結果を招いてしまっている。よって、前期のデュルケムが提示した近代社会構想の独自の意義を検討しようとする本書においては、このパーソンズの解釈枠組みの偏りを意識し、その相対化を試みることが、不可欠の作業となるのである。

5 デュルケムとその歴史的背景

一九七〇年代に始まるデュルケム研究の新たな潮流が、既存のデュルケム研究の単なる延長ではなく、デュルケム・ルネサンスと呼び習わされているのは、専らテキストの解釈のみに依拠していた既存のデュルケム理解に対し、新たなデュルケム像を提示すべく、社会史的・思想史的な知見を積極的に参照するだけでなく、同時に、学史研究の方法に関する反省的意識を高めた点にもその理由の一端が求められる。例えば七〇年代の後半には、ジョーンズが、当時政治思想史研究の分野で注目すべき方法論を提示していたスキナーの議論をデュルケム研究にも援用し、既存のデュルケム研究は現在において提示された理論の正当性を裏づけるために歴史を利用しているに過ぎないと批判した上で、デュルケムの学説の内容を正確に理解するには、その歴史的背景に即した解釈が必要であると指摘している。[58] 以下では歴史的背景の考慮を重視した七〇年代以降のデュルケム研究につき、狭義の社会学史研究よりも広い範囲を視野に収めつつ、個々の研究が新たなデュルケム像を提示すべく、いかなる歴史的背景に注意を向けているのか、という前段とは別の側面に着目し、その特性の検討を試みたい。

デュルケム・ルネサンス以降のデュルケム研究が着目してきた歴史的背景には三つの潮流があると、本書は理解している。一つ目が、一九世紀ヨーロッパにおける産業化という歴史過程に留意する研究、二つ目がフランス第三共和政という当時の政治体制とデュルケムとの社会史的な関係に留意する研究、三つ目が一九世紀フランスの政治文化に留意する研究である。

産業化という背景

まず一つ目の一九世紀ヨーロッパにおける産業化という歴史過程を背景としてデュルケムの理解を試みる研究だが、その代表者はギデンズである。[59] ギデンズは産業化という経済的な現象をデュルケム解釈の歴史的背景として重視しているのだが、同時に一九世紀フランス史研究としては当時の学界でも最先端であったコバンの研究にも依拠しているため、その一九世紀の捉え方には、社会史的な視点も取り入れられている。[60] すなわちギデンズは、一九世紀のフランスとは、ヨーロッパ規模で進展する産業化の影響を受けつつも、カトリック教会や金利生活者、農民が依然として力を持っている保守的な社会、自由・平等という理念がフランス大革命において提示されつつも、その理念に現実が必ずしも一致していない社会であるとの認識を示している。(61) このような歴史的背景を設定した上でギデンズは、デュルケムが解決を試みた課題とは、産業化を原因とする社会変動の中で、自由や平等といったフランス大革命の理念をいかにして実現するのか、という問題である、との理解を提示する。さらにギデンズは、その解決策としてデュルケムが考えていたのは、革命の理念を国民全体が共有すべき「道徳的個人主義(moral individualism)」として新たに定式化した上で、国家の力によりそのような価値観の実現を図ることである、との理解を提起する。このような解釈に基づきギデンズは、「道徳的個人主義」の提唱者、というデュルケム像を提示するのである。(62)

フランス第三共和政という背景

二つ目のフランス第三共和政という当時の政治体制、特にその高等教育行政とデュルケムとの社会史的な関係に留意する研究だが、このような視点に立つデュルケム理解は、七〇年代において一世を風靡した。(63)『フランス社会学評論』では一九七六年の一七巻二号と七九年の二〇巻一号において、相次いでデュルケムとデュルケム学派特集が組まれ、デュルケムの知的営為を社会史的な視点から考察する研究が一躍注目を浴びたのである。(64) 本書ではこの研究潮流の先駆けであるクラークのデュルケム論を例として、その特徴を検討する。(65)

これらの研究においてなぜ当時の政治体制や高等教育行政との関係に注目が集まるかと言うと、それはデュルケムが社会学者としての地歩を固めたのが、フランスにおいて国家主導により大学教育が大幅に拡充された時期に当たるからである。フランス大革命期における大学解体以降、第二帝政に至るまで、フランスの大学は制度的にも知的にも停滞を続けていたが、第二帝政を崩壊させる引き金となったプロイセンへの敗北の原因が、フランスにおける高等教育水準の劣悪さに求められた事情も加わり、第三共和政下では高等教育の再編、ならびに規模の拡大、大学教員のポストの増加が急激に進められたのである[66]。高等教育行政に関するこのような状況を踏まえた上でクラークが提起しているのは、一八七〇年から一九一四年に至るフランスにおいては、社会学的な研究を進めていた集団が複数存在していたにもかかわらず、なぜデュルケムを中心とした学派のみが、大学での学問的地位を確立したのか、という問題である[67]。

デュルケムの学問的影響力が確立した経緯に関するこのクラークの研究に特徴的なのは、デュルケムの学説それ自体を論じるのではなく、専らデュルケムを取り巻く社会史的な背景に考察を集中させる点である。クラークによれば、一九世紀末のフランスでデュルケムの社会学が大きな影響を持ったのは、高等教育の再編という制度的な変化に対し、デュルケムを首領とした学派が適応した、という社会史的な事実に原因を求めるべきなのである。クラークが指摘しているのは、デュルケムが当時の教育行政の実力者と、人脈的にもイデオロギー的にも近かった点、デュルケム学派がナショナリズムを強く志向していた点、他の学問分野に対して敵対心を抱いていた点である[68]。以上の社会史的な指摘を踏まえクラークは、共和主義のイデオローグというデュルケム像を提示するのである[69]。

一九世紀フランスの政治文化という背景

三つ目の一九世紀フランスの政治文化に留意する研究であるが、この潮流が研究の対象としているのは、狭い意味でのデュルケム解釈ではなく、一七八九年に始まる大革命以降のフランス思想史である[70]。しかしこの研究潮流においてデュルケムが、一九世紀末のフランス社会思想の特徴を表す人物として取り上げられる例が多いため、そのデュルケム像について検討を行う。

政治文化論の着目する歴史的背景は、フランス大革命からの一九世紀史全体を対象としている。この研究潮流の代表的な論者であるロザンヴァロンは、フランス大革命において提唱された政治文化とは、中間団体の否定、代表の否定、法の一般性の強調によって特徴づけられる「一般性の政治文化（culture politique de la généralité）」であると指摘する。ルソーの『社会契約論』にその最も顕著な表現を求めるこの政治文化は、一般性を体現する国家とそれを構成する個々人との二元論的な図式を強調し、政治制度や法制度の運用のみならず、個々人と国家とを媒介する中間集団の存在を、図式においてのみならず、実際の存在としても否定しようとする。[71] しかし現実に国家を運営し、安定した社会秩序を維持するためには、中間団体などの社会に存在する具体的な集団との折り合いを付ける必要がある。[72] 以上の問題関心が顕在化し、フランス大革命において主張された「一般性の政治文化」の再構成が進むのが、社会学者デュルケムの活躍した第一次世界大戦前の第三共和政期なのである。したがってデュルケム像として提示されるのは、「一般性の政治文化」が否定していた「社会的なもの（le social）」を再発見した論者、ということになる。[73]

社会構想という観点

以上で検討してきたこれら三つの研究潮流は、同時代において格段の進展を遂げた社会史や思想史の知見を取り入れながら、それぞれに独自の歴史的背景を取り上げ、専らテキストの解釈のみに考察を限定していた既存の研究とは異なるデュルケム像を提示することに成功している。[74] しかしこれらの研究潮流においては、テキストではなく歴史的背景に留意したデュルケム像を提示するという方法意識が主張されるあまり、デュルケムのテキストに関する体系的な読解を禁欲する傾向も指摘できる。この禁欲が結果として、パーソンズの解釈枠組みの延命に寄与しているのである。

したがって現在必要なのは、社会史的・思想史的な知見を踏まえた上で、再度デュルケムのテキストの解釈に取り組み、デュルケムの提示した概念や社会構想の理解を深化させる作業である。先に紹介した政治思想史家のスキナーも、歴史的背景に留意したテキストの読解を進める必要性を主張する反面、テキストの意味を歴史的背景に還元しようとする傾向についても懸念を示している。歴史的背景に関する知見は、テキストの理解の助けとなる可能性を秘めているのであるが、特定のテキストの意味を、社会的なコンテキストの反映として理解を試みる態度は、歴史における理念や概念の独自の位相を見失わせてしまう危険も含んでいるのである[75]。

前期デュルケムの学説の理解に際し、本書がその社会構想という観点から解釈を試みるのは、この歴史における理念や概念の独自の位相に留意するためである。一九世紀末から二〇世紀の初頭のフランスに生きたデュルケムは、同時代のヨーロッパ社会の病理的な現状に関する分析を単に展開しただけではなく、そのような危機的状況を克服する社会構想を積極的に提示した社会学者なのである。自らの提起した概念を通じてデュルケムは、直面する現実をいかに捉え、既存の理解のどのような点を批判し、いかなる社会を展望したのか[76]。デュルケム社会学の新たな可能性を探究するためには、デュルケムのテキストを現実の単なる反映として捉えるのではなく、デュルケムにより新たに提起された概念や理念を媒介とした構想の提示として捉える観点が必要なのである[77]。

注

（1）デュルケムの伝記については、出版から一定の年月が経過しているが、Steven Lukes, 1973, *Émile Durkheim, His Life and Work: A Historical and Critical Study*, Harmondsworth: Penguin が、包括的な記述を行っており、便利である。新しいものでは、デュルケムをとりまく知的環境にも記述を割いている Marcel Fournier, 2007, *Émile Durkheim (1858-1917)*, Paris: Fayard を参照すべきである。日本語での伝記としては、前期のデュルケムに焦点を当てた夏刈康男、1996、『社会学者の誕生――デュルケム社会学の形成』恒星社厚生閣、がバランスのとれた記述を行っている。

（2）フランスでは、大革命期の一七九三年に旧体制下の大学が廃止された後、大学に相当する機関が復活したのは、一八〇八年であるが、しかしそれはいわゆる総合大学ではなく、全国を一五の大学区に分割し、そのなかに設置された学科ごとのファキュルテでしかなかった。したがってデュルケムが博士論文を提出した時期においても、その提出先となった機関は、パリ大学区における文学ファキュルテと呼ぶのが正確である。ただし以下では特にこの制度史的な側面には留意せず、パリ大学文学部と呼ぶ（渡辺和行、2009、『近代フランスの歴史学と歴史家――クリオとナショナリズム』ミネルヴァ書房、pp. 34-7）。また一九世紀フランスの大学、特に文学部と理学部は、正規の登録学生がほとんどおらず、一般市民が自由に聴講できる公開講義を行っていただけで、学部教員の主な仕事は、バカロレアをはじめとした学位授与であり、学部学生の教育機関として理解するのは不適切である（上垣豊、2016、『規律と教養のフランス近代――教育史から読み直す』ミネルヴァ書房、p. 28）。デュルケムがボルドー大学で行っていた社会科学公開講義とは、正規に登録した学部生のみを対象とした講義ではなく、この一般市民に公開された講義である（Fournier, 2007, op. cit., pp. 124-5）。確かに形式的には一八九六年の法律により、複数の学部を制度的に統合した総合大学が復活したが、実態としては学部の寄せ集めに過ぎない状態が継続していたとの評価がなされている（上垣、2016、前掲書、pp. 24-5）。

（3）Émile Durkheim,［1893a］1998, *De la division du travail social*, Paris: Presses universitaires de France.

（4）『社会分業論』の内容については、本書の第4章から第6章で詳しく検討を加える。

（5）Émile Durkheim,［1895a］2002, *Les règles de la méthode sociologique*, Paris: Presses universitaires de France, Id.,［1897］2005, *Le suicide: étude de sociologie*, Paris: Presses universitaires de France. なお、『社会学的方法の規準』とし

てまとめられたテキストは、一八九四年の『フランス哲学評論』に掲載されたものが初出である（Émile Durkheim, 1894, "Les règles de la méthode sociologique," *Revue philosophique de la France et de l'étranger*, t. 37, pp. 465-98, 577-607, t. 38, pp. 14-39, 168-82.

（6）Fournier, 2007, op. cit., pp. 350, 523.

（7）Émile Durkheim, [1912] 2003, *Les formes élémentaires de la vie religieuse: le système totémique en Australie*, Paris: Presses universitaires de France.

（8）ボルドー大学にデュルケムが着任したのは、一八八七年である（Fournier, 2007, op. cit., p. 105）。

（9）Durkheim, [1893a], op. cit., pp. 41-2.

（10）Durkheim, [1897], op. cit., p. 233, Id., [1895a], op. cit., pp. 82-4.

（11）Durkheim, [1893a], op. cit., p. 391, Id., [1897], op. cit., p. 450.

（12）Durkheim, [1912], op. cit., p. 1.

（13）Ibid., p. 2.

（14）例えばルークスによる伝記は、デュルケムの生涯を三つに区分し、第一部を生まれてからボルドー大学に着任するまで、第二部をボルドー大学時代、第三部をパリ大学時代としている（Lukes, 1973, op. cit., pp. v-viii）。フルニエによる伝記は六つの区分を採用しているが、デュルケムの学説の展開に関しては、ボルドー時代とパリ時代との対比を強調している（Fournier, 2007, op. cit., pp. 12-3, 257-8）。デュルケムの学説の展開に関する時期区分については、中島道男、2001、『エミール・デュルケム――社会の道徳的再建と社会学』東信堂、pp. 14-5も参照のこと。ただし、では具体的にどの時期を境にデュルケムの学説が変化したのか、という論点については、研究者の間でも複数の見解が存在する。議論の状況については、第1章の注（77）を参照のこと。

（15）実のところデュルケム自身は、同時代の社会を呼ぶ際に「近代社会（société moderne）」という用語をさほど使用していない。例えば『社会分業論』の本文にはそのような用例は存在せず、第二版への序文において一箇所存在するのみである（Émile Durkheim, [1902a], "Préface de la seconde édition: Quelques remarques sur les groupements professionnels," in 1998, *De la division du travail social*, Paris: Presses universitaires de France, p. xxi)。『自殺論』では七箇所存在するが、その一例は引用文中であり、頻繁に用いられる語法とは言えない。加えて一九世紀末の同時代社会の特質を、デュルケム自身がどのような時期区分において捉えようとしていたのか、実のところ定かではない。例えば『社会分業論』における有機的連帯を例としても、すでに紀元前五世紀の一二表法時代のローマにおいて、分業の発達と有機的連帯の形成が指摘されている（Durkheim,［1893a］, op. cit., pp. 160-1; Paul Frédéric Girard,［1895］2003, *Manuel élémentaire de droit romain*, Paris: Dalloz, pp. 26-7)。「近代」という用語の歴史それ自体が、同時代と過去の時代との間に線引きをした上で、過去との対比を通じて同時代を特徴づける知的営みを孕んでいる以上、どの時点以降を「近代」と呼ぶべきかは、この「近代」という用語を使う者の歴史意識を反映しているのである（Reinhard Koselleck,［1977］, ">Neuzeit<. Zur Semantik moderner Bewegungsbegriffe," reprinted in 1979, *Vergangene Zukunft: Zur Semantik geschichtlicher Zeiten*, Frankfurt a. M.: Suhrkamp, S. 300-48)。この「近代」という用語に関する問題点を意識した上で、本書では一九世紀から二〇世紀への世紀転換期の社会を同時代として捉えたデュルケムの経験を、「近代社会」と呼ぶ。

（16） 例えばデュルケムの近代社会構想の中心的な概念である有機的連帯や職能団体に関しても、既存の解釈枠組みの相対化を行った後でなければ、その意義を的確に把握することは難しいと本書は考えている。この点の詳しい分析は、第4章以降で行う。

（17） この視点については、流王貴義、2013b、「社会学史研究における先行研究の位置づけ――デュルケム理解に対するパーソンズの解釈の規定性」出口剛司編『社会学の公共性とその実現可能性に関する理論的・学説的基礎研究　平成23年度~平成25年度科学研究補助金（基盤研究（C））研究課題番号 23530625　平成24年度成果報告書』、pp. 41-59.

（18） Talcott Parsons,［1937］1949, *The Structure of Social Action: A Study in Social Theory with Special Reference to a Group of Recent European Writers*, New York: Free Press, pp. 301-450.

後年の回想であるが、パーソンズがデュルケムに関する知識を初めて学んだのは、アマースト大学を卒業後に留学したロンドン大学において、マリノフスキーやギンズバーグからであったと述べられている。しかしその知識は不正確で誤解につながるものが多かったため、独学で『社会分業論』を研究したとパーソンズは付言している（Talcott Parsons, 1970, "On Building Social System Theory: A Personal History," *Dædalus*, 99(4), p. 829)。なお、『社会分業論』の最初の英訳が出版されたのは、一九三三年である（Émile Durkheim, 1933, trans in English by George Simpson, *Emile Durkheim on the Division of Labor in Society: Being a Translation of his* De la division du travail social *with an Estimate of his Work*, New York: Macmillan）。この英訳については、ロバート・マートンが書評を執筆しているが、『社会分業論』を「実証主義的な伝統（positivistic tradition）」の中に位置づけた上で、ホッブズやロックに代表される「個人主義的・功利主義的な実証主義（the individualistic-utilitarian positivism）」に対する「徹底した社会学主義（a radical sociologism）」と特徴づけて理解する点など、パーソンズのデュルケム理解が色濃く反映されている（Robert K. Merton, 1934, "Durkheim's Division of Labor in Society," *American Journal of Sociology*, 40(3), p. 320; Parsons, [1937], op. cit., pp. 3, 323）。

公刊されたテキストにおいて、パーソンズがデュルケムに言及した初めての例は、ハンキンスの『社会学入門』の書評においてだが、その正確な刊行年は不明である（Parsons, [n. d.], "Review of *An Introduction to the Study of Society*, by Frank H. Hankins," in Charles Camic (ed.), 1991, *Talcott Parsons, The Early Essays*, Chicago: The University of Chicago Press, pp. 95-6; Charles Camic, 1991, "Introduction: Talcott Parsons before *The Structure of Social Action*," in Camic (ed.), 1991, op. cit., pp. xlviii-xlix）。カミックは、ハンキンスの著作の刊行が一九二八年であり、この書評が発表されたのは、その後間もなくであろうと推定している（Camic, 1991, op. cit., p. xlviii, n. 132）。パーソンズは一九二七年から三一年まで、ハーバード大学経済学部の講師を務めている（Ibid., pp. xxiii, xli-xlii）。ただし、デュルケムに関する実質的な考察が展開されている最初期の論文が発表されたのは、一九三〇年代の中頃であり、『社会的行為の構造』を刊行する直前である（Talcott Parsons, [1934], "Some Reflections of 'The Nature and Significance of Economics'," *Quarterly Journal of Economics*, 48: 511-45. Reprinted in Camic (ed.), 1991, op. cit., pp. 153-180. Id., [1935], "Sociological Elements in Economic Thought," *Quarterly Journal of Economics*, 49: 414-53. Reprinted in Camic (ed.), 1991, op. cit., pp. 181-229）。

(19) Parsons, [1937], op. cit., pp. v, 14-5. 最晩年においてもパーソンズは、『社会的行為の構造』を執筆した意図は、デュルケムやウェーバーの思想を英語圏の読者に紹介することではなかった、との発言を行っている（Talcott Parsons, 1978, “Comment on R. Stephen Warner’s ‘Toward a Redefinition of Action Theory: Paying the Cognitive Element Its Due,” *American Journal of Sociology*, 83(6), p. 1351）。

（20） このパーソンズによるデュルケム論が、具体的にいかなる点において、後のデュルケム理解を規定しているのか。その詳細については、後段で考察を加える。

（21） Parsons, [1937], op. cit., p. 304; Émile Durkheim, [1898a], “Représentations individuelles et représentations collectives,” *Revue de métaphysique et de morale*, 6, pp. 273-302. Reprinted in Émile Durkheim, 2002, *Sociologie et philosophie*, Paris: Presses universitaires de France, pp. 1-48, Id., [1898b] 2012, *L’éducation morale*, Paris: Presses universitaires de France, Id., [1906], “Détermination du fait moral,” *Bulletin de la société française de philosophie*, 6, pp. 113-38. Reprinted in Durkheim, 2002, op. cit., pp. 49-90. なおパーソンズは「個人表象と集合表象」の発行年を一八九九年と記載しているが、一八九八年の誤りである。また、パーソンズは、デュルケムの遺稿の公刊となる『道徳教育論』の成立年代を一九〇二年から一九〇三年と記載しているが、本書ではベナールの指摘に従い、一八九八年と判断する（Philippe Besnard, 1987, *L’anomie, ses usages et ses fonctions dans la discipline sociologique depuis Durkheim*, Paris: Presses universitaires de France, pp. 124-5）。

（22） 後年になるとパーソンズは、ベラーのデュルケム論の肯定的な評価を通じて、『社会的行為の構造』におけるデュルケム解釈は、「時期区分を強調しすぎていたかもしれない」との立場を表明するが、しかし依然として、『社会分業論』と『宗教生活の原初形態』との間には、「重要な発展（important development）」が存在する、との見方を維持している（Talcott Parsons, 1975, “Comment on ‘Parsons’ Interpretation of Durkheim’ and on ‘Moral Freedom Through Understanding in Durkheim’,” *American Sociological Review*, 40(1), p. 106; Robert N. Bellah, 1973, “Introduction,” in Robert N. Bellah（ed.), *Emile Durkheim on Morality and Society*, Chicago: University of Chicago Press, pp. ix-lv）。

（23） Parsons, [1937], op. cit., pp. 305-6.『社会的行為の構造』においてパーソンズは「実証主義」という用語に独自の意味を与えている。よって同書の実証主義という表現を、例えばコントの強調した形而上学批判という立場や、経験的なデータに依拠した立論の重要性を主張する立場と結びつけて理解するのは誤りである（Anthony Giddens, 1977, "Positivism and Its Critics," in Anthony Giddens, *Studies in Social and Political Theory*, London: Hutchinson, pp. 29, 34）。パーソンズの言う「実証主義的な（positivistic）」理論体系とは、行為者による目的の選択を考える際、行為者自身の主観を考慮することなく、その選択の基準を科学的な知識に求める立場を意味する（Parsons, [1937], op. cit., p. 61）。パーソンズは前期のデュルケムこそが「徹底した合理主義的実証主義」の代表例であると特徴づけているが、そこで意味されているのは、行為者の「主観的な観点から行為を分析する際にも、実証科学の合理的な方法論を用いる」という理論的立場である（Ibid., p. 64, n. 3）。言い換えるならば、行為の目的や手段の選択に際して、行為者の抱いている価値要素の役割を認めない立場をパーソンズは実証主義的と呼んでいるのである。

（24）Ibid., pp. 5, 11, 14.『社会的行為の構造』においてパーソンズが新たに提示しようと試みている「行為の主意主義的理論」の特質についてはパーソンズ研究の中でも解釈が分かれている（Charles Camic, 1989, "*Structure* After 50 Years: The Anatomy of a Charter," *American Journal of Sociology*, 95(1), pp. 89–94）。本書では、後期デュルケムの宗教論におけるパーソンズの強調点を踏まえ、個々の行為者が、科学的な知識としての妥当性とは別の水準に存する何らかの理念や規範を主観的に抱き、そのような理念を実現するため意志や努力を発揮する、という側面を、行為理論の要素として明示的に組み入れる立場、と理解している（Parsons, [1937], op. cit., pp. 62–9, 75–7, 396, 440）。

（25）Ibid., pp. 306, 314, 445. この「共有価値」という用語は、『社会的行為の構造』におけるデュルケム論において、集中的な使用が目立つものである。同書の索引から判断すると、全一一箇所の用例のうち、九箇所がデュルケム論における使用であり、他の二箇所もデュルケムに関する立論を行っている部分である（Ibid., p. 798）。

ただしこの「共有価値」という表現でパーソンズが意味している内容を、特定の集団において、その構成員が何らかの価値を共有している状態と理解するのは速断である。パーソンズが問題としているのは、例えば宗教的な理念のように、「自然科学的な基準からすれば偽りと判断されるような理念が、現実には人間の行為に大きな影響を与えて」いるという事実であり、この「非経験的な（*nonempirical*）」現実の存在をパーソンズは「共有価値」と呼んでいるのである（Ibid., pp. 421–2, 強調は原文による）。パーソンズによれば、行為の観察者の立場からは、倫理的な理念を含む規範を「経験的な現象（empirical phenomena）」として、その理念が実際には何を意味しているのかを分析することは可能である。しかし行為者にとってそのような規範や理念は、「経験的な世界についての望ましい未来の状態（a desirable *future* state of empirical affairs）」を、加えて、その望ましい未来の状態を「行為を通じて現実のものにしようと考える行為者の現在の主観的な状態（*present* subjective state of the actor）」を意味しているのである。このように、規範や理念を行為者の主観を通じて捉えることにより、行為者を、行為を通じて、自らが望ましいと考える未来の状態を現実のものにしようと努力する存在として、理論的に捉えることが可能となる、というのがパーソンズの主張である（Ibid., p. 396. 強調は原文による）。その上でパーソンズが「共有された価値体系（common value system）」と呼ぶのが、特定の社会の構成員が共通して望ましいと考えている未来の状態が規範として表現されており、かつその規範がそれらの構成員の大多数を、望ましいと見なされている未来の状態を実現すべく、「道徳的に拘束している（morally binding）」状態である（Ibid., p. 390）。人間が特定の未来の状態を主観的に思い描き、その状態を実現すべく意志や努力を発揮し、外界に対して積極的な働きかけを行う、という事実に対して積極的な注意を払う行為理論のことを、パーソンズは「行為の主意主義的な把握（voluntaristic conception of action）」と特徴づけているのである（Ibid., pp. 439-40）。

(26) パーソンズによるデュルケム解釈の偏りとその影響については、第2章で詳しく検討を行う。

(27) デュルケムの近代社会構想の検討に際し、réglementation, régle, discipline という用語の理解は鍵となる重要な論点だが、本書ではこの概念につき、「規制」ではなく、「規整」という訳語を当てる。「規制」との訳語には、例えば肥大化した過度の欲望に対し、上から制限を加えるとの含意が伴っているが、デュルケムがこの réglementation, régle, discipline という概念に込めているのは、社会関係において、お互いが正当なものとして保護を求められる領域を適切に整序するための枠組みと理解するのが適切である。確かに具体的な規整が適用される場面においては多くの場合、相手の正当な領域を侵害した主体に対して制限が課され、侵害された側の自由が保護されるわけではあるが、しかしその制限づけの根拠となるのは、あくまでも上記の整序枠組みである点に留意すべきである。デュルケムが主張しているのは、単なる欲望の制限ではなく、相互関係の調整であり、整序である点を踏まえない限り、例えば『社会分業論』での、「自由こそ規整の産物（la liberté elle-même est le produit d'une réglementation）」であるという洞察の意義を適切には理解できなくなってしまうであろう（Durkheim,［1893a］, op. cit., p. 380）。この相互的な整序枠組みの重要性を主張するからこそ、デュルケムは相互の協働関係を法的な権利義務の関係として規定する必要を説き、職能団体の公的制度化を主張するのである。この点については、第6章以下の分析を参照のこと。

（28）Émile Durkheim,［1898-1900］2003, *Leçons de sociologie*, Paris: Presses universitaires de France, Id., 1957, trans. in English by Cornelia Brookfield, *Professional Ethics and Civic Morals*, London: Routledge. なお、『社会学講義』の成立年代については、先行研究においても、複数の見解が存在する（Harry Alpert, 1939, *Emile Durkheim and His Sociology*, New York: Columbia University Press, pp. 63-6; 宮島喬、1974「訳者あとがき」エミール・デュルケム、宮島喬・川喜多喬訳『社会学講義――習俗と法の物理学』みすず書房、p. 276; 杉山由紀男、1987「デュルケム社会学における所有権論の意義」『ソシオロジカ』12（1）、pp. 49, 66; W. Paul Vogt, 1993, "Durkheim's Sociology of Law: Morality and the Cult of the Individual," Stephen P. Turner（ed.）, *Emile Durkheim: Sociologist and Moralist*, London: Routledge, p. 72; 夏刈、1996、前掲書、pp. 78-9）。というのも、『社会学講義』にあたる内容と類似する題目、すなわち、「法と習俗（le droit et les mœurs）」に関する講義は、一八九〇年から九一年にかけての年度、加えて一八九六年から一九〇〇年にかけては毎年度、開講されているからである（Lukes, 1973, op.cit., pp. 617-20; Fournier, 2007, op. cit., pp. 124-5）。したがって、講義の題目だけで成立年度を絞り込むのは困難である。別の根拠としては、デュルケムの甥であるマルセル・モースが、一八九八年から一九〇〇年の間の講義の内容であるとの証言を残している（Marcel Mauss, 1925, "In Memoriam: L'œuvre inédite de Durkheim et de ses collaborateurs," *Année sociologique, n. s.*, 1, p. 11）。本書では、以上の状況証拠に加え手がかりとなるテキスト上の記述を紹介したい。

『社会学講義』の本文にてデュルケムは、「フランスにおいて最近、労働災害に関する法律が可決された」との記述を行っている（Durkheim,［1898-1900］, op. cit., p. 235）。フランスで労働災害法が成立したのは、一八九八年四月九日である（岩村正彦、1984、『労災補償と損害賠償――イギリス法・フランス法との比較法的考察』東京大学出版会、pp. 209-33）。『社会学講義』が講じられた「社会科学公開講義」は、一二月開講であるため、少なくとも約八ヶ月前の立法を「最近（récente）」と表現するのも辻褄が合っている（Fournier, 2007, op. cit., p. 124）。もちろん一八九八年以前に書かれた講義ノートがそれ以後も用いられた可能性は排除できないが、最低でも九八年に何らかの改訂が行われている以上、この『社会学講義』のテキストは、九八年時点でのデュルケムの考えには反さない内容になっていると、判断できる（Ibid., p. 130）。以上の推論により本書では、『社会学講義』の原形は、ボルドー大学における一八九八年から一九〇〇年の講義ノートであると推定して議論を進める。

(29) Émile Durkheim, 1955, *Pragmatisme et sociologie*, Paris: Vrin; Anne Warfield Rawls, 2004, *Epistemology and Practice: Durkheim's* The Elementary Forms of Religious Life, Cambridge: Cambridge University Press; 清水強志、2007、『デュルケームの認識論』恒星社厚生閣。

(30) Émile Durkheim, 1969, *Journal sociologique*, Paris: Presses universitaires de France, Id., Jean-Claude Filloux (ed.), 1970, *La science sociale et l'action*, Paris: Presses universitaire de France, Id., Victor Karady (ed.), 1975, *Textes, t. 1-3*, Paris: Minuit.

(31) 中島、2001、前掲書、pp. 25-6; Gianfranco Poggi, 2000, *Durkheim*, Oxford: Oxford University Press, pp. 11-2; William Ramp, 2008, "Durkheim Redux," *Journal of Classical Sociology*, 8(2), pp. 147-8.

(32) この保守主義者としてのデュルケム像を肯定的に提示したのがニスベットであり、その評価を否定的なものへと反転させたのがコーザーである（Robert A. Nisbet, 1943, "The French Revolution and the Rise of Sociology in France," *American Journal of Sociology*, 49(2), pp. 156-64, Id., 1952, "Conservatism and Sociology," *American Journal of Sociology*, 58(2), pp. 167-75; Lewis A. Coser, 1960, "Durkheim's Conservatism and Its Implications for His Sociological Theory," in Kurt H. Wolff (ed.), *Emile Durkheim, 1858-1917*, Columbus: Ohio State University Press, pp. 211-32; 折原浩、1969、「デュルケーム社会学の「保守主義」的性格——『社会主義論』を手がかりとする知識社会学的考察のノート」『社会学評論』16（2）、pp. 57-82。またパーソンズから一九六〇年代に至る英語圏での『社会学的方法の規準』の受容については、参照、Jennifer Platt, 1995, "La réception des *Règles de la méthode sociologique* en Angleterre et aux États-Unis (1930-1970)," in Massimo Borlandi et Laurent Mucchielli (eds.), 1995, *La sociologie et sa méthode: Les* Règles *de Durkheim un siècles après*, Paris: L'Harmattan, pp. 321-49.

（33）Anthony Giddens, 1972, "Four Myths in the History of Social Thought," *Economy and Sociology*, 1(4), pp. 357-8; 宮島喬、1977、『デュルケム社会理論の研究』東京大学出版会、p. 3.
デュルケム・ルネサンスという研究潮流からは外れるが、例えばニスベットの『社会学的伝統』に対する書評においてパーソンズは、自らの問題関心は「思想史（intellectual history）」ではなく、「理論の展開（the development of theory）」に向けられているのであると、明示的に語り、歴史的文脈に即したデュルケム理解を強調する立場に対しての違和を表明している（Robert A. Nisbet,［1966］2005, *The Sociological Tradition*, New Brunswick: Transcation Pulishers; Talcott Parsons, 1967, "Review of Robert A. Nisbet, *The Sociological Tradition*," *American Sociological Review*, 32(4), p. 640）。

（34）宮島、1977、前掲書、pp. 247-67; Jerrold Seigel, 1987, "Autonomy and Personality in Durkheim: An Essay on Content and Method," *Journal of the History of Ideas*, 48(3), pp. 483-507; 夏刈、1996、前掲書、第6章; 田原音和、1983、『歴史のなかの社会学――デュルケームとデュルケミアン』木鐸社; W. Paul Vogt, 1991, "Political Connections, Professional Advancement, and Moral Education in Durkheimian Sociology," *Journal of the History of the Behavioral Sciences*, 27, pp. 56-75; 白鳥義彦、1992、「フランス第三共和政下の教育改革とデュルケームの教育論」『ソシオロジ』37（2）, pp. 21-39.

（35）Émile Durkheim, 1998, *Lettres à Marcel Mauss*, Paris: Presses universitaires de France, Id., 2004, *Durkheim's Philosophy Lectures: Notes from the Lycée de Sens Courses, 1883-1884*, Cambridge: Cambridge University Press, Id., 2011, *Hobbes à l'agrégation*, Paris: Éditions de l'École des hautes études en sciences sociales; Robert Alun Jones, 1999, *The Development of Durkheim's Social Realism*, Cambridge: Cambridge University Press; Fournier, 2007, op. cit. デュルケム・ルネサンス以降の歴史的文脈を重視するデュルケム研究の方法論的な特徴については、本章の第5節で詳しく検討する。

（36）例えば、近年出版されたデュルケム研究の入門書は三部構成となっているが、デュルケムの伝記的な側面に焦点を当てた第一部の他は、第二部で宗教社会学、第三部で政治社会学が主題となっている（Jeffrey C. Alexander and Philip

Smith（eds.), 2005, *The Cambridge Companion to Durkheim*, Cambridge: Cambridge University Press)。他にも、宗教社会学に焦点を当てた論集として、N. J. Allen, W. S. F. Pickering and W. Watts Miller（eds.), 1998, *On Durkheim's* Elementary Forms of Religious Life, London: Routledge; W. S. F. Pickering（ed.), 2000, *Durkheim and Representations*, London: Routledge. 政治社会学に焦点を当てた論集としては、Stephen P. Turner（ed.), 1993, *Emile Durkheim: Sociologist and Moralist*, London: Routledge が存在する。また近年においてはデュルケムの経済社会学に注目する研究も登場している（Philippe Steiner, 2005, *L'école durkheimienne et l'économie: sociologie, religion et connaissance*, Genève: Droz; 吉本惣一、2016、『蘇る『社会分業論』――デュルケームの「経済学」』創風社。

（37） もちろんパーソンズの設定した解釈枠組みが適切であれば、その枠組みに沿った理解が現在も続いている事態に疑問を抱く必要はないであろう。しかし本書が見るところ、このパーソンズの解釈枠組みには、看過できない偏りが存在する。この点については、第2章で詳しい分析を行う。

（38） W. S. F. Pickering, 1984, *Durkheim's Sociology of Religion: Themes and Theories*, Cambridge: James Clarke.

（39） Ibid., pp. 13, 47. デュルケムが少なくとも高等師範学校入学当初から宗教に対する関心を抱いていたとピカリングが判断する根拠は、歴史家であるクーランジュの下でデュルケムが勉学を始めたというものである（Ibid., p. 47）。ただしクーランジュの授業をデュルケムが受講したのは、高等師範学校の二年次、すなわち一八八〇年である（Fournier, 2007, op. cit., pp. 46-7）。

確かにクーランジュは一八六四年に公刊した『古代都市』において、古代ギリシャやローマにおける家や法、政治などの制度を考察する際、それらを支える意識としての宗教に留意する必要性を指摘している（Fustel de Coulanges, [1864] 1984, *La cité antique: étude sur le culte, le droit, les institutions de la Grèce et de Rome*, Paris: Flammarion, pp. 1-5）。また、デュルケムは、『社会分業論』とともに提出した副論文であるモンテスキュー論を、クーランジュに捧げており、『社会学講義』の後半部分の所有権論においても、所有権と聖性との関係を指摘する際、クーランジュの『古代都市』での議論を肯定的に引証している（Émile Durkheim, [1892] 1997, *Quid Secundatus Politicae Scientiae Instituendae Contulerit*, Oxford: Durkheim Press, p. 5, Id., [1898-1900], op. cit., pp. 178-81; 流王貴義、2012b、「デュルケムの所有権論――『社会学講義』第11講から第14講の分析」出口剛司編『社会学の公共性とその実現可能性に関する理論的・学説的基礎研究　平成23年度～平成25年度科学研究補助金（基盤研究（C））研究課題番号 23530625　平成23年度成果報告書』、p. 96; Robert Alun Jones, 1993b, "Durkheim and *La cité antique*: An Essay on the Origins of Durkheim's Sociology of Religion," in Turner（ed.）, 1993, op. cit., p. 35; 夏刈、1996、前掲書、pp. 30-2)。

　しかし『社会分業論』でデュルケムは、未開社会においては宗教がすべての社会組織の基礎となっているとのクーランジュの学説に対し、根底にあるのは社会組織が単純である事実であり、宗教の影響力が強力なのはその結果であると指摘した上で、クーランジュは原因と結果を取り違えていると、厳しく批判している（Durkheim,［1893a］, op. cit., p. 154; Alnaldo Momigliano,［1970］, "*La città antica* di Fustel de Coulanges," *Rivista Storica Italiana*, 82: 81-98. Reprinted in Arnaldo Momigliano, 1975, *Quinto Contributo alla Storia degli Studi Classici e del Mondo Antico, t. 1*, Roma: Edizioni di Storia et Letteratura, p. 176)。クーランジュとデュルケムとの関係を考察するのであれば、宗教に関する言及という側面のみに囚われるのではなく、例えば制度や規整に対する捉え方といった側面に留意した方が、その後のフランスでの人類学的研究への影響なども視野に入れた射程の長い議論になるであろう（François Héran, 1987, "L'institution démotivée: De Fustel de Coulanges à Durkheim et au-delà," *Revue française de sociologie*, 28(1), pp. 69-72)。

（40）Pickering, 1984, op. cit., p. 51. ピカリングが挙げている書評とは、Émile Durkheim,［1886a］, "Revue générale des études de science sociale: Herbert Spencer, *Ecclesiastical Institution: Being Part V of the Principles of Sociology*, A. Regnard, *L'État, ses origines, sa nature et son but*, A. Coste, Aug. Burdeau et Lucien Arréat, *Les questions sociales contemporaines*, A. Schäffle, *Die Quintessenz des Sozialismus*," *Revue philosophique de la France et de l'étranger*, 22, pp. 61-80. Reprinted in Émile Durkheim, Jean-Claude Filloux（ed.）, 1970, *La science sociale et l'action*, Paris: Presses universitaires de France, pp. 184-214, Id.,［1887a］, "Analyse et compte rendu de Guyau, *L'irréligion de l'avenir: étude de sociologie*," *Revue philosophique de la France et de l'étranger*, 23, pp. 299-311. Reprinted in Émile Durkheim, Victor Karady（ed.）, 1975, *Textes, t. 2*, Paris: Minuit, pp. 149-65, Id.,［1887c］, "La science positive de la morale en Allemagne," *Revue philosophique de la France et de l'étranger*, 24, pp. 33-58, 113-42, 275-84. Reprinted in Émile Durkheim, Victor

Karady (ed.), 1975, *Textes, t. 1*, Paris: Minuit, pp. 267-343 である。ギヨーの著書は確かに主として宗教を論じたものであるが、他の一編は複数の著作を論じる中に、スペンサーの宗教論が含まれていただけのことであり、残りの一編は、ヴントの『倫理学』を論じる際に、宗教にも触れたという程度の論文である (Jean-Marie Guyau, 1887, *L'irréligion de l'avenir: étude sociologique*, Paris: Alcan; Herbert Spencer, [1885] 1893, *The Principles of Sociology, vol. 3*, New York: Appleton; Wilhelm Wundt, 1886, *Ethik: eine Untersuchung der Thatsachen und Gesetze des sittlichen Lebens*, Stuttgart: Enke)。『社会分業論』以前にデュルケムが執筆した書評につき、その表題に明示的に示されている書評対象書は一二冊であるが、その内、宗教を主題としているものは二冊であり、さほど多くはないと評価するのが妥当であろう。

(41) Pickering, 1984, op. cit., pp. 51, 54. ただし、このピカリングの理解は、デュルケムのテキストの解釈としては無理がある。この箇所でデュルケムが指摘しているのは、文明の進歩に従って宗教の影響力が低下するとスペンサーは論じているが、逆に知識と活動の範囲が広がるにつれて進むのは、他人の権威に依拠せざるをえない状況であり、その意味において、「人々が共同生活を送る限り、そこには何らかの共通の信仰 (foi commune) が存在するであろう」という見通しである (Durkheim, [1886a], op. cit., pp. 196-7)。他人の権威や共通の信仰という表現でデュルケムが意味しているのは、個々人の理性では一挙に全体を把握できない対象、この場合では、「社会的規整 (discipline sociale)」が存在するという事実である (Ibid., p. 195)。社会が巨大化するにつれ、個々人がその全体を一挙に把握するのは不可能となり、だからこそ事実の綿密な検討に基づいた社会学的な考察が必要となる。裏を返せば、個々人の理性の働きに過度な期待を向けるのは不適切である、との洞察は、デュルケムが最初期から示していたものである (Émile Durkheim, [1885a], "Analyse et compte rendu d'Albert Schäffle, *Bau und Leben des socialen Körpers, Bd. 1, 2è édition*," *Revue philosophique de la France et de l'étranger*, 19, pp. 84-101. Reprinted in Émile Durkheim, Victor Karady (ed.), 1975, *Textes, t. 1*, Paris: Minuit, pp. 375-7)。つまりピカリングは、デュルケムが提示している原因と結果とを逆転させて理解しているのである。ただし、詳しくは第2章で検討するが、この逆転した理解を生み出したのも、実のところパーソンズの解釈枠組みなのである。

(42) Pickering, 1984, op. cit., pp. 54-5. 確かに『自殺論』の自己本位的自殺を扱った箇所において、プロテスタントとカトリックという宗派の違いが自殺率の相違に与える影響について論じられているが、それはあくまでも社会統合の強弱という一般的な要因の一種として位置づけられている点に留意すべきであろう（Durkheim,［1897］, op. cit., pp. 149-74, 222）。この点については、第2章第3節で検討する。

(43) 山﨑亮、2001、『デュルケーム宗教学思想の研究』未來社。

(44) 同書、pp. 28-30.

(45) 確かに山﨑は、後期のデュルケムに関する「理想主義的」との特徴づけにつき、パーソンズとの相違を強調している。すなわち、パーソンズはデュルケムの理想主義を、「きわめてスタティックにとらえ、否定的な評価」を下しているのに対し、山﨑の言う理想主義とは、理想を「柔軟かつダイナミック」に位置づける立場を意味する、との相違である（同書、p. 33, n. 110）。しかしこのパーソンズの解釈は、一面的な理解であろう。というのも、パーソンズの言う「理想主義（idealism）」とは、「理想と具体的な経験的現実とを同一視」する立場、という特殊な意味であり、「意志や努力」といった要素はそこから意図的に排除されているのである（Parsons,［1937］, op. cit., p. 446）。その上でパーソンズは、後期のデュルケムに対して、このような特殊な意味で定義された「理想主義」的な立場と、前期から続く実証主義的な科学観との間の矛盾を解消できていないとの評価を下し、この矛盾を解消できるのは、自らが提示する主意主義的な行為理論に他ならない、との立論を行うのである（Ibid., p. 444）。したがって、山﨑が後期のデュルケムに見出そうとする「意志ならびに意志の作用としての行為を中心に据えた人間観」とは、――山﨑自身は、自らは宗教学的視点に立っており、社会学的行為論の視点に依拠しているパーソンズとは異なると断っているが――パーソンズ自身が提示する主意主義的な行為理論における人間観と類似しているのではないだろうか（山﨑、2001、前掲書、p. 33, n. 110）。

(46) 同書、p. 60; Parsons,［1937］, op. cit., p. 322. パーソンズはデュルケムの言う「社会の容積と密度（le volume et la densité des sociétés）」の増大をマルサスの危惧していた人口圧であると解釈しているが、デュルケムが着目しているのは、個々人の間に形成される「社会関係（les rapports sociaux）」の増大であり、単なる人口の増加ではない（Durkheim,［1893a］, op. cit., pp. 238, 244; Whitney Pope, 1973, "Classic on Classic: Parsons' Interpretation of Durkheim," *American Sociological Review*, 38(4), p. 401）。パーソンズ自身も後になって、『社会的行為の構造』において、デュル

ケムのこの議論をマルサスのいう人口圧だと解釈したのは誤りであったと認めている（Parsons, 1975, op. cit., p. 109）。

（47） 山崎、2001、前掲書、pp. 56, 63-4。この山崎の有機的連帯理解を支えているのが、パーソンズの提起したいわゆる「契約における非契約的要素」に関する議論である（Parsons, ［1937］, op. cit., pp. 311-4; 山崎、2001、前掲書、p. 63）。この点については第2章第3節で詳しく検討する。

（48） Roger Cotterrell, 1999, *Émile Durkheim: Law in a Moral Domain*, Stanford, California: Stanford University Press.

（49） Ibid., p. ix.

（50） Ibid., pp. 52-3, 103-8. 確かに、有機的連帯における規整の形成メカニズムに関する『社会分業論』の第一版での議論については、後にデュルケム自身が批判を行っているが、その理由につき本書は、コテレルが指摘する「復原的法の道徳的基礎がどこに求められるのか説明できなかったため」というものとは異なる側面に留意している（Durkheim, 1893a, op. cit., pp. 367-8, Id., ［1902a］, op. cit., p. v; Cotterrell, 1999, op. cit., p. 105）。この点については、第7章で詳しく論じる。

コテレルはデュルケムがフォコネとともに執筆した一九〇三年の論文の一文に着目し、デュルケムが「法の宗教的基礎（the spiritual bases of law）」を再び強調するに至ったと主張している（Émile Durkheim et Paul Fauconnet, ［1903］, "Sociologie et sciences sociales," *Revue philosophique de la France et de l'étranger*, 55: 465-97. Reprinted in Émile Durkheim, Victor Karady（ed.）, 1975, *Textes, t. 1*, Paris: Minuit, p. 158; Cotterrell, 1999, op. cit., p. 53）。しかしこの一文は、社会学が対象としている事実は相互に関係しているため、道徳や法、宗教といった特定の側面だけを独立して論じるのは不適切であり、たとえ宗教であっても、特定の社会組織との関係で考察すべきである、との提言の中で述べられているものである（Durkheim et Fauconnet, ［1903］, op. cit., pp. 156-8）。したがってこのテキストでデュルケムが強調しているのは、法や宗教の社会的基礎であると理解するのが適切であろう。

（51） Cotterrell, 1999, op. cit., pp. 105-6.

（52） Durkheim, ［1897］, op. cit., p. 382, Id., ［1898c］, "L'individualisme et les intellectuels," *Revue bleue, 4e série*, 10, pp. 7-13. Reprinted in Émile Durkheim, Jean-Claude Filloux（ed.）, 1970, *La science sociale et l'action*, Paris: Presses universitaires de France, pp. 261-78; Cotterrell, 1999, op. cit., pp. 112-4.

(53)　Parsons, [1937], op. cit., p. 333. 有機的連帯の背景に「法がエートスとして諸個人に内面化される集合意識」、「近代社会において重要な共通価値」となっている「個人の尊厳」という規範の存在を指摘する巻口の研究も、この枠組みを踏襲していると位置づけることができる（巻口勇一郎、2004、『デュルケム理論と法社会学――社会病理と宗教、道徳、法の相互作用』信山社、pp. 93-4）。

(54)　Bernard Lacroix, 1981, *Durkheim et* le *politique*, Montréal: Presses de la fondation nationales des sciences politiques.

(55)　Ibid., pp. 95-7.

(56)　Ibid., pp. 102-3.

(57)　Durkheim, [1898a], op. cit.; Lacroix, 1981, op. cit., pp. 103-6. ラクロワが形態学的な要素に対する表象の相対的な独自性が指摘されていると解釈しているデュルケムのテキストだが、その箇所でデュルケムが主張しているのは、社会という複雑な全体を単純な要素から直接に説明することは不可能である、という社会という水準の独自性の指摘である。加えてこの箇所でデュルケムは、全体から部分を導き出そうとする観念論的な形而上学者の発想も同様に誤りであるとも指摘している（Durkheim, [1898a], op. cit., p. 41）。

(58)　Quentin Skinner, [1969], "Meaning and Understanding in the History of Ideas," *History and Theory*, 8, pp. 3-53. Reprinted in James Tully（ed.）, 1988, *Meaning and Context: Quentin Skinner and His Critics*, Princeton, New Jersey: Princeton University Press, pp. 29-67; Robert Alun Jones, 1977, "On Understanding a Sociological Classic," *American Journal of Sociology*, 83(2), pp. 279-319. スキナーの提示した思想史研究の方法論に関する日本語での概説としては、関口正司、1995、「コンテクストを閉じるということ――クェンティン・スキナーと政治思想史」『法政研究』61（3・4）、pp. 653-723、同著、2015、「クェンティン・スキナーの政治思想史論をふりかえる」『法政研究』81（4）、pp. 225-43を参照のこと。

(59)　Anthony Giddens, 1971, "Durkheim's Political Sociology," *Sociological Review*, 19(4), pp. 477-519, Id., 1972, op. cit., Id., 1976, "Classical Social Theory and the Origins of Modern Sociology," *American Journal of Sociology*, 81(4), pp. 703-29. こ

のような視点に基づいた日本語での研究としては、宮島、1977、前掲書、同著、1987、『デュルケム理論の現在』東京大学出版会が代表的である。

（60） Giddens, 1971, op. cit., p. 479; Alfred Cobban, 1968, *A History of Modern France, vol. 2: 1799–1945*, London: Penguin. コバンのフランス史研究の特徴については、T. C. W. Blanning, 1998, *The French Revolution: Class War or Culture Clash?*, London: Macmillan, pp. 1–2.

（61） Giddens, 1971, op. cit., pp. 479–80.

（62） Giddens, 1971, op. cit., pp. 480–1, 492, 496, 502. ギデンズのテキスト解釈の問題点については、第2章で検討を行う。

（63） Victor Karady, 1976, "Durkheim, les sciences sociales et l'Université: bilan d'un semi-échec," *Revue française de sociologie*, 17(2), pp. 267–311, Id., 1979, "Stratégies de réussite et modes de faire-valoir de la sociologie chez les durkheimiens," *Revue française de sociologie*, 20(1), pp. 49–82; Vogt, 1991, op. cit.

（64） この研究潮流は、対象をデュルケムに限定するのではなく、デュルケムの創刊した『社会学年報』を中心としてその周りに集った研究者をデュルケム学派として論じた点も特徴的である。そのような研究の具体例としては、参照、Philippe Besnard (ed.), 1983, *The Sociological Domain: The Durkheimians and the Founding of French Sociology*, Cambridge: Cambridge University Press; 田原、1983、前掲書。

（65） Terry N. Clark, 1968, "Émile Durkheim and the Institutionalization of Sociology in the French University System," *Archives européennes de sociologie*, 9, pp. 37–71.

（66） Ibid., p. 43; Jean-Louis Fabiani, 1988, *Les philosophes de la république*, Paris: Minuit, pp. 19–23; 渡辺、2009、前掲書、pp. 28–75.

（67） Clark, 1968, op. cit., pp. 37–8.

（68） Ibid., pp. 45–6, 51–2, 55–8. 確かにデュルケムのドイツ留学やボルドー大学への着任に際し、当時の高等教育行政の責任者であったリアールの後押しが存在したのは事実である（Fournier, 2007, op. cit., pp. 89–90, 105）。しかしデュルケム学派が他の学問分野に対して敵対心を抱いていた点の証拠としてクラークが引証するテキストの解釈については、疑問が存在する。クラークは『社会学年報』創刊号の序文から、他の学問分野に対するデュルケムの攻撃を読み取っているが、このテキストでデュルケムは『社会学年報』は「狭い意味での社会学に関する文献につき、一年ごとにその現状を論じることを唯一の目的とも、また主要な目的ともしておらず」、社会学者は「法や習俗、宗教に関する歴史的研究、社会統計学、経済学などの個別科学において進められている研究から継続的に学ぶ必要が強くある」と述べているのであるから、その意図としては、他の学問分野との協力の必要性を指摘したものと読み取る方が適切であろう（Clark, 1968, op. cit., pp. 51-2; Émile Durkheim, [1898d], "Préface," *Année sociologique*, 1, pp. I-VII. Reprinted in 1969, *Journal Sociologique*, Paris: Presses universitaires de France, p. 31)。またナショナリズムについても、例えば『社会学講義』においてデュルケムは、「国民という理念（l'idéal national）やそれを体現する国家」への愛着と「人類という理念（l'idéal humain）」との相克が現代における道徳的な問題となっていると述べている。確かにデュルケムは、個人を特定の国家と結び付ける「愛国心（le patriotisme）」の必要性は否定していないが、デュルケムの議論の力点は、人類という理念と国民という理念との相克を解消すべく、前者に沿うような形で後者を理解すべきであるとの点に置かれているのであり、「対外的な膨張（expansion extérieure）」という仕方で愛国心を理解するのは不適切であるとデュルケムは主張している（Durkheim, [1898-1900], op. cit., pp. 106-9)。

(69)　クラークのような社会史的な事実の指摘に基づいているわけではないが、例えばベラーもデュルケムと当時の政治体制との結びつきを示唆しながら、「フランス第三共和政を支える市民宗教の大祭司であり神学者（a high priest and theologian of the civil religion of the Third Republic）」、「フランス第三共和政の半公式的なイデオローグ（a semiofficial ideologist of the Third French Republic）」とのデュルケム像を提示している（Bellah, 1973, op. cit., pp. x, xvii)。ただし本書は、このようなデュルケム理解には留保が必要だと考えている。詳しくは第4章と第6章で考察を行うが、デュルケム自身は同時代のフランスの社会や政治の状況につき、決してそれらを諸手を挙げて是認する立場をとっていたわけではなく、逆に同時代の現状を批判的に捉え、その弊害を克服する構想の提示を試みていたと理解するのが適当である。

(70)　政治文化論の位置づけについては、田中拓道、2006、『貧困と共和国——社会的連帯の誕生』人文書院、pp. 11-4.

(71)　Pierre Rosanvallon, 2004, *Le modèle politique français: la société civile contre le jacobinisme de 1789 à nos jours*, Paris:

Seuil, pp. 13-5.

(72) フランス大革命にその起源が求められるこの国家と個々人との二元論的な図式は、一般的にジャコバン主義として理解されているが、ロザンヴァロンは、このような発想をフランスに固有の伝統として理解しようとする視点には否定的である（樋口陽一、1994、『近代国民国家の憲法構造』東京大学出版会、pp. 33-97; Rosanvallon, 2004, op. cit., pp. 109-26）。ロザンヴァロンが試みるのは、視野を思想史に限定するのではなく、社会史まで拡大することで、一般性の政治文化に対抗する伝統の存在をフランス近代史に見出すことであり、第三共和政期におけるジャコバン主義の再構成が着目されるのは、以上のような問題関心の下なのである（Ibid., p. 11）。同様の問題関心を結社の法的な位置づけに即して展開した研究として、高村学人、2007、『アソシアシオンへの自由――〈共和国〉の論理』勁草書房。

(73) Rosanvallon, 2004, op. cit., pp. 271-3.「社会的なもの（le social）」の発見に対する評価は論者により対照的である。ドンズロはその背景を第二共和政の失敗、すなわち、主権者としては対等の存在となった労働者が生活条件に関しては劣悪な状態に置かれている状況との落差に求め、「社会的なもの」とは、労働者の要求を主権者としての抽象的な権利主張から具体的な社会権へと向かわせ、主権概念から危険性を取り除き、その上で共和政に対する信頼を取り戻すべく生み出された戦略的な発明である、と否定的に評価している（Jacques Donzelot, 1984, *L'invention du social: essai sur le déclin des passions politiques*, Paris: Seuil, pp. 10-4, 33-72, 76-7, 115-7, 137-9）。それに対しロザンヴァロンは第三共和政期におけるジャコバン主義の再構成を共和政の安定を可能にした契機だとして肯定的に評価している（Rosanvallon, 2004, op. cit., pp. 247-339）。しかし同時にロザンヴァロンは、中間集団の役割が認められていたのは社会的領域に限定されており、政治的領域においては依然として一般性の政治文化が強固な影響を及ぼしているとの留保を付している（Ibid., pp. 352-60, 432）。また「社会的なもの」という言葉の無限定性に対しても、一九世紀における思想的対立の契機や一九世紀末フランスにおける社会政策の多様性を留意すべき、との批判が提起されており、本書もこの問題関心を引き継ぐものである（田中、2006、前掲書、p. 14; Philip Nord, 1994, "The Welfare State in France," *French Historical Studies*, 18(3), pp. 824-7, 836）。

(74) 一九世紀フランス史研究の現状として、Malcolm Crook (ed.), 2002, *Short Oxford History of France, Revolutionary*

France, 1788–1880, Oxford: Oxford University Press.

（75） Skinner, [1969], op. cit., pp. 56–9. 社会学史研究の方法論につき、現在の理論的な到達に向けての流れを叙述する「現在主義（presentist）」か、それともテキストの歴史的背景に留意した「歴史主義（historicist）」のどちらが適切なのか、という論争は、スキナーの提起した思想史の方法論的な問題のうち、歴史的背景に留意する必要性のみが過度に強調されてしまった結果と理解できる（Jones, 1977, op. cit.; Harry M. Johnson, 1978, “Comment on Jones's ‘On Understanding a Sociological Classic’,” *American Journal of Sociology*, 81 (1), pp. 171–5; Robert Alun Jones, 1978, “Subjectivity, Objectivity, and Historicity: A Response to Johnson,” *American Journal of Sociology*, 84 (1), pp. 175–81, Id., 1983, “The New History of Sociology,” *Annual Review of Sociology*, 9, pp. 447–69.

（76） 宮島喬もデュルケムの社会学的認識の中には、現存する秩序をただ単に観察した結果を述べているだけではなく、そのような現状の「批判の基準となるべき、またその実現の欲せられるある秩序のイメージが存在していた」と指摘している（宮島、1977、前掲書、p. 61）。

（77） 本書が検討の対象としているのは、前期デュルケムのテキストである。第1章の冒頭でも確認した通り、後期になるとデュルケムは、宗教を主題的に論じる機会が増え、宗教が社会生活において果たしている役割をより重視するように変化する。この変化の存在については、ギデンズを除き、多くのデュルケム研究は見解を共にしている（Giddens, 1971, op. cit., p. 478）。しかしいつの時点でその変化が生じたのか、その時期については複数の説の間で決着が付いていない。ボルドー大学で初めて宗教を主題とした講義を行った一八九四年から九五年が契機となったのか（François-André Isambert, 1976, “L'élaboration de la notion de sacré dans l'« école » durkheimienne,” *Archives des sciences sociales des religions*, 42, pp. 37–8; Pickering, 1984, op. cit., pp. 47–50, 69）。デュルケム自身の回顧的証言を信頼し一八九五年と考えるべきなのか（Simon Deploige et Émile Durkheim, 1907, “A propos du conflit de la morale et de la sociologie. Lettres de M. Durkheim et réponses de S. Deploige,” *Revue néo-scolastique*, 56, pp. 606–21. Reprinted in Victor Karady (ed.), 1975, *Textes, t. 1*, Paris: Minuit, p. 404; Jeffery C. Alexander, 1986b, “Rethinking Durkheim's Intellectual Development: Part 2, Working Out a Religious Sociology,” *International Sociology*, 1 (2), pp. 189–90; Fournier, 2007, op. cit., pp. 12–3, 257–8）。ユ

ダヤ教のラビであった父モイーズ（Moyse）が死去した一八九六年が決定的であったのか（Lacroix, 1981, op. cit., p. 164）。対独スパイの嫌疑を掛けられたユダヤ系将校であるドレフュスの無実を主張する運動へと参加した一八九八年が転機となったのか（Seigel, 1987, op. cit., pp. 488-91）。

デュルケム社会学研究にとって、その変化の時期の特定は確かに重要な課題であるが、変化の論じ方は、時期のみに限定されるものではない。時期区分も重要な問題であるが、より本質的なのは、宗教に着眼する前後でデュルケム社会学にはどのような変化が見られるのか、という変化の内容に関する検討、さらにはそもそもなぜデュルケムは宗教への着眼に至ったのか、その変化の理由に関する考察である。

なぜデュルケム社会学における変化の内容の検討、およびデュルケムが宗教に着眼した理由の考察が重要なのかと言えば、変化の時期の確定は、変化の内容、理由に関する解釈を前提としているためである。多くの場合、個人の考えの展開は漸進的であるが、デュルケムもその例外ではない。その累積的な展開を、変化として截然と区分するためには、変化の判断基準が必要である。いかなる見解が提示された時点でデュルケム社会学に変化が生じたと言えるのか。変化の時期に対する回答は、その基準の取り方に依存しているのである。

しかし変化の判断基準をどのように設定したらよいのか。基本的には解釈者が設定するに他はない。問題なのは判断基準の妥当性である。妥当性を証明する最終的な手続きは、変化が生じたと思われる前後の時期のテキスト、さらにはデュルケムが残したテキストの全体を渉猟し、その判断基準を逐一吟味する作業となる。本書はそのような作業の前段階としても位置づけることができるであろう。

第2章 パーソンズの解釈枠組みの検討

第1章ではデュルケムの研究史を概観したが、そこで得られた知見とは、デュルケムの近代社会構想をその前期のテキストを中心として検討を試みる本書にとって、パーソンズの設定した『社会的行為の構造』でのデュルケム解釈の枠組みを相対化する作業が不可欠となることである。デュルケムの学説の展開を後期の宗教社会学へ至る過程と捉え、前期の学説に対しては独自の意義をさほど認めないこのパーソンズの解釈枠組みは、さまざまな批判が提起されつつも、私たちのデュルケム理解を依然として規定している。もちろんデュルケムのテキストの解釈として、このパーソンズの枠組みが妥当性を持っているのであれば、その理解が継続して引き継がれていたとしても、それは学問の蓄積として通例のことである。しかし以下で検討を加えるように、パーソンズの設定したデュルケム解釈の枠組みには、少なくとも前期のデュルケムのテキストの理解につき、見逃すことのできない偏りが存在するのである。

1 『社会的行為の構造』におけるデュルケム論の特徴

第1章でも確認した通り、パーソンズが『社会的行為の構造』で課題としていたのは、デュルケムやウェーバーに関する「包括的な解釈（a general secondary interpretation）」をなすことではない[1]。したがって、デュルケムのテキストの解釈を展開しているように見える箇所であっても、パーソンズ独自の理論的な判断がその叙述に偏りを与えている場合が多い。ただしパーソンズ自身は少なくとも、デュルケムのテキストから導き出される解釈と、そのテキストから直接的には導き出されないが、「行為の主意主義的理論」への収斂、「共有価値という要素」に注意を集中する過程、という自らの理論的な見取り図に照らすならば、当該のテキストに読み取りうる理論的な洞察とを、自覚的に区別して叙述を行っている。以下ではまず、このパーソンズのデュルケム論の特徴を、後期の『宗教生活の原初形態』を論じた箇所に即して確認しておきたい。

パーソンズによる後期デュルケムの理解

デュルケムの学説の展開を「共有価値という要素」に注意を集中する過程と理解するパーソンズにとって、その終着点となるのが、後期の『宗教生活の原初形態』である。パーソンズは同書の分析を始めるに際し、デュルケムがその最初期から宗教という現象について興味を抱き、宗教と社会生活との密接な関係を意識していた、との特徴づけを与え、『社会分業論』での機械的連帯の議論や『自殺論』における宗教と自殺との関係について改めて注意を促している。(2) このように宗教と社会生活とを重ね合わせて捉えようとするパーソンズの立論の特徴が典型的に表れているのが、デュルケムが与えた宗教の定義に関する議論である。

『宗教生活の原初形態』においてデュルケムは、宗教を以下のように定義している。すなわち、

宗教とは、〔世俗の世界から〕区分され、〔世俗の世界からの〕アクセスを禁じられている聖なる事物についての信念とそれに関連した慣習からなる体系（un système solidaire de croyances et de pratiques）である。この信念と慣習は、それを信奉する者すべてを、教会という単一の道徳的共同体（unissent en une même communauté morale）として結びつけるのである。(3)

このデュルケムによる共同体の特徴づけは、もちろん宗教を念頭においたものであり、宗教的な共同体を形成し

ているのは、特定の宗教に関する信念と慣習とを共有している人たちである、という事態を意味しているに過ぎない。しかし、社会秩序の安定性を説明するためには価値の共有という要素の存在を積極的に位置づける必要があると考えるパーソンズは、このデュルケムによる宗教の定義から、単なる宗教的な共同体の特徴づけには留まらない理論的な含意を引き出そうと試みるのである。(4)

まずパーソンズは宗教に関するデュルケムの定義につき、同じ信念を共有し、同じ儀礼を行う人々という箇所は、自らの理論的な用語に置き換えるならば、「究極的価値態度に関する共有された体系（a common system of ultimate-value attitudes）」が保持されている状態、「道徳的共同体（moral community）」を構成している状態と見なすことができると解釈する。(5) パーソンズの言う「共有された価値体系（common value system）」とは、特定の集団の構成員が共通して望ましいと考えている未来の状態が規範として表現されたものであり、かつその規範がそれらの構成員の大多数を、望ましいと見なされている未来の状態を実現すべく、「道徳的に拘束している（morally binding）」状態である。(6) パーソンズはこの「共有された価値体系」という議論をデュルケムの「集合表象」概念に関する解釈において展開しているのであるが、宗教的な理念は「集合表象」のなかでも目的手段関係の連鎖の終局である「究極的目標（ultimate ends）」に大きく関わるものであるため、「究極的」という形容詞が添えられているのである。(7) ここまでの議論は、デュルケムのテキストに関する理解を、パーソンズに独自の用語で表現しているだけであり、解釈という作業の枠内に収まっている。

宗教と社会との反転

しかしその後段でパーソンズは、単なる論理をもってしては認められない操作によって、宗教に関するこのデュルケムの定義を反転させるのである。すなわち、「宗教を共有している人々が道徳的共同体を構成するというだけではなく、逆に、真の意味での道徳的な共同体、すなわち『社会』とはすべからく（every true moral community, that is, every "society"）、一定の『宗教』を共有している（the possession of a common "religion"）という特徴を持っている」との理論的な含意を、この定義から導き出そうとするのである。[8]『宗教生活の原初形態』においてデュルケムが展開している議論とは、宗教的な共同体は宗教的な信念や慣行の共有により形成される、という宗教を主題としたものなのであるが、この議論からパーソンズが導き出そうとするのは、社会という一見すると宗教には限定されない共同体であっても、それが共同体である限り、その基礎には宗教に代表される「共有価値の体系」が存在する、という理論社会学的な洞察なのである。

もちろんパーソンズは、デュルケムのテキストからこのような洞察を直接的に導くのは論理的に不可能だと自覚している。しかし、宗教に関するこのデュルケムの「定義だけに基づくのではなく、デュルケムの提示した理論に関する議論の全体に基づくのであれば」、以上のような理論的洞察を導き出しうるとパーソンズは主張するのである。[9]パーソンズのデュルケム論とは、単なるデュルケムのテキストの解釈ではなく、一般的な意味での社会と宗教的な共同体とを可能な限り重ね合わせた上で、社会統合における宗教や道徳といった要素の重要性というパーソンズ自身の洞察を、デュルケムのテキストから理論的に引きだそうとする独得の偏りを持っているのである。

以下では本書が主たる検討の対象とする前期のデュルケムのテキスト、具体的には『社会分業論』と『自殺論』に関するパーソンズの議論につき、その理解の偏りを具体的に検討し、パーソンズの設定したデュルケム解釈の枠組みの相対化を試みる。

2 パーソンズの『社会分業論』解釈

第1章でも確認した通り、『社会的行為の構造』においてパーソンズは、デュルケムの学説の展開につき、前期と後期との間には「根底的な変化（a fundamental change）」が存在する、との特徴づけを与えている。[10] しかし同時にパーソンズは、前期のデュルケムの学説について、そのすべてを否定的に評価するのではなく、そこにパーソンズが肯定的に評価する後期の学説につながる萌芽を見出そうとしている。ではこのパーソンズに独自の理論的な問題関心に導かれた枠組みにおいては、前期の代表的なテキストである『社会分業論』はどのように解釈されるのであろうか。

集合意識概念の肯定的評価

一見するとパーソンズは、前期のテキストである『社会分業論』を肯定的に評価しているような文章も残している。すなわち、『社会分業論』には「デュルケムの後の理論的展開の主要な要素がほとんどすべて萌芽として含まれている」という特徴づけである。[11] しかし『社会分業論』のどのような点をパーソンズが肯定的に評価しているのか、留意しておく必要がある。先の肯定的な特徴づけのすぐ後でパーソンズは、『社会的行為の構造』の探求課題にとって『社会分業論』が興味深いのは、デュルケムが「人間行為における道徳的な要素（moral elements of human action）について当初から強調」を加えている点である、との限定を加えている。[12] その例証としてパーソンズが示しているのは、『社会分業論』における集合意識の概念であり、集合意識の強さを示す指標としての刑罰である。[13]『社会分業論』を論じるに際しパーソンズが問題としているのは、「どのような経緯によりデュルケムは道徳生活というこの現象に興味を持つに至ったのか、言い換えるならば、デュルケムはどのような過程を通じ、共有価値という要素（*common* value element）に特別な強調点を置くに至ったのか」という論点である。このような問題関心の下、『社会分業論』の中でパーソンズが肯定的に評価するのは、専ら機械的連帯とその基礎となる集合意識の概念なのであり、後の理論的展開の萌芽が存在するとパーソンズが評価しているのも、この集合意識の概念である。[14]

確かに、デュルケムが『社会分業論』で提示した社会統合の二つの類型のうち、パーソンズがその片方である機械的連帯を専ら肯定的に評価している、というだけであれば、デュルケムの解釈枠組みに関する偏りと言うほどのことではない。ただ単に、パーソンズが独自の理論的な判断に基づき、デュルケムのテキストの中から、自らの立場の補強となる箇所を取り出した、というだけである。しかし『社会的行為の構造』のデュルケム論に特徴的なのは、パーソンズが肯定的に評価するこの集合意識の概念と、機械的連帯とは対照的な形でデュルケムが概念化している有機的連帯とが、パーソンズ独自の理論的判断に基づき、関連づけられて理解されている点である。[15]この点にパーソンズの解釈枠組みがデュルケム理解に与えている偏りが存するのである。

「契約における非契約的要素」という論点

集合意識の概念と有機的連帯との関係をパーソンズが見出そうとして設定するのが、「契約における非契約的要素（non-contractual element in contract）」という論点である。[16]この論点は、『社会分業論』における有機的連帯の特徴を、スペンサーの社会観との対比から検討する際に提起されたものである。パーソンズはスペンサーの社会観を、専ら経済学的な交換の関係における当事者間の需要と供給との均衡に着目し、交換の当事者が共に自らの利益を追求することで、社会秩序が維持されると考える発想であると特徴づけた上で、パーソンズが批判を試みている「功利主義的（utilitarian）」な社会観の典型としてスペンサーを位置づけている。[17] それに対してデュルケムは、交換が当事者間のその場の合意には還元されない「拘束力を伴った一群のルール（a body of binding rules）」、つまり「契約における非契約的要素」に則って取り結ばれている事実をスペンサーが見落としている点を指摘し、その社会観を的確に批判しているとパーソンズは評価するのである。[18]

ここまでのパーソンズの議論は、デュルケムのスペンサー批判の理解として正確である。[19]『社会分業論』の理解についてパーソンズに独自の偏りが現れ始めるのは、この「契約における非契約的要素」の存在を指摘したデュルケムの経験的洞察と、『社会分業論』の段階でのデュルケムの理論構成との間に乖離が見られると評価した点からである。[20] デュルケムがその存在を指摘した「契約における非契約的要素」とは具体的に何を指しているのか。この問題に対しパーソンズは『社会分業論』のテキストに即した考察をそれ以上は展開していない。[21] というのもパーソンズは、「契約における非契約的要素」の存在を認めたデュルケムの経験的洞察を肯定的に評価する一方で、『社会分業論』の理論構成、すなわち、機械的連帯と有機的連帯との対比に集合意識と分業との対比を重ね合わせて論じる理論構成については、否定的な評価を下し、デュルケム自身もこの経験的な洞察を『社会分業論』における理論構成へと組み入れるに際して、困難に直面していたとの理解を提示しているのである。[22] したがってパーソンズは「契約における非契約的要素」という主題を『社会分業論』のテキストから摘出した上で、自らの理論的な判断に基づき、デュルケムのテキストから離れた次元で、その主題を論じようとするのである。[23]

『社会分業論』の理論構成に対する批判

『社会分業論』のテキストを離れ、「契約における非契約的要素」の具体的な内実を探ろうとする際、パーソンズが手がかりとするのが、デュルケムの学説の展開に関するパーソンズ自身の見取り図である。つまり、「契約における非契約的要素」についても、「共有価値という要素」へ注意を集中する過程、前期においては「道徳的な要素」に引き付けて、その内容の理解を試みるのである。(24) その上でパーソンズは、『社会分業論』においてデュルケムは、倫理や価値といった道徳的要素を専ら機械的連帯の基礎となる集合意識の概念にのみ結びつけて論じていると解釈し、「個人主義的な分化した社会と共有価値とを区別（keep individualistic, differentiated society and common values separated）」して論じようとしている『社会分業論』の理論構成は不適切であり、それゆえ有機的連帯において見出された「契約における非契約的要素」と集合意識との関係をデュルケムは適切に理論化できていない、との批判を提起するのである。(25) この独自の理論的判断に基づいた『社会分業論』の評価につきパーソンズは、後のデュルケムの学説の展開は、有機的連帯の後景化と集合意識の前景化という方向に進む、という解釈を示した上で、その正当化を図るのである。(26)

『社会分業論』につきパーソンズは、「近代の産業社会に関する功利主義的な社会観に対する反論（a polemic against the utilitarian conception of modern industrial society）」としては、「確固とした鋭利な（sure-footed and incisive）」議論を展開しているとの肯定的な評価を与えている。しかしスペンサーに対する批判を越え、デュルケム自身の積極的な議論を提示する段になると、「不明確であやふや（uncertain and wavering）」な点が多いとの否定的な評価を下すのである。(27) パーソンズにとっての『社会分業論』の積極的意義は、「契約における非契約的要素」を指摘した点に限られるのであって、その指摘に基づきデュルケム自身が提示した近代社会構想である有機的連帯については、その内容の詳しい検討がなされないまま、有機的連帯とは対極の社会統合の概念である機械的連帯とその基礎となる集合意識との理論的関連が示唆されるのである。

3　パーソンズの『自殺論』解釈

集合意識の内容への着目

では『社会分業論』から摘出された「契約における非契約的要素」という主題と集合意識とはいかなる仕方で結びつくのであろうか。その理解の鍵となっているのが、パーソンズによる『自殺論』の解釈である。『社会的行為の構造』において『自殺論』は、『社会学的方法の規準』と共にデュルケムの理論的展開の第二段階に位置づけられている。[28]『社会分業論』と『自殺論』との関係につきパーソンズは、「一見するとまったく異なる領域の問題を扱っている」ように思えるかもしれないが、そのような理解は「誤り」であり、この二つの書物は「問題関心を同一線上に展開」したものである、との理解を提示した上で、しかしその理論構成には変化が生じているとの評価を行っている。[29]ではその理論構成のいかなる点において、『社会分業論』と『自殺論』との間には相違が存在するとパーソンズは考えているのであろうか。

パーソンズが主張するのが、社会類型の区分の仕方における相違である。まず第一段階である『社会分業論』においては、機械的連帯と有機的連帯という社会類型を区別する際の基準となるのは「行為に対して集合意識が優位な影響を与えているかどうか（a *conscience collective* did and did not predominate in action）」という観点であった、との独自の整理をパーソンズは行っている。[30]しかし第二段階と位置づけられる『自殺論』になると、社会類型を区分する観点は、集合意識の強弱ではなく、「集合意識の内容それ自体（different contents of the *conscience collective* itself）」へと変化するとの理解をパーソンズは提示するのである。さらにパーソンズは、このような観点の移動が可能となったのは、『社会分業論』においては、機械的連帯と有機的連帯という社会類型の区分が具体的な社会構造の分化の度合いに結びつけられていたのに対し、『自殺論』になると、「共通の要素に対する個人の関係（the relation of the individual to the common element）」という抽象的な視点が得られたからであるとの議論を展開している。[31] パーソンズによる『自殺論』の理論的な位置づけは、『社会分業論』を論じる中で示唆してきた「道徳的な要素」に対する注目、集合意識概念の前景化、という展開の見取り図に従っているのである。

自殺の類型の解釈

この集合意識の内容という観点から、パーソンズは『自殺論』における自殺の類型の解釈を試みている。まず集団本位的自殺については、「集団の価値に対して個人の生命を低くしか評価しない特有の集合意識の発現（a manifestation of a *conscience collective* which [...] has the particular content of a low valuation of individual life relative to group values）」であり、多少の強調点の移動は存在するが『社会分業論』における機械的連帯の理論的延長にあるとの理解をパーソンズは提示している。[32] つまりパーソンズは集団本位的自殺をデュルケムのテキストに即し、「社会が個人を過度なまでに強く従属させている」場合に生じると理解するのではなく、個々人の尊重に敵対的な独自の集合意識の存在をそこに読み込むのである。[33] 次に自己本位的自殺についてパーソンズは、集合意識の内容への注目という『社会分業論』からの理論構成の変化がより顕著に看て取れるとの指摘を行っている。[34] デュルケム自身は自己本位的自殺を、社会の統合が弱体化した結果、「個人を社会に結びつけていた絆が弛緩」した場合に生じると考えているのであるが、パーソンズは、自己本位的自殺にも特有の集合意識からの影響が見いだせるとの議論を展開しようと試みるのである。[35]

自己本位的自殺にも特有の集合意識が作用しているとの独自の理解を提示すべくパーソンズが引き合いに出すのが、カトリックに対して相対的に高いプロテスタントの自殺率をどのようにして説明すればよいのか、という問題である。この自殺率の相違を引き起こす要因としてパーソンズが主張するのが、「宗教上の問題における個人の自由に関するプロテスタントの態度（the Protestant attitide toward individual freedom in religious matters）」である。[36] 逆に言うならば、パーソンズにとっては、「カトリックは集団の権威に従属しているのに対し、プロテスタントはそのような集団の権威を免れている」という集合意識の影響力の強弱のみに着目した説明では不十分なのである。なぜ集合意識の影響の相対的な弱さという消極的な要因では、プロテスタントにおける宗教的自由を適切に説明できないのか。その理由としてパーソンズは、プロテスタントと宗教的自由との特殊な関係を指摘している。

本質的に重要なのは、プロテスタントにとって、集団の統制からの自由は選択の余地のない問題ということである（the Protestant's freedom from group control is not optional）。つまり、プロテスタントにとっての宗教的な自由とは、宗教的な責任を自ら負うのか、それとも自らが適当と思う教会にその責任を委ねるのか、という選択の自由を意味するのではない。善きプロテスタントとしての信望を保とうとするならば、この宗教的な責任を引き受け、自らの自由を行使することは義務であり、それを教会に委ねることは、許されないのである。[37]

つまりプロテスタントにとっての宗教的自由とは、確かに特定の教会による教義の押しつけに対する自由を意味しているのであるが、しかし善きプロテスタントであろうとする限り、この自由を行使しない自由は存在しない。したがってプロテスタントにとっての宗教的自由とは、個々人が自由に選択のできる対象なのではなく、強制されるものなのである。強制された宗教的自由というこのプロテスタントに特有の宗教的性格を説明するため、パーソンズは「人間は自由であることを強制される」との『社会契約論』でのルソーの記述をもじり、「プロテスタントは自由であることを強制される（*forced* to be free）」と表現している[38]。このような定式化を行った上でパーソンズは、この宗教的自由は「すべてのプロテスタントに共通の基本となる倫理的価値（a basic ethical value common to all Protestants）」であり、プロテスタントに特有の、カトリックとは内容の異なる集合意識の現れであるとの理解を提示するのである[39]。

このようにパーソンズは、自己本位的自殺をプロテスタントに特有の集合意識から説明しようと試みているのであるが、その経験的な妥当性はともかくとして、少なくとも『自殺論』でデュルケムが展開している説明とは異なった独自の理論的な指摘と理解するのが適切である[40]。ではデュルケム自身は『自殺論』において、自己本位的自殺をどのように説明しているのであろうか。

デュルケム自身の自己本位的自殺の説明

カトリックに対して相対的に高いプロテスタントの自殺率については、確かにデュルケム自身もプロテスタントに特有の「自由検討の精神（l'ésprit de libre examen）」、すなわち教会による解釈を強制されることなく、個々の信徒が自らの責任をもって聖書を解釈するという精神との関連を示唆している。加えてデュルケムは、このようなプロテスタントの特徴を「宗教的個人主義（individualisme religieux）」と呼んでおり、この点ではパーソンズの理解にも一定の妥当性があるように思える。[41] しかしパーソンズの指摘とデュルケム自身の議論の展開とが決定的に異なるのは、この自由検討の精神の由来に関する説明である。パーソンズはそこにプロテスタントに特有の集合意識の影響を主張したのに対し、デュルケムが与える説明は以下の通りである。

自由検討それ自体は、別の要因が引き起こした結果（l'effet d'une autre cause）にすぎない。〔中略〕その原因とは、伝統的な信念の動揺（l'ébranlement des croyances traditionnelles）である。[42]

つまりデュルケム自身もプロテスタントにおける宗教的個人主義について言及しているものの、それ自体がプロテスタントの相対的に高い自殺率の説明要因になるとは考えておらず、より根底的な原因として存在するのは、伝統的な信仰の動揺であり、自由検討はその結果に過ぎないとの議論を展開しているのである。したがって、プロテスタントに特有の集合意識から説明を試みるパーソンズの議論は、『自殺論』の解釈としては誤りである。

ではなぜプロテスタントはカトリックと比べて自殺率が高くなっているのか。デュルケムが着目するのは、宗教共同体としての統合の強弱である。すなわち、「カトリックに対してプロテスタントに自殺が多いのは、プロテスタントの方が宗教共同体としての統合が弱い（une Église moins fortement intégrée）から」という説明である。[43] この統合が弱体化した原因としてデュルケムが指摘するのが、プロテスタントの方がカトリックと比べて、「宗教における「共通の信念や慣行（de croyances et de pratiques communes）」に重きを置かなくなった点である。[44] デュルケムが着目している集団の構成員に共通の信念や慣行という特性は、『社会分業論』における集合意識の特徴づけと同一であり、この点においてデュルケムの理論的構成は変化していない[45]。パーソンズは『社会分業論』から『自殺論』に至るデュルケムの理論的展開を、集合意識の影響力の強弱に注目していた段階から集合意識の内容に着目するようになった段階と整理しているが、デュルケム自身は『自殺論』においても、集合意識の強弱に着目した議論を一貫して展開しているのである。

人格崇拝論の議論の力点

先にも確認した通り、『自殺論』での自殺の類型の相違を、集合意識の内容から説明しようとするパーソンズの理解には、テキスト上の根拠が存在しない。それにもかかわらずパーソンズは、『自殺論』の記述を素材として自由に展開した独自の集合意識論に立脚し、改めて『社会分業論』との関連を主張しようと試みる。その際にパーソンズが着目するのが、『自殺論』の第三部第三章と『社会分業論』の結論部分とに存在する人格崇拝論である。パーソンズの展開する立論の特徴を検討する前に、まずはデュルケム自身の議論の内容を確認しておきたい。

『社会分業論』においてデュルケムは、「分業が進展するにつれ、集合意識が弱体化する」との指摘を行っている[46]。しかし分業の進展した社会においてさえも、その構成員に共有されている集合意識が存在しなくなるわけではない、とデュルケムも断っている。というのも、確かにかつての社会と比較するならば、犯罪として非難される行為の類型は減ってきてはいるが、しかし分業の進展した社会においても依然として、「私たちの同類者ではない（parce qu'il［le criminel］n'est pas notre semblable）」との理由で、犯罪者が非難されているからである[47]。分業の進展にもかかわらず、これからも存続するであろう集合意識とは、「人格と個人の尊厳に対する崇拝（culte de la personne, de la dignité individuelle)」を内容とし、「今後においても多くの人々を結集させる唯一の中心（l'unique centre de ralliement de tant d'ésprits）となるに違いない」とデュルケムは特徴づけている。[48] しかしデュルケムの議論の力点はその後段にある。つまり、分業の進展に伴い、社会が拡大し、個々人が自由に活動する余地が広がる世の中において、この人格への崇拝という集合意識は、個々人の意識においてほんのわずかの場所しか占めておらず、したがって、集合意識の共有に基づく機械的連帯を社会統合の唯一の形態であると考えているならば、社会が崩壊に向かうとの結論が導かれることになってしまう。[49] しかし、分業が有機的連帯という別の社会統合の形態を可能とすると考えられるのであれば、社会の崩壊を食い止めるべく、集合意識の共有に固執する必要もなくなる、という提言こそが、『社会分業論』におけるデュルケムの積極的な主張なのである。[50]

次に『自殺論』であるが、その第三部第三章においてデュルケムは、「人格の尊厳（la dignité de la personne）を行為の至高の目的とし、人間を人間にとっての神とする（l'homme est un Dieu pour l'homme）」社会においては、自己本位的自殺が多くなると指摘している。確かにデュルケムは「個人主義（individualisme）」と「自己本位主義（égoïsme）」とは必ずしも同一ではないと断っているのであるが、議論の力点はその類似性に置かれており、人格崇拝論それ自体を積極的に称揚しているわけではない。[51] 第三部第二章では、デュルケム自身の時代判断として、宗教的な教義に囚われない「自由思想（la libre-pensée）」の進展は歴史の流れであり、「個々人の意識に対して宗教はもはや、広範で深い影響を及ぼすことは不可能である」との見解を提示した上で、今後登場しうる宗教として唯一可能性のあるのは、「プロテスタントの中でも最も自由な宗派よりもさらに多くの権利を自由検討と個人のイニシアティヴに与える」宗教であるとの展望を示している。しかし議論の力点は、そのような教義を持つ宗教には、もはや自殺を食い止める力は存在せず、したがって自殺抑止の手段として宗教に頼ることは不可能である、という否定的な評価に置かれているのである[52]。

人格崇拝論と「契約における非契約的要素」の関連づけ

このように『社会分業論』や『自殺論』の議論の流れからすれば、消極的な位置づけしか与えられていない人格崇拝論であるが、しかし『社会分業論』での集合意識の概念にその後のデュルケムの理論的展開の萌芽を見出そうと試みるパーソンズは、この人格崇拝論を手がかりに、『社会分業論』の解釈を通じて摘出した論点である「契約における非契約的要素」の内容について、改めて議論を展開するのである。すなわち、パーソンズの理解に拠ると、自己本位的自殺とプロテスタントに特有の集合意識とを結びつけて考える洞察をより一般化するならば、「近代社会における枢要な共通の道徳意識とは、個人の人格それ自体に対する倫理的な価値づけである（the leading common moral sentiment of our society is an ethical valuation of individual personality as such）」との見解が導き出されるのである[53]。この独自の見解に基づきパーソンズは、『社会分業論』において有機的連帯を可能とする条件とされた「契約における非契約的要素」と、この「個人の人格に対する崇拝（the cult of individual personality）」との理論的な関連づけを試みるのである。すなわち、

経験的な議論の水準においてデュルケムは、「契約における非契約的要素」とは何なのかという問題を解決するに至ったのである。契約と交換との規整を通じ、「有機的連帯」の形成を可能とする規範的なルールの体系の基礎には、個人の人格に対する崇拝という価値観が存在しているのである[54]。

パーソンズの主張するところによれば、『社会分業論』におけるデュルケムは、機械的連帯に集合意識を、有機的連帯に分業を割り振る理論構成に囚われていたため、「契約における非契約的要素」の存在を指摘することはできたが、その内容を適切に理論化することはできなかった。それに対し『自殺論』におけるデュルケムは、共有価値という要素を機械的連帯のみに結びつけて考える理論構成を脱却しているため、有機的連帯の基礎となる「契約における非契約的要素」と集合意識とを、理論的に関連づけることが可能となっている。言い換えるならば、集合意識を個々人の類似性や分化の欠如と同一視するのではなく、その内容に即して分節化することで、近代社会の基礎となる個人の自由を内容とする集合意識の存在が視野に入ってくるのである[55]。

以上のような解釈に基づきパーソンズは、『社会分業論』から『自殺論』へのデュルケムの変化に関する独自の理解を示した上で、『社会分業論』における有機的連帯と『自殺論』における人格崇拝論とを、理論的に関連づけるのである。すなわち、『自殺論』においては、

特定の社会の構成員に共通の道徳的信念と感情の体系、すなわち、集合意識という要素は、〔『社会分業論』とは異なり、〕社会的分化の欠如や社会的役割の類似性から区別されているのである。この理論構成の修正により、契約における非契約的要素とは、このような意味での共通の信念や感情の体系を指しているのであり、分化した個人主義的な社会における秩序の基礎をなす本質的な要素（an essential element in the basis of order in a differentiated individualistic society）となっている、との洞察が得られたのである[56]。

個人の人格の尊重と社会の分化に基づく近代社会は、近代的な個人主義という集合意識に支えられている。この

集合意識は時に、自己本位的自殺という形で現われる場合もあるが、しかし近代社会の秩序を支える本質であり、『社会分業論』での「契約における非契約的要素」も、この集合意識の現われとして解釈できる、との理解をパーソンズは提示するのである[57]。しかしその主張の前提となる『自殺論』理解、すなわち、自殺の類型の違いを集合意識の内容に即して整理した上で、自己本位的自殺の要因をプロテスタントに特有の集合意識に求める、という理解は、デュルケム自身の議論から直接導き出されるものではなく、デュルケムのテキストの解釈としては、誤りであると本書では判断している。

4　パーソンズの解釈枠組みの影響

『社会的行為の構造』におけるパーソンズのデュルケム解釈には、近代社会の統合においても共有価値が重要な役割を果たしている、というパーソンズ自身の理論的な問題関心が反映されている[58]。この独自の問題関心に基づきパーソンズは、『宗教生活の原初形態』においては宗教の定義を社会秩序の維持に対する価値的要素の重要性に読み替え、『社会分業論』では専ら機械的連帯と集合意識に着目した解釈を展開し、『自殺論』ではプロテスタントに特有の集合意識を自己本位的自殺に読み込み、有機的連帯の基礎となる「契約における非契約的要素」を人格崇拝論に求めるのである。先にも確認した通り、少なくともデュルケムのテキストの解釈としては、このような理解はすべて不適切である。

ただし同時に、このようなテキスト解釈上の誤りを指摘したところで、パーソンズの著作に対する本質的な批判にはなりえないのも事実である。第1章で確認した通り、この『社会的行為の構造』という本でパーソンズが課題としていたのは、デュルケムやウェーバーに関する解釈の提示という作業それ自体ではなく、行為の主意主義的理論という独自の見解を提示することである。このパーソンズ独自の理論的立場の検討は、本書の問題関心の外にあるため、その妥当性については特に論じない。

ではなぜパーソンズのデュルケム解釈を本書が検討したのかと言うと、パーソンズが独自の問題関心の下に提示したデュルケム解釈の枠組みが、その後のデュルケム理解にも影響を与えているからである。パーソンズ自身は自らの解釈を、必ずしもデュルケムに関する社会学史的な検討の結果として提示したわけではないが、その後の英語圏における社会学史研究において、このパーソンズの理解は、批判するにせよ踏襲するにせよ、継続的な参照点となっている[59]。加えて興味深いのは、パーソンズのデュルケム解釈を批判する論者であったとしても、そのデュルケム理解の枠組み、すなわち、前期のデュルケムについて、集合意識の概念に着目し、共有価値の重要性を強調する、というパーソンズの設定した枠組みを踏襲している場合が多く存在する事実である。『社会的行為の構造』におけるパーソンズのデュルケム解釈とは、ただ単に影響のある解釈というだけでなく、その後のデュルケム理解を規定している枠組みとなっているのである。以下ではパーソンズの設定したデュルケム解釈の枠組みが、パーソンズ批判を行っている論者においても、実のところ共有されている現状を確認する。

ニスベットへの影響

パーソンズのデュルケム解釈に疑問を投げ掛けた論者としては、まずニスベットが存在する。ニスベットが疑問を示しているのは、『社会的行為の構造』でパーソンズが提起したデュルケムの理論的展開を四つの段階として理解しようとする枠組みである。この枠組みに基づきパーソンズは、デュルケムの理論的展開を、宗教に代表される共有価値が社会秩序の維持において重要な役割を果たしている事実への着目に至る過程と理解し、前期から後期への変化を強調していた。それに対しニスベットは、他の学問に対しての社会学の固有性や社会学の方法論についてのデュルケムの主張は一貫しており、『社会分業論』から『社会学的方法の規準』、『自殺論』、そして『宗教生活の原初形態』に至るまで、そこには断絶が存在しない、とのパーソンズ批判を提起している。[60]

しかし、デュルケムの理論的展開の区分という解釈の基礎となる視点を批判しているにもかかわらず、ニスベットのデュルケム理解を確認してみるならば、そこにパーソンズの設定した解釈枠組みの大きな影響を見出すことができる。加えてデュルケム理解としてさらに深刻なのは、パーソンズがデュルケムのテキストから導き出される解釈と自らの理論的な洞察とを注意深く区別して議論を展開していたのに対し、ニスベットのデュルケム理解は、パーソンズが自らの見解として提示した議論が、そのままデュルケムのテキストの解釈として反映されてしまっていることである。以下では対象を『社会分業論』に限定し、ニスベットのデュルケム理解に対するパーソンズの解釈枠組みの影響を確認してみたい。

『社会分業論』においてデュルケムは、機械的連帯と有機的連帯という二つの社会統合の概念を提示しており、加えて近代社会においては機械的連帯の安定性は低下せざるをえないとデュルケムは考えていた、との理解をニスベットも提示している。[61] しかしニスベットは、歴史が進展するにつれて、社会も機械的連帯から有機的連帯へと推移してゆく、という発想はスペンサーと大差ないと特徴づけた上で、『社会分業論』の中には、このような理解には収めることのできないデュルケムの別の発想が存在する、と議論を一転させるのである。スペンサーとは区別すべきデュルケムの独自の発想としてニスベットが示すのは、「有機的連帯の制度的安定（institutional stability）は、何らかの形態での機械的連帯の存続に深く依拠している」という理解である。[62] 社会の分化が進展した近代社会においても、集合意識という機械的連帯を特徴づける要素に基づく統合が必要であるとの指摘を、パーソンズは独自の理論的な見解として提示しているのに対し、ニスベットはデュルケム自身の発想であるかのように解釈しているのである。[63]

機械的連帯の復活という処方箋

有機的連帯の基礎には機械的連帯が必要であるとの解釈を提示するに際し、ニスベットが引証するのが、パーソンズの提起した「契約における非契約的要素」という論点である。[64] パーソンズは「契約における非契約的要素」の具体的内容として、独自の『自殺論』解釈から人格崇拝論を読み込むのに対し、ニスベットは権威の伴った「社会規範（mores）」がその内容であるとして、原始社会における共同体と直結させる。その上でニスベットは、デュルケムの考察の特徴とは、「契約や政治的決定のように、その関係の形態が疑いもなく合理的なものでさえも、共同体的・道徳的な一致という前合理的・前個人的な状態（pre-rational and pre-individual states of communal and moral consensus）に還元する」点に求められるとの理解を提示するのである。[65] さらにニスベットは『社会分業論』以後の著作には有機的連帯という表現が登場しない事実を引き合いに出し、それ以降のデュルケムの社会概念は、集合意識を始めとしてすべからく機械的連帯に関連するものであり、有機的連帯からの影響は存在しないと断じるのである。最終的にニスベットは、健全な社会は、集合意識や道徳的権威、共同体や聖性といった特性に依拠しており、自殺や経済的利害をめぐる対立、アノミーの進展という近代社会の病理を緩和するためには、機械的連帯の特徴として位置づけられていたこのような特性を強化するのが唯一の処方箋であるとデュルケムが考えていた、との理解を提示するのである。[66]

しかし少なくとも『自殺論』の解釈としてはこのニスベットの理解は誤りである。[67]『自殺論』においてデュルケムは、近代社会において宗教による自殺の抑制は不可能であり、かつ望ましくもないと指摘している。[68]デュルケムが提示しているのは職能団体の再建という処方箋だが、そこで強調されているのは分化し複雑化の進展する経済を適切に規整する必要性であり、機械的連帯の復活と考えるのは誤りである。[69]ニスベットのデュルケム理解は、分化した近代社会の統合においても価値の共有が必要であるとするパーソンズ自身の理論的判断をデュルケムの著作の解釈に投影した上で、パーソンズが集合意識の内容に設けていた区分を消し去り、機械的連帯や宗教といった側面のみを強調する偏った読解である。

ギデンズへの影響

デュルケム・ルネサンスの提唱者の一人であるギデンズも、パーソンズのデュルケム解釈を厳しく批判した論者である。『社会的行為の構造』のデュルケム論につきギデンズは、デュルケムの社会学を「『秩序問題』という抽象的な課題を解こうとした試み（an attempt to resolve an abstract 'problem of order.'）」として理解する解釈であると特徴づけた上で、このようなパーソンズの解釈は一九世紀ヨーロッパの社会思想の誤った理解に基づいており、例えば『社会分業論』でデュルケムが実際に課題としていた問題を適切に捉えることに失敗していると評価し、一九世紀のフランスという歴史的文脈に則したデュルケム理解の必要性を提唱している。[70]加えてギデンズは、パーソンズがデュルケムの理論的展開を強調した解釈を行っているのに対し、デュルケムの政治理論に着目するならば、その一貫性が明らかになるとの反論を提起している。[71]さらにギデンズは、パーソンズが『社会分業論』を失敗した著作だとして否定的に評価しているのに対し、デュルケムの政治思想に着目するならば、『社会分業論』こそがその議論の土台となっている重要な著作であり、パーソンズの評価は正当ではないとの批判を行っている。[72] 以上のようにパーソンズの解釈を批判した上で、ギデンズは一九世紀末のフランスという歴史的文脈に即すならば、機械的連帯から有機的連帯へという『社会分業論』における社会変動論を中心としたデュルケムの社会学が課題としているのは、「伝統的な秩序からの移行により生み出された自由と平等という理念を実現しうる社会形態」の特定であり、この問題をデュルケムは、ウェーバーと同じく「近代産業国家に適合した権威の形態（the form of *authority* appropriate to a modern industrial state）の探求」として、「自由主義の基礎を再考する試み（an attempt to *rethink the foundations of liberalism*）」として考察している、との解釈を提示するのである。[73]

このギデンズのデュルケム解釈は一見すると、パーソンズが『社会的行為の構造』で展開したデュルケム解釈の論点、すなわち、デュルケムの理論的展開の捉え方、「秩序問題」への回答としての理解、『社会分業論』の評価のすべてを逆転させているように映る。また実際『社会分業論』の具体的な論点についても、例えば「契約における非契約的要素」につき、パーソンズはそれを秩序問題に対する回答という抽象的な水準で論じてしまっているため、集合意識との関連をデュルケムが理論的に見出せていないとの批判を行っているが、『社会分業論』での社会変動論に着目すれば、このようなパーソンズの批判は無効となるとの反論をギデンズは行っている。[74] しかしこのようなギデンズの解釈も、デュルケムの提示した概念間の関連づけに着目するならば、パーソンズの提示した解釈枠組みからの影響が指摘できるのである。

有機的連帯の基礎としての道徳的個人主義

ギデンズはパーソンズに対し、「契約における非契約的要素」と有機的連帯との関連を適切に解釈できていな

いと批判した上で、以下のように自らの解釈を提示している。すなわち、『社会分業論』においてデュルケムが示しているのは、

有機的連帯の成立には、機械的連帯を特徴づけていたのとは異なる型の道徳的構造（different *form* of moral structure）、すなわち「道徳的個人主義（moral individualism）」の発展が必要だ、ということである。[75]

また別の論文では端的に『社会分業論』の結論とは「有機的連帯は道徳的個人主義を前提とする（presupposes *moral* individualism）」との理解をギデンズは示している。[76] 確かに『社会分業論』についての議論に限ればパーソンズは、「契約における非契約的要素」とは、近代社会における価値の共有の重要性を指摘した論点として理解すべきであり、有機的連帯と集合意識とを対立的に位置づけている『社会分業論』でのデュルケムの理論構成は不適切である、との見解を示している。しかし『自殺論』に関する議論まで視野を広げるならば、ギデンズの主張する解釈とパーソンズのそれとは内容において相違はない。パーソンズもまた、近代社会の統合において必要な集合意識とは、個人の人格の尊重を内容としたものであり、個性の発揮に敵対的な機械的連帯における集合意識とは内容的に異なると考えている。ギデンズのデュルケム解釈は、このパーソンズに独自の『自殺論』解釈に基づいた「契約における非契約的要素」の理解に、「道徳的個人主義」という名称を与えたに過ぎず、議論の実質はパーソンズの解釈枠組みを踏襲しているのである。[77]

ギデンズの解釈に独自の貢献があるとしたら、パーソンズが自己本位的自殺と人格崇拝論とを直接重ね合わせていたのに対し、ギデンズは「個人主義（individualisme）」と「自己本位主義（égoïsme）」との区分に言及した

デュルケムのテキストに着目し、自己本位的自殺の背景となっている自己本位主義と人格崇拝論との区別を試みている点である。この区別を正当化するためにギデンズが引き合いに出しているのが、ドレフュス事件に際しデュルケムが政治雑誌に寄稿した論文である。[78] この一八九八年の論文は、デュルケムの人格崇拝論に着目し、そこに近代社会の統合に寄与しうる独自の集合意識論を見出そうとする論者によって頻繁に参照されるテキストである。[79] しかしギデンズの主張する有機的連帯との関係は、少なくともその論文に明示的な形では示されていない。ギデンズは『社会分業論』における道徳の特徴づけに関する解釈からその関係づけの妥当性を示そうとしているが、『社会分業論』の理解としては不適切であり、有機的連帯は道徳的個人主義を前提とする、というギデンズの解釈の裏づけとはなっていない。[80] 有機的連帯の基礎として何らかの集合意識の存在を求める発想は、分化した社会においてもその統合には価値の共有が必要であるとするパーソンズの理論的指摘の反映なのであり、パーソンズの提起した個別の論点に対してギデンズが批判を投げ掛けていたとしても、その解釈枠組みは依然としてパーソンズの提示したものが踏襲されているのである。

5　パーソンズのデュルケム解釈の背景

有機的連帯の基礎に何らかの集合意識の存在を求める、というパーソンズのデュルケム解釈は、テキスト上の根拠に基づいたものではなく、近代社会の統合メカニズムに関するパーソンズ自身の理論的な判断が反映されたものである。デュルケムのテキストの内在的理解としては不適切なこのパーソンズの解釈枠組みは、そのデュルケム理解を批判した論者であるニスベットやギデンズにおいても、依然として影響を及ぼし、その後のデュルケム理解を規定しているとも言える。なぜこのパーソンズの提示したデュルケム解釈の枠組みは、これほどまでに影響力を保っているのか。そこには、個々のテキストの読解の修正をもってしては覆すことのできない魅力が存在すると考えられる。したがってパーソンズのデュルケム理解を相対化するためにも、『社会的行為の構造』がその後の社会学者に及ぼしたその魅力を自覚しておくのは有意義であろう。

近代個人主義という問題関心

まずはパーソンズ自身の回顧的な証言を紹介しておこう。『社会的行為の構造』におけるデュルケム解釈の誤りを指摘したポープ論文に対し、パーソンズは同書のデュルケム論の解釈枠組みを以下のように提示し、反論を試みている。

> 重要なのは、デュルケム自身は社会の規範的要素につき、『社会分業論』では十分な分析を展開していない、という事実である。『自殺論』、『宗教生活の原初形態』と進むにつれて、この点に関する分析も深まってゆく。ただし〔『社会分業論』においても〕デュルケムは道徳的要素が機械的連帯において果たしている役割や宗教との関係を圧倒的に強調しているのである。(81)

一九三七年の出版から四〇年近くが過ぎた時点においてもなお、パーソンズは『社会分業論』でのデュルケムの理論構成、すなわち、機械的連帯と有機的連帯との対比に集合意識と分業との対比を重ね合わせて論じる理論構成を否定的に評価し、社会秩序の維持における規範的要素の重要性を主張する自らの理論的洞察を裏付けるべく道徳的要素に対する着眼の深化という点からデュルケムの理論的展開を把握するというデュルケム解釈の枠組みを、依然として保持しているのである。

さらにパーソンズはこの論文において、プロテスタントに特有の集合意識に着目し「契約における非契約的要素」の内容を解釈した『社会的行為の構造』のデュルケム論の背景にあった問題関心を、以下のように回顧している。

ウェーバーの著作の研究に没頭している際、私〔パーソンズのこと〕はプロテスタントとカトリックとの自殺率の相違に関するデュルケムの印象的な説明を理解することができた。私は〔プロテスタントに関するウェーバーとデュルケムの見解の〕つながりに感銘を受けたのである。デュルケム自身が強調しているのは、プロテスタントにおける「自由検討」であると言う点で確かにポープは正しい。しかしポープは〔デュルケムの着目している〕「自由検討」とウェーバーが関心を抱いていた召命（calling）やそれに関連する理念との関連はありえないという見解を取っているように思える。私に言わせれば、そこには関連が存在しているのであり、その関連はデュルケムとウェーバーの双方が共に関心を抱いていた近代個人主義（modern individualism）に結びついているのである。(82)

パーソンズ自身も『自殺論』のテキストの解釈としてはポープの理解に一理あると部分的には認めている。しかしパーソンズにとって重要なのは、『自殺論』の内在的理解それ自体ではなく、デュルケムと並ぶ社会学の巨頭であるウェーバーとの関連、近代個人主義に関して両者が社会学的な検討を行っており、そこにはパーソンズの着目する規範的要素、宗教的な要素が関わっている、という観点なのである。[83] 社会学の学問的独自性を主張するためには、近代社会における個人主義と社会秩序との両立という問題につき、経済学とも政治学とも異なった解答を提示する必要がある。個々人の間に存在する強制の契機の指摘を通じ、まずは自由競争を前提とした経済学的な社会観を相対化する。次に、この強制という契機を適切に管理するメカニズムとして、国家による外的な統制を持ち出すのでは不十分であると指摘し、政治学的な解決を相対化する。最後に、デュルケムとウェーバーとを重ねて論じつつ、共有された価値や文化に対する着目に、社会学の学問的独自性を求める。[84] この『社会的行為の構造』でパーソンズが提示した主張に、社会学の学問的な独自性の根拠を求め続ける限り、このパーソンズのデュルケム理解はその魅力を保ち続けるのであろう。

社会学の学問的独自性を求めて

しかし経済学や政治学に対しての社会学の独自性を主張すべく、共有された価値という要素に着目するというパーソンズの選択は必然的なのであろうか。このパーソンズの選択を相対化するためにも、『社会的行為の構造』が執筆された時代におけるアメリカの「社会的・思想的状況（sociointellectual setting）」、具体的には同時代のアメリカの学問事情に留意しておくのが有意義である。[85]

アメリカにおいて高等教育の整備が進められるのは、一九世紀末から第二次世界大戦にかけての時期である。この時期のアメリカでは、大学の数や教授ポストが増大する一方で、限られた資源をめぐり、学問間での激しい領域争いが生じていた。特に激しかったのは、勃興する社会科学と当時卓越した地位を築いていた生物学との争いである。生物学者たちは、生物学上の新発見は社会に関する研究にも応用可能であり、それゆえ社会科学を生物学から区別された独自の学問とするのは不必要であると主張していた。生物学者によるこのような主張は、ワトソンによる行動主義的な心理学の発展にも後押しされ、当時のアメリカで一定の説得力を持っていたのである。この生物学からの攻撃に対し、社会科学の中でも大学における地位を最も早くから築いていた経済学は、新古典派の伝統に閉じこもり、他の社会科学を排除して、自らの地位を守る戦略を採っていた。(86) パーソンズが『社会的行為の構造』を通じて社会学の学問的独自性の主張を試みる際、念頭においていた仮想敵とは、生物学と経済学なのである。(87)

したがって、『社会的行為の構造』において、パーソンズが共有された価値や文化に対する着目に社会学の学問的独自性を求めたのは、生物学と経済学に対する自立を効果的に主張するための戦略なのである。二〇世紀前半のアメリカの生物学が遺伝と環境による行動の説明を重視していたのに対し、それらには還元できない要素として価値や規範を主張し、生物学との差異化を試みる。同時に経済学に対しても、経済学者の想定している個人とは、社会的なルールの制約を受けず、自らの利益のみを追求する特異な前提に基づいた個人像であるとの極端な特徴づけを与えた上で、そのような発想を功利主義と命名し、現実の社会に存在する秩序を説明するには、パーソンズの着目する共有価値を考慮すべきであると指摘する。しかし既存の経済学の理論枠組みでは、この共有価値という要素を積極的に位置づけるのは不可能なので、独自の学問として社会学が存在すべきである、との主張が導かれる。(88) このような戦略に基づきパーソンズは、デュルケム論を展開する際にも、例えば「契約における非契約的要素」という論点を提示し、経済学に対する社会学の独自性を主張する。同時にその内容として、人格崇拝という特有の集合意識を読み込み、生物学には還元しえない道徳的要素をそこに見出そうとするのである。政治学や法学、経済学などの他の社会科学に対して相対的に後から登場した社会学にとって、自らの学問的アイデンティティの確立は当初からの課題であり、今もなおその問題関心は共有されている。[89]この問題関心が社会学者の間で消え去らない限り、パーソンズのデュルケム解釈は社会学者に対して規定的な影響力を及ぼし続けるのであろう。

社会概念の分節化に向けて

しかし前期デュルケムの近代社会構想の検討を課題とする本書にとって、このパーソンズのデュルケム解釈の枠組みは、相対化を試みるべき対象である。後期の宗教社会学を到達点としてデュルケム社会学の展開を解釈するこのパーソンズの理解には、本章で指摘したテキスト解釈上の偏りが存在するにもかかわらず、デュルケムの社会観の解釈としては妥当な理解を示していると評価できる。デュルケムが理論的に提示しようと試みた社会という領域は、確かに個々人の利害追求や意識、生物学的な特質とは異なる次元として特徴づけられている。[90]同時代の生物学と経済学とに対し、社会学の学問的独立性の主張を試みるパーソンズにとっては、このデュルケムの社会観の特徴づけを明らかにすれば、自らの課題が達成されることになったのであろう。[91]ただしこのパーソンズの問題設定は結果として、デュルケムが社会として指し示した領域の内部を十分に分節化せず、「共通の文化的価値」として理解してしまう解釈枠組みを生み出してしまったのである。[92]しかしデュルケム自身は、社会という独自の領域の存在を理論的に概念化するだけでなく、この理論的な領域の内部において、例えば社会統合や道徳、規範や制度が異なるあり方を示し、変容する可能性を具体的に検討している。[93]一九世紀末のヨーロッパ社会の現状につき、デュルケムがいかなる診断を下し、その危機を克服すべく、いかなる構想を提示したのか。このデュルケムの近代社会構想を検討するには、社会観という超歴史的な水準においてデュルケムの学説を理解するのではなく、同時代の現実に対する具体的な応答という一段具体的な水準においてテキストの解釈を行う作業、パーソンズが自らの理論的な判断に基づき、抽象化して整理した主題を、その歴史的な背景に即しながら分節化して理解を試みる作業が必要となるのである。

注

（1）Parsons, [1937], op. cit., p. 15.

（2）Ibid., p. 409.

（3）Durkheim, [1912], op. cit., p. 65. 引用文内の補足は流王による。

（4）Parsons, [1937], op. cit., pp. 92-3.

（5）Ibid., p. 434.『宗教生活の原初形態』においてデュルケムは、道徳を含む人間の「慣行（pratiques）」のなかでも、特に聖なる事物を対象としたものを「儀礼（rites）」と呼んでいる（Durkheim, [1912], op. cit., p. 50）。

（6）Parsons, [1937], op. cit., p. 390.

（7）Durkheim, [1898a], op. cit.; Parsons, [1937], op. cit., pp. 230-2, 389-90, 424-5.

（8）Ibid., p. 434、強調は原文による。ただしパーソンズに公平を期すならば、パーソンズ自身も留意を促している通り、この箇所でパーソンズが引きだそうと試みている理論的な含意とは、「ここで具体的に社会と呼ばれている対象が、完璧に統合された単一の『宗教』によって常に特徴づけられる、ということを意味しているのではない」点には注意しておくべきである。パーソンズが主張しているのは、「共有された価値体系」を理論的に想定する必要性であって、具体的な現象として存在する宗教や社会のことを直接的に論じているわけではない（Ibid., p. 434、強調は原文による）。

（9）Ibid., p. 434.

（10）Ibid., p. 305.

（11）Ibid., p. 308.

(12) Ibid., p. 309. パーソンズは『社会分業論』においてデュルケムが道徳の役割に注意を向けていた根拠として、『社会分業論』の第一版への序文での「本書が試みたのは、道徳生活（la vie morale）に関する諸事実を、実証科学の方法に基づいて考察すること」であるというデュルケムの宣言を引証している（Durkheim, [1893a], op. cit., p. xxxvii; Parsons, [1937], op. cit., pp. 308-9）。『社会分業論』において「道徳」という用語が意味している内容については、第4章で検討を行う。

(13) Durkheim, [1893a], op. cit., pp. 46, 73.

(14) Parsons, [1937], op. cit., p. 318. 強調は原文による。

(15) この点については、第5章で詳しく論じる。

(16) Ibid., p. 319.

(17) Ibid., p. 311. カミックは、パーソンズが『社会的行為の構造』において描き出した「功利主義」像に対する批判を提起しているが、しかし功利主義の定義につき、ロールズの『正義論』に依拠しつつ、ヒュームやアダム・スミスこそ功利主義者と見なすべきであって、ベンサムやスペンサーは功利主義者の典型ではない、とする判断には、思想史的な疑問を抱かざるをえない（Charles Camic, 1979, "The Utilitarians Revisited," *American Journal of Sociology*, 85(3), pp. 520, 531, 536, 538-9; John Rawls, 1973, *A Theory of Justice, Original Edition*, Cambridge, Massachusetts: Belknap Press, p. 22, n. 9）。

(18) Parsons, [1937], op. cit., pp. 311-2, 314.

(19) 『社会分業論』におけるデュルケムのスペンサー批判については、第5章、第6章で検討を行う。

(20) Ibid., pp. 314-5.

(21) 本書が提示する「契約における非契約的要素」の内容の理解については、第5章を参照のこと。

(22) Ibid., pp. 314, 318.

(23) もちろんパーソンズ自身が掲げていた理論的課題、すなわち、社会秩序が維持されている事実を説明するメカニズムとして、当事者間の利害の追求という要素しか考慮に入れない功利主義の発想は理論的に不十分である、という指摘をデュルケムのテキストから取り出すためだけならば、「契約における非契約的要素」の存在が確認できればその課題は達成されたことになる。だからこそパーソンズは、「契約における非契約的要素」の指摘とは、デュルケムがホッブズ問題を提起した証拠であり、社会関係における潜在的な敵対関係をデュルケムが意識した上で、社会関係を戦争状態から脱却させる何らかのメカニズムの探求を試みていた証拠であるとの解釈を示すのである（Ibid., pp. 313-4）。パーソンズによる後の回想によれば、『社会分業論』における契約の「制度的枠組み（institutional framework）」に関する概念体系、すなわち、ここで言う「契約における非契約的要素」こそが、ウェーバー、マーシャル、パレートとデュルケムとの収斂という『社会的行為の構造』が提起する社会学史の叙述枠組みの結節点となっているのである（Ibid., p. vi; Parsons, 1970, op. cit., pp. 829, 869）。『社会的行為の構造』につき、本書で検討を加えるデュルケムの『社会分業論』と『自殺論』とを論じた箇所については、一番最初に書き上げたと回想していることからも、パーソンズにとってのこの主題の重要性を伺い知ることができる（Ibid., p. 829, n. 8）。また、『社会的行為の構造』を執筆している時期においてパーソンズは、例えば一九三四年に公刊された論文で、実際の経済活動においては「暴力や欺瞞、独占といった戦略的地位（force, fraud, and strategic position（e. g., monopoly））」を手段として活用することが制限されている事実に注意を向けた上で、具体的な経済活動において「制度的な規整が一定の役割を果たしている」事実を例証した著作として、『社会分業論』を挙げている（Talcott Parsons, [1934], op. cit., p. 171）。さらに一九三五年の論文においては、デュルケムの『社会分業論』について、経済活動における非経済的要素の存在、すなわち、「契約という制度に備わっている規範的なルール（the normative rules of the institution of contract）」の存在を指摘しているとの理解を提示している（Parsons, [1935], op. cit., pp. 213-4）。この「暴力と欺瞞」という表現でパーソンズが具体的にどのような状況を思い描いていたのかというと、例えば企業の取締役が株主からの受託責任に反し、自らの権限を濫用している場合である（Talcott Parsons, [1936], “On Certain Sociological Elements in Professor Taussig's Thought,” *Explanations in Economics: Notes and Essays Contributed in Honor of F. W. Taussig*, New York: MacGraw-Hill, pp. 359-79. Reprinted in Charles Camic (ed.), 1991, *Talcott Parsons, The Early Essays*, Chicago: The University of Chicago Press, p. 265）。断っておくと、実際の経済活動において手段としての活用が制限されているとしてパーソンズが注意を向ける「暴力と欺瞞」という表現は、ホッブズに由来するものである（Parsons,［1937］, op. cit., p. 90; Thomas Hobbes, Richard Tuck (ed.), 1991, *Leviathan*, Cambridge: Cambridge University Press, p. 90）。

（24）Parsons,［1937］, op. cit., p. 315.

（25）Ibid., pp. 318-20. ただしパーソンズ自身は『社会分業論』のテキストを忠実に解釈するならば、デュルケムは集合意識と異なる社会統合のメカニズムを有機的連帯に見出していると指摘した上で、分化した社会においても集合意識の共有による統合が必要であるという指摘を独自の理論的な判断として提示している点には留意すべきである（Ibid., pp. 319-20; 流王貴義、2012c、「『契約における非契約的要素』再考――有機的連帯における契約法の積極的役割」『社会学評論』63（3）、p. 411）。

（26）Parsons,［1937］, op. cit., p. 320.

（27）Ibid., p. 343.

（28）Ibid., p. 304.

（29）Ibid., p. 324.

（30）『社会的行為の構造』からの引用文において conscience collective がイタリックになっているのは、このデュルケムの用語に直接対応する英語表現が存在しないため、フランス語の表現を用いるとパーソンズが断っているからである（Ibid., p. 309, n. 3）。したがって、このイタリックには強調の意味がないため、翻訳に際しては傍点を付していない。以下の引用文についても同様である。

（31）Ibid., p. 320. イタリックは原文による。パーソンズはウェーバーに対しても、理念型を実体化した結果、具体的に存在する歴史的個体の有機的統一を破壊し、「類型の実体視（type atomism）」に陥っているとの批判を提起した上で、社会学が論じようとしている対象では、理念型として提示された要素が相互に関連して存在しているのが現実であると指摘し、抽象的な視点に立った理論の必要性を主張している（Ibid., pp. 604-6, 618）。パーソンズのウェーバー理解の偏りについては、本書の主題から外れるので、特に論じない。

（32）Ibid., p. 330. イタリックは原文による。

（33） Durkheim, [1897], op. cit., p. 238.

（34） Parsons, [1937], op. cit., p. 330.

（35） Durkheim, [1897], op. cit., p. 230. 自己本位的自殺の説明につき、個人に対する集団の影響力の低下という側面の指摘に満足ができず、自己本位的自殺に特有の集合意識の存在を指摘しようとパーソンズが試みているのは、アノミー的自殺との区分を理論的に行うためである（Parsons, [1937], op. cit., p. 331）。アノミーにつきパーソンズは、集合意識に基づく「規律が弱体化」した場合に生じるのであり、特有の集合意識に基づいている自己本位的自殺とは概念的に区別されるとの理解を提示している（Ibid., pp. 336-7）。ただしデュルケム自身は、アノミー的自殺も自己本位的自殺も「集合的な力の欠如」により生じるのであり、その相違は自己本位的自殺が表象的機能に作用した結果であるのに対し、アノミー的自殺は活動的・実践的な機能に作用した結果であると考えている（Durkheim, [1897], op. cit., p. 440）。

（36） Parsons, [1937], op. cit., p. 331. パーソンズはこの着眼がデュルケムに由来すると述べているが、『自殺論』に関する具体的な参照箇所は明示されていない。なお、本書の原形となった第八五回日本社会学会大会における口頭報告ではこの箇所を「個人の自由に対するプロテスタントの態度は宗教的な理由に基づいている」と訳していたが、誤訳である。記して修正する。

（37） Ibid., p. 332. 強調は原文による。

（38） Jean-Jacques Rousseau, [1762], *Du contrat social; ou, principes du droit politique*, Liv. I, Ch. VII, in 1964, *Œuvres complètes, t. 3*, Paris: Gallimard; Parsons, [1937], op. cit., p. 332.

（39） Parsons, [1937], op. cit., pp. 332-3.

（40） Barclay D. Johnson, 1965, "Dukheim's One Cause of Suicide," *American Sociologial Review*, 30(6), pp. 884-6; Pope, 1973, op. cit., pp. 402-4.

（41） Durkheim, [1897], op. cit., p. 157.

（42） Ibid., p. 157.

（43） Ibid., p. 159. 自己本位的自殺を論じるに際してデュルケムは、カトリックとプロテスタントとの比較を通じて宗教共同体の統合の度合いの違いに着目しているが、しかし同時にデュルケムは、家族や政治社会という別の共同体においてもその統合が弱体化した時に自殺が増えるとの指摘を行っている（Ibid., p. 222）。したがってデュルケム自身の議論の主軸は、共同体の統合の度合いに置かれているのであり、「自由検討」をめぐるカトリックとプロテスタントとの教義の違いは、二義的なものに過ぎない。

(44) Ibid., p. 158.『社会分業論』においてもデュルケムは、「自由検討が宗教的な信念を衰微させるとの説が存在するが、正しくは宗教的な信念の衰微が前もって生じていることが、自由検討の前提である」との指摘を行っている（Durkheim, [1893a], op. cit., p. 270）。

(45) Ibid., p. 46. 共通の慣行については、機械的連帯において宗教が社会生活の全体に影響を及ぼしていたと指摘する箇所において言及が存在する（Ibid., p. 154）。

(46) Ibid., pp. 146, 267.

(47) Ibid., p. 391. 引用文内の補足は流王による。

(48) Ibid., p. 396.

(49)『社会分業論』の別の箇所においてもデュルケムは、人格の尊厳に対する崇拝は、現代における「共通の信仰（une foi commune）」と呼べるかもしれないが、しかし社会の統合という「かつて存在した多くの信仰と同じ効果をもたらすことはできない」とも断っている（Ibid., p. 147）。

(50) Ibid., p. 396.

(51) Durheim, [1897], op. cit., p. 416. 確かに『自殺論』の第三部第二章には、「人間性の崇拝（culte de l'homme）とは、前の箇所で論じた自殺を引き起こす自己本位主義的な個人主義（individualisme égoïste）とは全く別のものである」との文章も存在する。加えてその直後には、この人間性の崇拝は、「個々人を社会から、そして自らを越えたあらゆる目的から引き離すのではなく、個々人を同じ意図の下に結びつけ、同じ目的へ仕えるものとさせるのである（les [les individus] unit dans une même pensée et en fait les serviteurs d'une même œuvre）」との特徴づけもなされている（Ibid., p. 382. 引用文内の補足は流王による）。『社会分業論』では人格の尊厳に対する崇拝につき、「その対象はあくまでも個人的なもの（individuelle）」であり、その崇拝は私たちを「社会に結びつけるのではなく、私たち自身に結びつける」だけで、したがって「真の意味での社会的紐帯を形成しない（ne constitue pas un lien social véritable）」という否定的な特徴づけしかなされていなかった事実と比べるならば、『自殺論』では人格崇拝という集合意識が社会統合に寄与しうる積極的な可能性を、デュルケムが認めていると解釈するのも誤りではない（Durkheim, [1893a], op. cit., p. 147）。しかしこの「人間性の崇拝」に関する議論が展開されているのは、「自殺が道徳により許容されている行為なのか、それとも禁止されている行為なのか」という問題に解答を与えるべく、「道徳的進化（l'évolution morale）」の過程を確認し、人間の人格の崇拝こそが「近代社会が追求する目的の一つであり、歴史の法則である」との結論を導き出した上で、自殺は近代社会の道徳の基礎となる「人間の人格に対する崇拝」に反しているため、道徳的に非難されるべきである、との議論をデュルケムが展開した箇所である（Durkheim, [1897], op. cit., pp. 369, 377–9, 381–2）。『社会分業論』においても、歴史の過程において「その強度を増してきている唯一の集合的感情（les seuls sentiments collectifs）とは、社会的な事物ではなく、個人を対象としたものである」との指摘がなされており、道徳的進化に対するこのような把握自体は、『自殺論』になって初めて提起されたものではない（Durkheim, [1893a], op. cit., p. 141）。したがって『自殺論』での人格崇拝論も、デュルケムの把握する道徳的進化の方向性の帰結として理解すべきであり、近代社会の統合メカニズムをめぐる議論とは区別するべきであると本書は考えている。この点については、第8章も参照のこと。

（52） Durkheim, [1897], op. cit., pp. 430–2. デュルケム自身が人格崇拝論に関する議論を行っているテキストとしては、『社会学講義』と一八九八年に発表した「個人主義と知識人」が存在するが、これらのテキストについては、第8章で改めて考察を加える（Durkheim, [1898–90], op. cit., Id., [1898c], op. cit.）。

（53） Parsons, [1937], op. cit., p. 333. パーソンズは『自殺論』における人格崇拝論として第三巻第一章への参照を求めているが、正しくは第三巻第二章第一節である（Ibid., p. 333, n. 1）。

（54） Ibid., p. 333.

（55） Ibid., pp. 333–4.

（56） Ibid., pp. 337–8.

(57) Ibid., p. 338.

(58) Ibid., p. 768.

(59) 英語圏におけると限定を付したのは、フランスにおけるデュルケム研究にはパーソンズの影響がほとんど存在しないからである。例えば『社会的行為の構造』のフランス語訳は二〇一八年現在、まだ存在していない。パーソンズの著作でフランス語に訳されているのは三冊である。一冊目は一九五五年に François Bourricaud の翻訳で、*Essays in Sociological Theory*, *The Social System* の部分訳と Bendix と Lipset の編集の論文集への寄稿を併せて出版したもの、二冊目は、*Societies: Evolutionary and Comparative Perspectives* の全訳、三冊目は *The System of Modern Societies* の全訳である（Talcott Parsons, 1949, *Essays in Sociological Theory: Pure and Applied*, Glencoe, Ill. : Free Press, Id., 1951, *The Social System*, Glencoe, Ill. : Free Press, Id., 1953, “A Revised Analytical Approach to the Theory of Social Stratification,” Reinhard Bendix and Seymour Martin Lipset（eds.）, *Class, Status and Power: A Reader in Social Stratification*, Glencoe, Ill.: Free Press, pp. 92–128, Id., 1955, tr. fr. par François Bourricaud, *Eléments pour une sociologie de l'action*, Paris: Plon, Id., 1966, *Societies: Evolutionary and Comparative Perspectives*, Englewood Cliffs, N. J. : Prentice-Hall, Id., 1971, *The System of Modern Societies*, Englewood Cliffs, N. J. : Prentice-Hall, Id., 1973a, tr. fr. par Gérard Prunier, *Sociétés: essai sur leur évolution comparée*, Paris: Dunod, Id., 1973b, tr. fr. par Guy Melleray, *Le système des société modernes*, Paris: Dunod）。なお二冊目の序論、三冊目の序文を書いているのは、ハーバード大学に留学経験もあり、フランスにおけるパーソンズ研究の第一人者であるシャゼルである（François Chazel, 1974, *La théorie analytique de la société dans l'œuvre de Talcott Parsons*, Paris: Mouton; Julien Freund, 1975, “Compte rendu de François Chazel, *La théorie analytique de la société dans l'œuvre de Talcott Parsons*,” *Revue française de sociologie*, 16(2), pp. 278–80）。しかし例えばフランスにおけるデュルケムの標準的な概説書での『社会的行為の構造』への言及は、一箇所のみであり、かつその評価も「過度に機能主義的な解釈を広めた」という印象論に過ぎない（Philippe Steiner, 1994, *La sociologie de Durkheim*, Paris: La Découververte, pp. 110–11）。

(60) Nisbet, [1966], op. cit., pp. 87–8, Id., 1974, *The Sociology of Emile Durkheim*, Oxford: Oxford University Press, pp. 50–1.

(61) Nisbet, [1966], op. cit., pp. 84-6.

(62) Ibid., p. 85.

(63) 有機的連帯と機械的連帯との関係については、第5章で検討を加える。

(64) Ibid., pp. 86, 90-1. 加えてニスベットは、「分業がその統一を可能としている社会は、信念と感情の共通性によってその統合の本質的な部分が形成されている社会から生じる（sont sorties）」というデュルケムの文章を、自らの解釈を裏付ける証拠として提示している（Durkheim, [1893a], op. cit., p. 261; Nisbet, [1966], op. cit., pp. 85-6）。パーソンズもこの箇所に着目しており、そこから「有機的連帯の展開は機械的連帯の存在を前提している（the development of organic solidarity presupposes the existence of mechanical solidarity）」との解釈を導き出している（Parsons, [1937], op. cit., p. 320）。しかしこのデュルケムの文章が置かれているのは、有機的連帯が形成される時点での条件を考察している箇所である点に留意すべきである。デュルケムによれば、スペンサーのように、あらゆる社会が「協働（une coopération）」から成り立っており、個々人がお互いに協働するようになれば、そこに社会が生じると考えるのは誤りである（Herbert Spencer, 1883, tr. fr. par E. Cazelles, *Principes de sociologie, t. 3*, Paris: Germer Baillière, p. 331, Durkheim, [1893a], op. cit., pp. 261-2）。というのも、個々人の間に「競合（la concurrence）」が生じたとしても、別の空間へと自由に移動できるならば、お互いに相手を避けるだけで、そこには分業が成立しないからである。逆に、個々人が「特定の範囲内から出ることが不可能な時、そこには分化が生じる」のであり、それゆえ「分業は既存の社会の中にしか生じえない（ne peut donc se produire qu'au sein d'une société préexistante）」とデュルケムは考えるのである（Ibid., pp. 259-60）。しかしここでデュルケムが主張しているのは、有機的連帯の形成には、その前段階として機械的連帯が存在している必要がある、という理論的な前提であり、形成された有機的連帯がその後も維持されるために、機械的連帯を必要とする、と指摘しているわけではない。また、この箇所でデュルケムが参照しているスペンサーの仏訳は、英語版でいうと、『社会学原理』の第二巻から第四部と第五部とを翻訳したものであるため、英語版と巻数が異なっている（Herbert Spencer, [1879a], "The Principles of Sociology, Part IV, Ceremonial Institutions, Id., [1882]," The Principles of Sociology, Part V, Political Institutions. Reprinted in 1890, *The Principles of Sociology*, New York: Appleton）。加えて、ニスベットが引用しているシンプソンの『社会分業論』の英訳では、該当部分の第一文目の主語である elles を分業であると解釈しているが、文法的には無理があり、前文の des différences を指すと理解するのが適切である。内容を汲み取って日本語に訳するであれば、「社会の構成員の間に存在する差異」とするのが適当である（Durkheim, 1933, op. cit., p. 276）。

(65) Nisbet, [1966], op. cit., pp. 83, 86, 91.

(66) Ibid., pp. 83, 86.

(67) パーソンズ自身もこのニスベットの著書に対する書評で、「社会の崩壊に対するデュルケムの危惧を強調するニスベットの議論には歪曲が存在する」とのコメントを加えている（Parsons, 1967, op. cit., p. 642）。また別の論文でパーソンズは、このニスベットの著作を明示的に取り上げ、ゲマインシャフトへの回帰に現代社会の病理の克服を求める立場には反対であるとも述べている（Parsons, 1970, op. cit., p. 858, n. 51）。

(68) Durkheim, [1897], op. cit., pp. 430–2.

(69) この点については、第7章で論じる。

(70) Giddens, 1972, op. cit., pp. 357–61, 373.

(71) Giddens, 1971, op. cit., pp. 477–8.

(72) Ibid., p. 477.

(73) Ibid., pp. 479, 492; Giddens, 1972, op. cit., pp. 365, 376. 強調は原文による。

(74) Ibid., p. 359.

(75) Ibid., p. 360. 強調は原文による。

(76) Giddens, 1971, op. cit., p. 480. 強調は原文による。デュルケムの社会学を、自由主義を共同体主義的な仕方で擁護する試みとして理解する見解は、この「道徳的個人主義」に着目したギデンズの理解を別の表現で言い換えたものである（Mark S. Cladis, 1992, *A Communitarian Defense of Liberalism: Emile Durkheim and Contemporary Social Theory*, Stanford, California: Stanford University Press, p. 10）。

(77) デュルケム自身も『自殺論』において「道徳的個人主義（individualisme moral）」という表現を一箇所で用いている

が、その文脈は、教育水準の高い人々の間では、「伝統的信仰の動揺とそれに伴う道徳的個人主義」を原因とする自己本位的自殺が相対的に多くなる、というものであり、有機的連帯との直接の関連で述べられているわけではない（Durkheim, [1897], op. cit., p. 170）。『社会学講義』になると、この「道徳的個人主義」という表現は、国家の影響力の拡大と個人の尊重との並行的な歩みを指摘した箇所および殺人は歴史の進展に伴い減少しているのに対し、窃盗や詐欺、背任などの犯罪は逆に増加していることから、殺人の減少を「道徳的個人主義」の広がりからは直接に説明しえない点を指摘した箇所で用いられている（Durkheim, [1898-1900], op. cit., pp. 93, 146）。『社会学講義』の用例のうち、国家の影響力の拡大との関連を指摘した前者については、デュルケムの近代社会構想に引きつけた解釈が可能となるであろうが、そのためには、デュルケムの職能団体論と国家論の分析が必要となる。この点については、第8章で論じる。

（78） Giddens, 1971, op. cit., p. 480; Durkheim, [1898c], op. cit.

（79） Bellah, 1973, op. cit., p. xxxvi; 宮島、1977、前掲書、pp. 248–57; Seigel, 1987, op. cit., pp. 488–91.

（80） Giddens, 1971, op. cit., p. 480. この点については、第4章で論じる。他にも宮島喬が、この一八九八年の論文に着目し、「近代社会においては、その分業と社会的分化にもとづいて個々人の職能、思想の多様化が押しすすめられ、その多様化の社会的承認が、いわゆる自由の原理としてあらわれるが、これをより強固にするためには、限りなき分化の進展のなかで最後に残る唯一の共同性の紐帯――この人格の尊厳を相互に承認しあうという共同性――を自覚し、それを集合的規範にまで高めることが必要である。そのような規範のみが近代社会において個々人の自由を保障しながら、かれらをお互いに連帯させることができる」との解釈を提示している（宮島、1977、前掲書、p. 99）。

（81） Parsons, 1975, op. cit., p. 109. 引用文内の補足は流王による。

（82） Ibid., p. 109. 引用文内の補足は流王による。

（83） 一九三五年に公刊した論文においてパーソンズは、近代社会の経済活動においても、「非経済的・倫理的な要素が存在する事実」を立証しようとした試みとして、ウェーバーの『プロテスタンティズムの倫理と資本主義の精神』とデュルケムの『社会分業論』とを重ねて論じている（Parsons, [1935], op. cit., p. 219）。

（84） Parsons, [1937], op. cit., pp. 87–9, 767–8; Camic, 1989, op. cit., pp. 94–5.

(85) Camic, 1989, op. cit., pp. 39, 41.
(86) Ibid., pp. 41-2.
(87) Ibid., pp. 44-6.
(88) Ibid., pp. 49-50, 55-7.
(89) 盛山和夫、2011、『社会学とは何か――意味世界への探求』ミネルヴァ書房、pp. ii-iii; 市野川容孝、2012、『社会学』岩波書店、pp. 6-58.
(90) Durkheim, [1893a], op. cit., pp. 31-2, 180-1, Id., [1895a], op. cit., p. 5, Id., [1897], op. cit., p. 139.
(91) Parsons, [1937], op. cit., p. 466.
(92) Camic, [1989], op. cit., p. 67.
(93) Durkheim, [1893a], op. cit., pp. xxxviii-xl, Id., [1898-1900], op. cit., pp. 41-3.

第3章

『社会分業論』への知的変遷

一九世紀末のヨーロッパ社会の現状にデュルケムがどのような診断を下し、その危機を克服すべく、いかなる構想を提示したのか。デュルケムの近代社会構想の考察を主題とする本書にとって、まず検討すべきは『社会分業論』でデュルケムが提示した有機的連帯論である。なぜデュルケムは有機的連帯という独自の社会統合の形態を提唱したのか。有機的連帯という近代社会構想を提示するに際し、デュルケムが意識していた同時代の他の社会構想としては、どのようなものが存在したのか。有機的連帯論の理論的な独自性を把握するためには、この同時代の思想史的な文脈との対照が不可欠なのである。

1　有機的連帯論の思想史的な文脈

本章の目的は、有機的連帯というデュルケムが『社会分業論』において提起した社会統合の概念の意義を、同時代の思想史的な文脈に位置づけて解釈することである。具体的な作業としては、『社会分業論』以前にデュルケムが発表した論文を素材とし、デュルケムはいかなる問題関心を抱いて『社会分業論』を執筆したのか、同時代の思想史的な文脈、特に講壇社会主義を中心とした当時のドイツの思想をデュルケムがいかに受容し、批判していたのか、有機的連帯という概念は、同時代の思想史的な文脈に対するいかなる応答なのか、という点の解明を試みる。まず、有機的連帯という概念の意義を検討するに際し、『社会分業論』以前のテキストを渉猟し、そこに現れているデュルケムの問題関心を確認する作業がどのような意味を持つのかを説明しておきたい。

『社会分業論』において有機的連帯とは、機械的連帯という別の社会統合の形態の対概念として提示されている[(1)]。この対称性に着目し、機械的連帯とは構成員の同質性に基づく社会統合の類型であるのに対し、有機的連帯とは分業に基づく類型である、とする理解が一般的である。[2]また、有機的連帯の特徴づけに際し『社会分業論』では、機械的連帯との比較に加え、自由放任主義の社会観との対比もなされている。デュルケムによれば自由放任主義の社会観とは、各人が自らの利害を追求するだけで、社会の調和は自ずから実現する、と考える発想であり、その代表として引き合いに出されているのがスペンサーである。[3]この自由放任主義との対比に留意するならば、有機的連帯とは、分業の社会的規整に基づいた社会統合の概念であると理解されるであろう。[4]

もちろん、有機的連帯という社会統合の概念の解釈として、これらの理解が間違っているわけではない。しかし検討の対象を『社会分業論』に限定するのではなく、『社会分業論』へ至るデュルケムの知的変遷にまで広げるならば、有機的連帯という概念を、同時代の思想史的な文脈に対するデュルケム独自の応答として解釈する可能性が生まれるのである。[5]『社会分業論』の原形は、デュルケムが一八九二年三月にパリ大学文学部へ提出した博士主論文であるが、それ以前にもデュルケムは学術雑誌にさまざまな書評や論文を発表している。[6]これらのテキストには、一九世紀末のさまざまな社会構想についてのデュルケムの理解や批判が示されており、有機的連帯概念を同時代の思想史的な文脈に位置づけて解釈する、という課題を遂行するに際しては、見逃すことのできない素材である。加えて、『社会分業論』という著書を単独で論じるのではなく、『社会分業論』以前にデュルケムが発表したテキストを踏まえることで、『社会分業論』では必ずしも前面には出されなかったが、その後のデュルケム社会学の展開を検討するための鍵となる問題関心を把握することが可能となる。このような作業は、有機的連帯概念や『社会分業論』をデュルケムの理論的な展開の中に位置づけて解釈するための重要な準備となるであろう。[7]

本章では、『社会分業論』へ至るデュルケムの問題関心を確認することで、デュルケムが直面していた同時代の思想史的現実を明らかにし、それに対するデュルケムの理論的な応答として有機的連帯概念の意義を理解する。つまり、有機的連帯という概念を、同質性なのか、差異なのか、自由放任なのか、規整なのか、という抽象的な枠組みの中で再定式化するのではなく、同時代の現実に対するデュルケム独自の応答として、デュルケムに独自の近代社会構想として理解を試みるのである。有機的連帯というこの概念は、一九世紀末のフランスという特定の現実を前にデュルケムが提起した応答である。したがって、その概念の意義を精確に理解するためには、デュルケムが前提としていた現実との対照が、一つの有効な手がかりとなるのである。

以上の問題関心に基づき、本章ではまず、『社会分業論』へ至るデュルケムの問題関心を確認する（第2節、第3節）。次に、その問題関心を理解する上で鍵となるデュルケムのシェフレ受容について考察を加える（第4節）。最後に以上の分析から得られる結論を示す。

2 自己本位主義の抑制という問題関心

『社会分業論』の執筆以前にデュルケムが抱いていた問題関心とは、大きく三種類に区別することができる。まず一つ目は、社会学に固有の研究対象を特定することである。他の学問との競合関係のなかで、社会学が自らの管轄を主張できる領域とは何なのか。その主張を正当化するためにデュルケムが依拠したのが、社会実在論である。社会とは、個々人の単なる総和に還元することはできない、とするこの方法論的な立場を受容することで、デュルケムは社会学に独自の研究対象を特定したのである。(8) 社会学に固有の研究対象を特定する、という方法論的な問題関心は『社会学的方法の規準』へと続くデュルケム社会学の重要な主題である。(9) しかしその詳しい検討は本書の主題からは外れるため、これ以上の考察は行わない[10]。

自己本位主義の抑制という課題

方法論的な主題と並び、この時期のデュルケムが関心を抱いていた問題とは、「自己本位主義（égoïsme, individualisme）」の抑制という実践的な課題である[11]。デュルケムは一八八七年、ボルドー大学の講師に就任し、社会科学に関する公開講義を担当するが、その第一回講義で、一九世紀における社会学の学問的発展の経緯を説明した後、講義を締めくくるに際し、社会学の実践的意義を当時のフランス社会の現状に関連づけ、以下のように説明している[12]。

> フランスでは共同体の観念（l'ésprit de collectivité）が弱体化しています。私たちはみな、自我（son moi）についての法外な感情を抱いていて、自我の周囲を取り囲む限界の制約をもはや感じなくなっています。私たちは、自分に固有の力を適切に把握できていないため、自分自身のみで自足したい、との誤った望みを抱いてしまっているのです。〔中略〕私たちは全力を挙げて、この解体的な傾向（tendance dispersive）に対抗しなければなりません。社会は有機的な一体（unité organique）をなしている、という意識をフランスは取り戻さなければならないのです[13]。

デュルケムが一九世紀末のフランスにおける問題として取り上げている自己本位主義とは、自己や自我が過度に肥大化してしまった結果、他者の存在や他者とのつながりが見失われてしまった状態である[14]。他者との相互関係を見失ってしまった自己は、自分自身に自閉し、社会とのつながりを否定してしまう。一九世紀末のフランス社会を襲っている解体的な傾向の原因としてデュルケムは、このような自己本位主義の広まりを指摘すると同時に、この傾向に対抗するためには、社会学の研究の進展を通じて、個人と他者、社会とのつながりを明らかにすることが有効である、との提言をさまざまな機会で繰り返し表明しているのである。[15]

人間本性論からの脱却

では自己本位主義がもたらす社会解体的な傾向を押し留めるには、具体的にどのような知見を提示すればよいのであろうか。この課題に対してデュルケムは当初、社会という水準に着目して議論を展開するというよりは、人間本性論の枠組みで思考していた。[16]例えば一八八八年に発表した論文においてデュルケムは、一九世紀後半のフランスにおける出生率の低下や自殺率の上昇の背後には自己本位主義の広まりが存在すると指摘し、その原因を「家族のまとまり（solidarité domestique）」や「家族を重視する感情（sentiments domestiques）」の弱体化に求めている。[17]確かに「連帯、まとまり（solidarité）」や「感情（sentiments）」に着目した議論が『社会分業論』にも存在しているのは事実であり、単語の使用のみを考えるならば、この一八八八年の論文を『社会分業論』の先駆けと位置づけることも可能かもしれない。[18]しかしデュルケムの議論を理解する上で重要なのは、自己本位主義の抑制という課題と感情や連帯との理論的な関係である。なぜ「家族を重視する感情」が自殺を抑止し、自己本位主義を抑制しうるのか。一八八八年の論文でデュルケムが提示している論拠とは、「家族の一員として暮らすことは、人間の本性に基づいている（dans la nature de l'organisme humain）」というものに過ぎない。[19]少なくとも一八八八年に至るまで、「他者とのつながりの感情（sentiments sociaux）」を喚起する源泉は、人間の本性に求められるとデュルケムは考えていた[20]。人間には、経済学者が着目しているような「個々人の利益（les intérêts des individus）」を追求する側面だけでなく、他者とのつながりを求める感情、他者や社会を配慮する側面も存在するとの指摘だけでデュルケムは満足していたのである[21]。

このような人間本性論の枠組みには収まらない発想をデュルケムが見せた最初期の論文が、一八八九年に発表したテンニースの『ゲマインシャフトとゲゼルシャフト』に対する書評である[22]。この書評においてデュルケムは、テンニースの発想をゲゼルシャフトは自己本位主義の産物であり、その解体的な傾向を抑制するためには、国家が社会の外から介入すべきと主張する立場であると特徴づけている[23]。その上でデュルケムは、一九世紀のヨーロッパのような規模の大きな社会においても、内在的な統合メカニズムが存在するのであり、その点でテンニースの発想は誤っている、と批判しているのである。さらにデュルケムは、この大規模な社会に独自の統合メカニズムの特性を明らかにするには、「一冊の書物が必要となる」と述べているが、この発言が意味しているのは、後に『社会分業論』として結実することになる着想をデュルケムが得たということである[24]。自己本位主義の抑制を人間の本性に求めるのではなく、社会という水準に存在する独自の統合メカニズムに求めるという発想は、『社会分業論』において道徳の機能を考察する、すなわち、集合意識と同様に分業にも、自己本位主義を抑制し、社会を統合する機能が備わっているのか否か、という論点として具体的に展開されるものである[25]。

機械的連帯への回帰の拒否

しかし『社会分業論』へ至るデュルケムの実践的な問題関心を、自己本位主義の抑制という側面からのみで理解するならば、有機的連帯という社会統合の概念をデュルケムが提起した意義を十分に把握することができなくなる。というのも、自己本位主義を抑制するためだけならば、『社会分業論』における機械的連帯という統合の概念、道徳や宗教の現代的再興を主張する方が、議論の筋が明確になるからである。事実、『社会分業論』の本文においても、機械的連帯を念頭に置いた上で、それに対応する人間の行為の規則が、道徳としての機能を果たしている、すなわち、社会統合を維持する役割を果たしているのは明確である、とデュルケムは述べている。[26] したがって、自己本位主義の抑制という側面に専ら着目するのであれば、機械的連帯の概念や集合意識に重心を置いて『社会分業論』の理解を試みるパーソンズやニスベット、ベラーのデュルケム解釈が導かれるのは当然である。[27]

だがデュルケム自身が『社会分業論』で主張しているのは、道徳や宗教といった機械的連帯を特徴づける要素の重要性ではなく、有機的連帯という別の社会統合の可能性を探求する必要性である。したがって、有機的連帯という社会統合の概念の意義を検討するには、自己本位主義の抑制という実践的な問題関心に並ぶ、もう一つ別の問題関心を考慮する必要がある。デュルケムはなぜ一九世紀末のフランスに対し、国家による社会への介入や家族の再強化、宗教への回帰といった施策を勧めるのではなく、分業に対する規整を通じた社会統合の再構築という方向性を示すに至ったのか。[28] この課題に応えるためには、『社会分業論』を執筆する以前にデュルケムが抱いていたもう一つの思想的な問題関心を明らかにする必要がある。

3　国家の肥大化に対する危機感

社会学に固有の研究対象の特定、自己本位主義の抑制という問題関心に加え、『社会分業論』へ至るデュルケムが抱いていたもう一つの問題関心とは、国家の肥大化傾向とそれに伴う個々人の自由の抑圧に対する危機意識である。[29]この危機意識が示されているテキストとしては、『自殺論』が有名である。[30]しかし実のところデュルケムはこのような問題関心を、研究生活の最初期から、社会主義の特徴づけという文脈に関連させながら表明しているのである。

社会主義の特徴づけをめぐって

例えば一八八五年に発表した書評にてデュルケムは、社会主義とはすべからく「抑圧的（despotique）」であり、「自由や個々人のイニシアティブを無視している（ennemi de la liberté et de l'initiative individuelle）」とするフイエの理解を誤りであると批判している。確かに専ら「強制（contrainte）」にのみ依拠する「抑圧的な共産主義（le communisme autoritaire）」は個々人の自由を軽視しているが、社会主義一般をそのように理解するのは不適切であるとデュルケムは考えているのである。[31]

では、ここでデュルケムが批判している「抑圧的な共産主義」とは、具体的にどのような思想が念頭におかれているのか。なぜデュルケムは、強制に依拠し、個々人の自由を軽視する社会主義のあり方を「抑圧的な共産主義」として特徴づけた上で、社会主義には個々人のイニシアティブや自由と両立しうる別の可能性が存在すると主張しているのか。社会主義をめぐるこのデュルケムの細かな特徴づけを理解する上で鍵となっているのが、アルベルト・シェフレの社会主義論である。

シェフレ（一八三一－一九〇三）は、一九世紀後半のドイツで活躍した経済学者・国家学者である。[32]シェフレは、一八五六年にテュービンゲン大学で経済学博士号を取得し、一八六〇年から六八年まで同大学の正教授であった。

その後は、シュトゥットガルトに居住し著述活動を行ったが、その間にビスマルクの下で社会立法に協力したり、オーストリアで農商務大臣を務めたこともある人物である。[33]『社会分業論』へ至る過程においてデュルケムは、このシェフレに対して終始肯定的な評価を示している。デュルケムが学術雑誌に発表した最初の論文は、シェフレの主著である『社会有機体の構造と動態（*Bau und Leben des socialen Körpers*）』の書評であるが、その後もデュルケムはシェフレの議論を好んで取り上げている。[34]

国家の肥大化傾向と個々人の自由の抑圧

このシェフレの主著の書評にてデュルケムは、社会主義の特徴づけをめぐる論争を、国家の肥大化傾向とそれに伴う個々人の自由の抑圧という、より一般的な問題に関連づけて考察するシェフレの議論を紹介している。シェフレによれば、自己本位主義の野放図な広まりとそれに起因する弱肉強食の争いが生じた原因は、「社団（corporations, Körperschaften）」の廃絶に求められる。しかし社団が体現していた「社会的利害（intérêts sociaux）」という名の下に、国家が社会に対して介入し、社団の役割の代替を試みるのは不適切である。というのも、国家自身が社会生活の細部にまで干渉するならば、結局のところ「抑圧的な社会主義（socialisme despotique）」とならざるをえないからである。この理論的な構図に基づきシェフレは、一九世紀後半のヨーロッパの諸国は、この自己本位主義と抑圧的な社会主義という両極の間を揺れ動いている、との時代診断を下すのである。[35]別の論文においてもデュルケムは、このようなシェフレの見解を、「国家が社会のあらゆる活動を吸い上げ、飲み込み、個々人が全能の国家の下で、受動的に命令されるだけの存在となっている社会を目指そうとする発想に対する危機感」として理解しているのである。[36]

したがってシェフレの議論に着目するならば、デュルケムが批判している「抑圧的な共産主義」とは、国家が社会生活の細部にまで干渉するような社会主義の思想を指していると理解できる。同時にデュルケムは、自己本位主義を抑制するため、国家による社会介入という施策を採るならば、それは個々人の自由の抑圧につながるというシェフレの診断を受容していたのである。『社会分業論』へ至るデュルケムは、このようなシェフレの議論を通じ、一九世紀後半のヨーロッパに広がる国家の肥大化傾向と、それに伴い個々人の自由が抑圧されている状況に対しての危機意識を抱いていたのである。[37] しかし同時にシェフレは、社会主義の発想には、国家による上からの社会介入に還元されない可能性が存在することを示唆している。『社会分業論』でデュルケムが提起した有機的連帯という統合概念、すなわち、国家による上からの介入に拠るのではなく、分業の展開とそれに伴い形成される規整という社会内在的なメカニズムによる社会統合の可能性を探求するという近代社会構想は、国家と個々人の自由をめぐるこのような思想史的な文脈を背景として生み出されたのである。[38]

4　デュルケムのシェフレ受容

デュルケムによる社会主義の区分

では具体的にデュルケムはシェフレの議論のどのような側面を評価していたのか。検討の対象をデュルケムがこの時期に執筆した他のテキストにも広げ、デュルケムのシェフレ受容を考察してみたい。

まず同時期のフランスの思想状況、特に社会主義の評価をめぐる議論に関するデュルケムの理解であるが、フランスでも一九世紀末になると、古典派経済学への批判が提起され始めているとデュルケムは同時代の思想状況を理解している[39]。ただデュルケムによれば、依然としてフランスでは、古典派経済学や個人主義的道徳の影響力が強く、そのような状況においては、社会主義の主張は国家主義として即座に否定的な評価を下されてしまう、との留保も行っている[40]。社会主義の主張としてデュルケムが考えているのは、「社会の主要な諸機能に統一的なまとまりを形成する（les grandes fonctions sociales soient unifiées et centralisés）」といった発想や「社会が発展するにつれ、社会の影響力の及ぶ範囲が広がる」という程度の発想も含まれており、内容的には後の『社会分業論』で展開される議論と重なっている[41]。当時のフランスでは、個人と社会との相互関係を指摘するだけで、それは個人の自律を否定する発想であり、「自由の敵（un ennemi de la liberté）」「国家主導の社会主義（socialisme d'État）」につながる発想、「ドイツ的な観念の輸入（importation germanique）」と非難されたのである[42]。

社会主義に関して冷静な議論を行う環境が整っていない当時のフランスの思想状況に対して、デュルケムは社会主義を三つに区分して考察する必要性を説いている[43]。まず一つ目が、マルクスやロドベルトゥスの主張する「画一主義的な社会主義（démocratie niveleuse）」である[44]。その主張についてこの時期のデュルケムは詳しい説明を加えていないが、後の『社会主義講義』では共産主義として特徴づけられている発想、すなわち、経済活動そのものに対して否定的であり、経済的な格差を認めない発想として理解しておけばよいだろう[45]。このような画一主義的な社会主義に対して、デュルケムは否定的な評価を下しており、踏み込んだ検討を行っていないため、本書では特に論じない。二つ目がワグナーやシュモラーの主張する「講壇社会主義（socialisme de la chaire）」である[46]。最後にこれらの発想とは区別すべき第三の立場として、シェフレの主張する社会主義を位置づけるべきとデュルケムは考えている[47]。

講壇社会主義への批判

講壇社会主義に対するデュルケムの評価であるが、『社会分業論』以前の時期においても変化が生じている。当初デュルケムは講壇社会主義に対して、単なる理想論に過ぎないと切り捨てていた(48)。しかし一八八六年一月から八月にかけてのドイツ留学を経て、デュルケムは講壇社会主義に対する理解を深め、経験的な観察を重視している点については肯定的な評価を示すようになり、フランスには誤ったイメージが広まっているとの見解を提示している(49)。しかし講壇社会主義に対する最終的な評価は、ドイツ留学後であっても基本的には一貫しており、その発想は「不正確（manquent de précision）」であり「厳密な意味での学問（une doctrine scientifique proprement dite）ではない」という否定的なものに留まっている(50)。

では講壇社会主義のどのような側面をデュルケムは批判しているのであろうか。それは講壇社会主義が、社会を「立法によって好きなように変化させられる（pouvaient être transformés à volonté par le législateur）」と考えている点である。このような発想に対しデュルケムは、社会に対する立法を通じた介入が不可能ではないにしても、それには限度があり、立法により社会を自由に変化させられるわけではない、という自らの考えを対置しているのである(51)。

講壇社会主義に対するデュルケムの批判とはまず、社会という領域をどのようなものとして捉えるか、という論点に関わるものである(52)。とはいえデュルケムによる批判の射程はこのような社会に関する存在論的な位置づけに留まるものではない。その批判は、講壇社会主義の発想に伴う実践的な帰結にも及んでいる。すなわち、講壇社会主義の発想は、社会における法則の存在を考慮しないため、「立法に過度の期待を寄せ、国家による上からの介入（moyens autoritaires）を偏愛」する結果に陥っている、という批判である(53)。デュルケムによる講壇社会主義批判とは、国家の肥大化傾向とそれに伴う個々人の自由の抑圧に対する危機意識の現われなのである。[54]

デュルケムによれば、講壇社会主義の発想に伴う実践的な帰結の危険性、すなわち、国家による上からの介入の濫用と、それに伴う個々人の自由の抑圧という危険性を指摘している論者こそ、シェフレなのである。デュルケムがシェフレの学説を肯定的に評価しているのは、シェフレが「立法による介入に伴う悪影響（dangers de l'influence législative）と個々人のイニシアティヴの有用性（avantages de l'initiative individuelle）」とを指摘しているからである。[55] 国家の肥大化を伴う講壇社会主義の発想をシェフレは「過度の行政的集権化（l'hypercentralisation administrative）」と呼び、シェフレ自身の社会主義の構想と区別しているのである。[56]

シェフレの社会主義論

では講壇社会主義から区別すべきとデュルケムが考えていたシェフレの主張する社会主義とはどのようなものなのか。それは職能団体の現代的再建により、経済活動を組織化しようとする発想である。[57] 社会の中に複数の中心を設けることで産業の組織化を試みるという点で、このシェフレの発想は、自由放任主義とも、法律による介入を万能視する講壇社会主義・「国家社会主義（socialiste d'État）」とも区別されるのである。[58] さらに、シェフレが社会主義に期待するのは、労働者の生活状況の改善だけではなく、「自己本位主義の広がりに伴う社会の解体的な傾向（tendances dispersives）」を抑制することも含まれているのであり、この点をデュルケムは高く評価している。[59] シェフレの主張する社会主義とは、自己本位主義の抑制、および国家の肥大化傾向とそれに伴う個々人の自由の抑圧に対する危機意識、という『社会分業論』へ至る道でデュルケムが抱いていた実践的・思想的な問題関心に対する解答を考える上での重要な伴走者なのである。

5　『社会分業論』の位置づけ

『社会分業論』においてデュルケムが有機的連帯という社会統合の概念を提起したのはなぜなのか。そこには、デュルケムが社会学という学問を大学制度の中に樹立してから一〇〇年以上も後になってその本を読む私たちには、直接うかがい知ることが難しい同時代の思想史的な背景に対するデュルケムなりの応答が存在しているのである。本章の第4節の冒頭でも確認した通り、一九世紀末のフランスでは依然として個人主義が強く、個人と社会との相互関係という現在の感覚では当然とも思える社会学の発想を主張するだけで、個人の自律性を脅かす危険な論調であると非難される思想状況であった。有機的連帯という社会統合の概念は、そのような時代状況に対し、社会統合と個々人の自由とが両立しうること、加えて国家による上からの介入や共同体への回帰に拠らずして、自己本位主義の抑制が可能であることを理論的に示すために提起されたものなのである。[60]

確かに『社会分業論』では、国家の肥大化とそれに伴う個々人の自由の抑圧に対する危機意識という本章で指摘した三つ目の問題関心が前面には出ていない。というのも、『社会分業論』におけるデュルケムの議論の力点は、集合意識からの個々人の解放、機械的連帯から有機的連帯への統合類型の変化の主張に置かれているからである。有機的連帯においても分業を何らかの仕方で規整する必要性は指摘されているが、その規整の主体や国家の位置づけについては不明確なままに終わっている。[61]『社会分業論』とは、それ以前にデュルケムが抱いていた問題関心を踏まえるならば、自身の問題関心に対する回答の方向性を示した暫定的な段階の著作として位置づけることができるであろう。『社会分業論』以降のデュルケム社会学の展開は、経済活動に対する規整の主体の特定化という課題に答えるためのものであり、その答えが職能団体論として再定式化されるのである。

注

（1）Durkheim, [1893a], op. cit., pp. 35–102.

（2）Steiner, 1994, op. cit., pp. 20–1.

（3）Durkheim, [1893a], op. cit., pp. 177–81; Spencer, [1882], op. cit., pp. 244-8, Id., 1883, op. cit., pp. 332–6.

（4）流王、2012c、前掲書、pp. 409–10.

（5）デュルケムの著した書評を手がかりに、デュルケム自身の問題関心の展開や同時代の思想史的な文脈に対するデュルケム独自の応答を検討しようとした先駆的な着眼として、ギデンズの研究を挙げることができる（Anthony Giddens, 1970, "Durkheim as a Review Critic," *Sociological Review*, 18(2), p. 171）。しかし、本章で検討する『社会分業論』以前という時期につき、ギデンズは有機体論の受容とその批判という、社会学の方法論的な観点から考察を加えているのに対し、国家の肥大化傾向とそれに伴う個々人の自由の抑圧に対する危機意識という思想的な観点から検討を試みるのが、本書の独自な点である（Ibid., pp. 171–80）。詳しくは本章の第3節を参照のこと。

（6）Fournier, 2007, op. cit., p. 163. なお、本章の初出の論文ではデュルケムが博士論文を提出した月を誤って表記していた。記して修正する。

（7）例えば第2章で検討したパーソンズの解釈は、『社会分業論』をデュルケム社会学の出発点に置いた理解を提示しているため、本章で検討するような『社会分業論』に至る過程でデュルケムが抱いていた問題関心が十分に踏まえられておらず、その結果、前期デュルケムの近代社会構想の理論的意義を適切に把握できていないと本書では評価している。

（8）Durkheim, [1885a], op. cit., p. 373; 小林幸一郎、1966、「生成期におけるデュルケム社会学思想――一八八五年から一八八七年まで」『社会学評論』16（3）、pp. 77–9.

（9）Durkheim, [1895a], op. cit., pp. 3-4.

(10) 本章は『社会分業論』以前のデュルケムにおけるシェフレの受容に着目しているが、この社会実在論という方法論的な立場についても、デュルケムはシェフレの議論を肯定的に評価しており、その重要性を窺い知ることができる（小林、1966、前掲書、pp. 77-9）。

(11) 本章で検討を行う時期には、デュルケムはまだ用語の上では égoïsme と individualisme との概念的区別を行っておらず、文脈に応じて互換的に用いているため、本章では特に区別せず解釈する。この二つの用語が明確に対比されるのは、一八九八年の論文である（Durkheim, [1898c], op. cit., pp. 262-5）。また、利己主義ではなく、自己本位主義との訳語を選択したのは、この概念でデュルケムが問題としているのは、個々人が専ら自らの利害を追求している状況のみならず、他者との関係を軽視し、それが希薄化している状況も含まれているからである。この問題関心が全面的に展開されているのが『自殺論』の「自己本位的自殺（suicide égoïste）」であり、その関連を示すためにも、自己本位主義という訳語が適切であると判断した（Durkheim, [1897], op. cit., p. 223）。

(12) Fournier, 2007, op. cit., pp. 105, 124-6; Émile Durkheim, [1888a], "Cours de science sociale: leçon d'ouverture," *Revue internationale de l'enseignement*, 15, pp. 23-48. Reprinted in Jean-Claude Filloux (ed.), 1970, *La science sociale et l'action*, Paris: Presses universitaires de France, pp. 77-110.

(13) Ibid., p. 109. 社会が「有機的な一体（unité organique）」をなしている、との特徴づけは、『社会分業論』における有機的連帯を念頭に置いているのではなく、社会有機体論の用語法を踏襲していると解釈するのが適切である。確かに翌年の講義の冒頭で、一八八七-八八年の講義では、機械的連帯と有機的連帯という社会連帯の類型を提示したとデュルケムは復習的に講義しているが、第二講以降の内容を窺い知る史料は残されておらず、この八七年の段階で有機的連帯概念の内容が確定していたと判断するのは難しいと本書では考えている（Émile Durkheim, [1888d], "Introduction à la sociologie de la famille," *Annales de la Faculté des lettres de Bordeaux*, 10, pp. 257-81. Reprinted in Victor Karady (ed.), 1975, *Textes*, t. 3, Paris: Minuit, pp. 9-11）。本書では、有機的連帯という社会統合の独自性がデュルケムの中で確立したのは、少なくとも一八八九年以降だと考えている。この点については、本章の第2節の後半で説明する。

(14) この点については、第4章を参照のこと。

(15) Durkheim, [1886a], op. cit., pp. 375-6, Id., [1887b], “La philosophie dans les universités allemandes,” *Revue internationale de l’enseignement*, 13, pp. 313-38, 423-40. Reprinted in Victor Kadary (ed.), 1975, *Textes, t. 3*, Paris: Minuit, p. 482, Id., [1887c], op. cit., p. 329, Id., [1888b], “Le programme économique de Schäffle,” *Revue d’économie politique*, 2 (1), pp. 3-8. Reprinted in Victor Karady (ed.), 1975, *Textes, t. 1*, Paris: Minuit, p. 379, Id., [1890], “Bibliographie de Th. Ferneuil, *Les principes de 1789 et la sociologie*,” *Revue internationale de l’enseignement*, 19, pp. 450-6. Reprinted in Jean-Claude Filloux (ed.), 1970, *La science sociale et l’action*, Paris: Presses universitaires de France, pp. 222-3.

(16) Jeffrey C. Alexander, 1986a, “Rethinking Durkheim’s Intellectual Development: Part 1, On 'Marxism' and the Anxiety of Being Misunderstood,” *International Sociology*, 1 (1), p. 94.

(17) Émile Durkheim, [1888c], “Suicide et natalité: étude de statistique morale,” *Revue philosophique de la France et de l’étranger*, 26, pp. 446-63. Reprinted in Victor Karady (ed.), 1975, *Textes, t. 2*, Paris: Minuit, pp. 234-5.

(18) Durkheim, [1893a], op. cit., p. 19.

(19) Durkheim, [1888c], op. cit., p. 235. しかし『自殺論』においては、家族のまとまりの強化によって、自己本位主義を抑制しようとする試みが、現代においては不可能であるとの診断が明確に下されている（Durkheim, [1897], op. cit., pp. 432-4）。

(20) Durkheim, [1888c], op. cit., p. 236.

(21) Durkheim, [1886a], op. cit., p. 212, Id., [1886b], “Analyse et compte rendu d’Guillaume De Greef, *Introduction à la sociologie*, 1re partie,” *Revue philosophique de la France et de l’étranger*, 22, pp. 658-63. Reprinted in Victor Karady (ed.), 1975, *Textes, t. 1*, Paris: Minuit, p. 43, Id., [1887b], op. cit., p. 485, Id., [1887c], op. cit., pp. 273, 297, 329, Id., [1888a], op. cit., pp. 79, 109.『社会分業論』においては、このような「人間の性向（prédisposition）」に着目する議論は、確かな観察に基づいておらず、場当たり的な説明を行っているに過ぎないと批判されている（Durkheim, [1893a], op. cit., pp. 31-2）。

(22) アレクサンダーは、分業を主題とした一八八七年から八八年にかけての講義の段階で、人間本性論からの脱却がなされたと評価しているが、本書では、有機的連帯概念の成立の画期となるのは、分業の展開と相反しない独自の統合メカニズムが社会内在的に存在する事実の発見であると考えているため、一八八九年のこのテキストを重視している。加えてアレクサンダーは、分業についての検討が一八八八年から八九年にかけての講義でなされていると理解しているが、分業についてデュルケムが言及しているのは、当該年度の講義を始めるに際し、前年度の講義の内容を要約している箇所である点に留意すべきである（Alexander, 1986a, op. cit., pp. 95-6; Durkheim, [1888d], op. cit., pp. 9-11）。

（23）Émile Durkheim, [1889], "Analyse et compte rendu d' Ferdinand Tönnies, *Gemeinschaft und Gesellschaft: Abhandlung des Communismus und des Socialismus als empirischer Culturformen*," *Revue philosophique de la France et de l'étranger*, 27, pp. 416-22. Reprinted in Victor Karady（ed.）, 1975, *Textes, t. 1*, Paris: Minuit, pp. 389-90.

（24）Ibid., p. 390.

（25）Durkheim, [1893a], op. cit., pp. 8, 391-4. この点については、第4章を参照のこと。

（26）Durkheim, [1893b], "Définition du fait moral," in Victor Karady（ed.）, *Textes, t. 2*, Paris: Minuit, p. 286.

（27）Nisbet, [1966], op. cit., pp. 83-6; Bellah, 1973, op. cit., pp. xiii, xxiv, xxv-vi, xl; Parsons, 1975, op. cit., p. 109.

（28）もちろん分業とは、社会を解体に向かわせる要因であるとするコントやエスピナスの批判を斥けたい、とする意図がデュルケムにあったからこそ、分業が逆に社会統合をもたらすという有機的連帯の概念を提起するに至ったのは事実であろう（Durkheim, [1893a], op. cit., pp. 348-9, Id., [1902a], op. cit., p. v; Auguste Comte, 1864, *Cours de philosophie positive, t. 4, 2è édition*, Paris: Baillière, pp. 428-9; Alfred Espinas, 1877, *Sociétés animales: étude de psychologie comparée*, Paris: Baillière, p. 350）。しかし詳しくは本章の第3節で検討するが、『社会分業論』へ至るデュルケムの知的変遷を踏まえるならば、分業に関する着想を得る以前から、国家の肥大化傾向に対する危機意識をデュルケムは表明しており、このもう一つの問題関心があったからこそ、国家による上からの社会介入により、社会統合を外側から作り出そうとするコントの発想を不適切とするデュルケムの立場が導かれたと本書では考えている（Durkheim, [1893a], op. cit., pp. 349-53）。

（29）国家と個々人の自由との関係についてのデュルケムの発想としては、地理的・職業的な特殊利害に基づき形成される二次的諸集団がそこに所属する個々人に及ぼしかねない抑圧的影響に対し、国家が釣り合いとなってそれを抑制する、という「個人を解放する存在（libératrice de l'individu）」としての国家という論点が有名であるが、『社会分業論』以前のデュルケムには、国家にこのような役割を期待する発想は見られない（Durkheim,［1898-1900］, op. cit., pp. 96-9; 中島、2001、前掲書、pp. 104-6）。この時期のデュルケムは、国家の肥大化は個々人の自由の抑圧につながるとの発想に基本的には立っている。国家と二次的諸集団、個々人との三層の関係として近代社会の社会構想を提示し、個々人の自由が保障される社会的条件を、国家と二次的諸集団との均衡に求める視座をデュルケムが提示するに至るのは、職能団体と国家との関係が明確に再定式化される『社会学講義』においてである。この点については、第8章で検討する。

（30） Durkheim,［1897］, op. cit., pp. 447-8.

（31） Émile Durkheim,［1885b］, "Analyse et compte rendu d'Alfred Fouillée, *La propriété sociale et la démocratie*," *Revue philosophique de la France et de l'étranger*, 19, pp. 446-53. Reprinted in Jean-Claude Filloux（ed.）, 1970, *La science sociale et l'action*, Paris: Presses universitaires de France, pp. 179-80. autoritaireというフランス語は歴史が浅く、その初出は一八六五年とされている。この形容詞は、第二帝政下のフランスとイギリスとの政治体制の比較において、前者が「民主主義に基づいているが抑圧的（démocratique et autoritaire）」であるのに対し、後者は「貴族政の要素が含まれているが自由を重視している（aristocratique et libérale）」との対比の中で用いられている。つまり、その政治体制が自由を尊重しているのか否か、という対立軸がこのautoritaireという言葉には込められているのである（Émile Littré, 1872-77, *Dictionnaire de la langue française*.（Retrieved February 13, 2015, http://littre.reverso.net/dictionnaire-francais/）。

（32） 国家学とは、法学的な観点のみならず、政治的・倫理的・哲学的・歴史的な観点を総合して、国家という対象を考察する学問である（海老原明夫、1987、「ドイツ国法学の『国家学的』方法について」国家学会編『国家学会百年記念 国家と市民　第1巻　公法』有斐閣、p. 363）。

（33） Dirk Kaesler, 2005, "Schäffle, Albert Eberhard Friedrich," in Historische Kommission bei der bayerischen Akademie der Wissenschaften（hrsg.）, *Neue Deutsche Biographie, Bd. 22*, Berlin: Duncker und Humblot, pp. 521-2.

（34） Albert Schäffle,［1875-78］1881, *Bau und Leben des socialen Körpers, Bde. 4*, Tübingen; Durkheim,［1885a］, op. cit.,

Id., [1885b], op. cit., pp. 179–80, Id., [1885c], "Analyse et compte rendu d'Ludwig Gumplowicz, *Grundriss der Sociologie*," *Revue philosophique de la France et de l'étranger*, 20, pp. 627–34. Reprinted in Victor Karady（ed.）, 1975, *Textes, t. 1*, Paris: Minuit, p. 351, Id., [1886a], op. cit., pp. 208–10, Id., [1886b], op. cit., p. 41, Id., [1887c], op. cit., pp. 282–4, Id., [1888a], op. cit., p. 97, Id., [1888b], op. cit., pp. 377–9.

（35）Durkheim, [1885a], op. cit., pp. 370–1. この時期のデュルケムは「社会主義」と「共産主義」とを概念的に区別していない。両者の区別が明確になされるのは、一八九三年の論文においてである（Durkheim, [1893c], op. cit., p. 235）。またシェフレ自身は職能団体の現代的な再建にこの問題の解決の方向性を見いだすのであるが、『社会分業論』公刊以前の時期のデュルケムは、職能団体が近代社会の諸問題に対する解決策となりうるかどうかに関する見解を明示的には述べていない（Durkheim, [1885a], op. cit., p. 371）。したがって、デュルケムがシェフレの職能団体論に否定的な見解を示していたとする理解には疑問がある（M. J. Hawkins, 1994, "Durkheim on Occupational Corporations: An Exegesis and Interpretation," *Journal of the History of Ideas*, 55(3), p. 463）。加えて、自己本位主義の拡大と国家の肥大化傾向とが並行的に進行しているとのシェフレの時代判断を、『自殺論』でデュルケムはシェフレの名前を出してはいないが共有している（Durkheim, [1897], op. cit., p. 448）。

（36）Durkheim, [1885b], op. cit., p. 180. このシェフレの危機意識についても、デュルケムは『自殺論』において共有している（Durkheim, [1897], op. cit., p. 448）。

（37）デュルケムによるシェフレの読解を、ルナンの説いた国民統合の主張と重ね合わせて解釈を試みる見解があるが、デュルケム自身の理解をまずは踏まえる必要があると本書では考えている（Bernard Lacroix, 1976, "La vocation originelle d'Émile Durkheim," *Revue française de sociologie*, 17(2), pp. 220–1）。

（38）シェフレの発想とデュルケムの立場との類似性については、先行研究でも指摘が存在するが、『社会分業論』へ至る過程でデュルケムが抱いていた問題関心に即して、その思想的な共通性を指摘した点が本書の独自性である（Robert Alun Jones, 1993a, "La science positive de la morale en France: les sources allemandes de *la division du travail social*," in Ph. Besnard, M. Borlandi et P. Vogt（dir.）, *Division du travail et lien social: Durkheim un siècle après*, Paris: Presses universitaires de France, pp. 28-9; Fournier, 2007, op. cit., pp. 80, 101)。

(39) Durkheim, [1886a], op. cit., p. 205. 以下の考察では、同時代の思想状況に関するデュルケム自身の理解に着目する。もちろん、デュルケム自身の同時代理解には固有の偏りが存在するであろうが、しかしその偏りにこそ、デュルケムに固有の問題関心が反映しているからである。

(40) Durkheim, [1885b], op. cit., pp. 173, 179, Id., [1886a], op. cit., p. 208, Id., [1887b], op. cit., p. 463, Id., [1887c], op. cit., p. 268, Id., [1888b], op. cit., p. 378, Id., [1890], op. cit., p. 222.

(41) Durkheim, [1885b], op. cit., p. 179, Id., [1890], op. cit., p. 223, Id., [1893a], op. cit., p. xliii. 生産や富の分配の国家管理ではなく、経済機能の組織化、経済活動と国家との継続的な関係の構築という側面から社会主義を捉えるデュルケムの発想は、後の社会主義論にも継続して見られる（Durkheim, [1895b] 1992, *Le socialisme: sa définition, ses débuts, la doctrine saint-simonienne*, Paris: Presses universitaire de France, pp. 48-51)。

(42) Durkheim, [1890], op. cit., p. 223.

(43) 『社会分業論』へ至る時期のデュルケムにおけるドイツの学問の影響を指摘する研究は存在するが、その指摘を受け、デュルケムが具体的に個々の論者のどのような側面を評価し、批判していたのか、という点に関する検討を試みるのが本書の特徴である（山下雅之、1989、「初期デュルケームの諸論文に関する知識社会学的研究——道徳の科学と道徳の主張」『社会学評論』39（4）、pp. 49-64; Jones, 1993a, op. cit.)。また、デュルケムの社会学を、一九世紀後半における古典派経済学批判という思想潮流の中に位置づけ、シュモラーの講壇社会主義との類似性を指摘する研究も存在するが、講壇社会主義に対するデュルケム自身の否定的な評価にも留意すべきである（Heino Heinrich Nau and Philippe Steiner, 2002, "Schmoller, Durkheim, and Old European Institutionalist Economics," *Journal of Economic Issues*, 36(4), pp. 1005-24)。

(44) Durkheim, [1888b], op. cit., pp. 378-9. この文脈において démocratie とは政治体制の違いを指す言葉としてではなく、経済的な分化や国家機能の分化、社会的な上下関係の分化を否定する発想を指す言葉として用いられている。デモクラシー概念の再定義については、『社会学講義』にて詳しい検討がなされている（Durkheim, [1898-1900], op. cit., pp.

112-3)。

(45) Durkheim, [1895b], op. cit., pp. 80-1. 本書で問題としているのは、デュルケムによるマルクスやロドベルトゥスの学説の位置づけであり、例えばマルクスの考えていた社会主義のあり方それ自体に関する検討ではない。

(46) Durkheim, [1887c], op. cit., pp. 268-80.

(47) Durkheim, [1888b], op. cit., p. 379.

(48) Durkheim, [1885b], op. cit., p. 183.

(49) Fournier, 2007, op. cit., pp. 94, 102; Durkheim, [1887b], op. cit., p. 463, Id., [1887c], op. cit., pp. 268, 278.

(50) Durkheim, [1887c], op. cit., p. 270.

(51) Durkheim, [1887c], op. cit., pp. 280-1. 講壇社会主義に対するデュルケムの批判を、バークに由来する保守主義の発想として理解する見解も存在するが、この箇所でのデュルケムの議論の脈絡を追うには、保守主義という名称の下に包括している発想が広すぎるため、議論が拡散してしまっている（M. J. Hawkins, 1980, "Traditionalism and Organicism in Durkheim's Early Writings, 1885-1893," *Journal of the History of the Behavioral Sciences*, 16, p. 33)。また、社会とは、人為的な働きかけによって一定程度の改変が可能であったとしても、人間が「好きなように変化させられる（modifiable à volonté)」対象ではない、という方法論的・存在論的な立場については、『社会学的方法の規準』でも繰り返されている（Durkheim, [1895a], op. cit., p. viii)。

(52) Durkheim, [1887c], op. cit., p. 281.

(53) Ibid., pp. 281-2.

(54) 宮島、1977、前掲書、p. 119.

(55) Durkheim, [1887c], op. cit., p. 284.

(56) Durkheim, [1885b], op. cit., p. 180.

(57) Durkheim, [1885a], op. cit., p. 371, Id., [1886b], op. cit., pp. 209-10, Id., [1888b], op. cit., pp. 379-81. デュルケムは社会主義を「経済的機能を社会の指導的、意識的機能〔流王注：実質的には国家のことを意味している〕に結びつけること

(rattachement)を主張する発想」と定義しているが、このデュルケムの社会主義観はシェフレの議論を受け継いで形成されたものなのである(Durkheim, [1895b], op. cit., p. 48; 森博、1977、「デュルケム社会学思想の形成――個人主義と社会主義」デュルケム、森博訳、『社会主義およびサン-シモン』恒星社厚生閣、pp. 313-9)。このデュルケムの定義で注意すべきなのは、国家との「関連づけ(rattachement)」「関係の構築(mise en contact)」を主張しているのであって、国家への「従属(subordination)」が求められているのではない点である(Durkheim, [1895b], op. cit., pp. 49, 51)。「従属」ではなく「関連づけ」であるとの概念化には、講壇社会主義の発想からシェフレの主張する社会主義を区別し、後者こそが社会主義の本流であると位置づけるデュルケムの問題関心が反映されている。この点については、第8章を参照のこと。

(58) Durkheim, [1888b], op. cit., p. 379. 言うまでもなく、この文脈での「国家社会主義」とは、ナチズムのイデオロギーである「国家社会主義(Nationalsozialismus)」とは内容を異にしている。「国家社会主義(Staatssozialismus, socialiste d'État)」とは、一九世紀の終わりから二〇世紀の初頭にかけ、国家による上からの社会介入を主張した発想を一般的に意味し、講壇社会主義もその中に含まれる(Franz-Xaver Kaufmann, 2003, *Sozialpolitisches Denken: die deutsche Tradition*, Frankfurt a. M.: Suhrkamp.(= translated in English by Thomas Dunlap, 2013, *Thinking About Social Policy: The German Tradition*, Heidelberg: Springer, pp. 57-8))。

(59) Durkheim, [1888b], op. cit., p. 379.

(60) 宮島喬も、デュルケムが提起しているのは、「個人の自由の確保とそれに適合的な統合的秩序の創出」という問題であるとの指摘を行っている(宮島、1977、前掲書、p. 105、強調は原文による)。この指摘を踏まえた上で本書が検討を試みるのは、自己本位主義の抑制を可能とするメカニズムとしてデュルケムが考えていたものとは何なのか、という問題である。

(61) この点については、第7章で詳しく検討を行う。

第4章 『社会分業論』の理論枠組み

『社会分業論』においてデュルケムが有機的連帯という独自の社会統合の形態を提唱したのはなぜなのか。前章では、『社会分業論』へのデュルケムの知的変遷の検討を通じ、デュルケムが意識していた思想史的な文脈として、一九世紀後半のヨーロッパに広がる国家の肥大化傾向と、それに伴い個々人の自由が抑圧されている状況に対しての危機意識の存在を指摘した上で、有機的連帯という近代社会構想とは、国家による上からの介入に拠るのではなく、分業の展開とそれに伴い形成される規整という社会内在的なメカニズムによる社会統合の可能性を探求したものである、との理解を提示した。しかし、社会統合と個々人の自由との両立可能性という視座の下、機械的連帯には還元されえない有機的連帯の独自の理論的可能性を摘出するためには、『社会分業論』におけるデュルケムの理論枠組みの正確な理解、特に道徳（morale）という用語にデュルケムが与えている位置づけの理解が不可欠である。本章では、この道徳という『社会分業論』の鍵となる用語を手がかりとして、デュルケムがどのような理論枠組みに基づき、機械的連帯と有機的連帯という二つの社会統合の形態を論じているのか。その点の解明を試みる。

1　『社会分業論』における道徳の位置づけ

『社会分業論』の理解にとって、「道徳（morale）」や「道徳的（moral）」という言葉の解釈は鍵の一つである。例えばデュルケムは、自らが同書で提示を試みる分業の役割を「道徳的（moral）」と形容している。分業の役割に関する既存の学説につきデュルケムは、労働者の生産性の向上を通じ、社会を知的・物質的に発展させ、文明を進歩させる原動力となる、といった経済学的な側面しか視野に入れていないと批判し、そのような役割しか存在しないのであれば、分業に道徳としての特性を与えるに及ばないと断じている。[1]その上でデュルケムが提起するのが、社会に対して分業が寄与しうるのは、経済的便益のみに留まるのか、それとも「道徳としての効果（l'effet moral）」にまで及んでいるのか、という問いなのである。[2]

しかしこの道徳という言葉でデュルケムは何を意味しているのか。その内容を適切に理解するためには、この言葉にデュルケムが与えているテキスト上の位置づけを慎重に検討する必要がある。例えば『社会分業論』の日本語訳者の田原音和は、デュルケムによる道徳という言葉の用語法につき、「倫理というほんらいの意味だけで理解するのではなく、あらゆる人間的行為を成立させる社会的条件、なかんずく社会的規範として理解したほうがよいばあいもある」との断りを行っている。[3]「道徳（morale）」という言葉にデュルケムが込めているのは、道徳や倫理という日本語が意味している内容、人々の行為の基準や善悪の基準、という内容を含みつつも、それだけには収まりきらない広がりを持った意味なのである。

本章では、「道徳（morale）」や「道徳的（moral）」という言葉に対してデュルケムが『社会分業論』で与えている位置づけに関して、学史的な解明を行う。[4]特に『社会分業論』の理論枠組みをデュルケムが提示している『社会分業論』の第一版への序文、序論、第一部の第一章、結論を検討の対象とする。分業に対して、それを道徳という観点から考察するのが『社会分業論』の特徴であるとデュルケムが自認している以上、道徳という言葉に与えられている位置づけの理解は、『社会分業論』におけるデュルケムの問題関心や問題設定、およびその議論の枠組みの解釈を左右する重大な論点なのである。

2　『社会分業論』の文献学的特性

『社会分業論』においてデュルケムが道徳という言葉に与えている位置づけを解明する、という本章の目的にとって、分析の重要な対象となるのが『社会分業論』の「序論（introduction）」であるが、この箇所は文献学的に複雑な特性を持っている。したがって具体的な分析に入る前に、まず『社会分業論』の文献学的な側面を確認しておきたい。

『社会分業論』の原形は、一八九二年三月にデュルケムがパリ大学文学部に提出した博士主論文である。[5]翌年の一八九三年三月の口頭試問に合格し、博士号を取得したデュルケムは、この博士主論文を同年中にパリのアルカン社から公刊するに至る。[6]第一版の正確な発行部数は不明であるが、ベナールは一〇〇〇から一五〇〇部と推定している。[7]『社会分業論』の第二版は一九〇二年の刊行である。[8]第二版についてはアルカン社とデュルケムとの間で取り交わされた契約書が残っており、発行部数は一〇〇〇部と余分刷りが一〇〇部である。[9]この一九〇二年の再版に際し、デュルケムは第二版への「序文（préface）」を新たに付している。この追加した序文でデュルケムは、第一版の刊行時ではまだ考えが固まっておらず、したがって『社会分業論』の本文では十分に検討できなかった論点、すなわち現代社会の再組織化に際し職能団体に注目すべき意義を提起している。[10]

この第二版への序文の冒頭でデュルケムは、第二版に際しても同書の全体の構成については手を入れていないと述べている。[11]しかしデュルケム自身も断っている通り、第一版との相違は新序文の付加だけに留まらない。[12]『社会分業論』の第二版では、「序論（introduction）」も改稿を加えられており、第一版から約三〇頁が完全に削除され、その他の箇所も部分的ながら手が加えられている。[13] 再版に際し削除された序論の大半の箇所は、カラディの編集した論集に再録されている。[14] しかしこの論集には、部分的とはいえ、第二版とは異なる序論の結論部分が収録されていないのである。[15]

序論の内容が第一版と第二版では異なっている文献学的な事実を鑑み、本章では以下のように文献挙示を行う。改稿の存在しない箇所については、読者の便宜を考慮して、第二版を底本としたPresses universitaires de France版の該当頁を示す。[16] 第一版に存在するが、第二版で削除された箇所のうち、カラディの編集した論集に再録されている箇所については、論集の該当頁を示す。[17] カラディの編集した論集に再録されていない箇所については、一八九三年の第一版の該当頁を示した上で、巻末資料の該当頁をスラッシュ記号の後に明記する。[18] 第二版で加筆修正を受けている箇所については、Presses universitaires de France版の該当頁を示すが、テキスト成立の年代を明示するため、（Durkheim,［1902b］）と表記する。[19]

ではなぜ第二版に際して序論の一部を削除したのか。デュルケム自身はその理由を、一九〇二年の時点においては既存の道徳論の方法論的な欠陥、すなわち、理論家自身の主観的な信念を一般的に定式化し、それとの対照を通じて個々の規則の道徳性の評価を試みる手続きの問題点を改めて指摘するのは、「不要（inutile）」と思えたからと説明している。[20] 第二版までの一〇年強の間で、『社会学的方法の規準』、『自殺論』という二冊の著書を出版し、『社会学年報』という自らの雑誌を持つに至ったデュルケムであれば、改めて社会学という学問の方法論的な特徴を旧来の道徳論に対して主張する必要もない、と判断したのも自然である。[21]

確かに、削除された箇所が、旧来の道徳論を批判する専ら消極的な議論であり、デュルケム自身の積極的な立論に関わらないのであれば、改めてその箇所を読み返す意義は薄いであろう。しかし第一版での序論の大部分を削除した結果、『社会分業論』全体の問題設定、特に道徳という用語にデュルケムが与えている位置づけが不明確になってしまったのも事実である。道徳という言葉が『社会分業論』の理論枠組みの理解に占めている重要性に鑑みるならば、後にデュルケムが削除した箇所であったとしても、この序論に敢えて着目する意義が存在するのである。

3　理想的人間像としての道徳

『社会分業論』の序論の終結部、第二版では削除されている箇所において、デュルケムは同書の問いを以下のように定式化している。すなわち、「分業は道徳としての意義（valeur morale）を持つのか否か」という問いである。[22]『社会分業論』全体の問題設定、およびその議論の枠組みの特徴を理解するに際し、この valeur morale という表現の解釈、その具体的内容の理解が鍵となっている。本書ではこの表現に「道徳としての意義」との訳語を宛てているが、この訳し方自体が『社会分業論』における道徳という言葉の位置づけの解釈を反映しているのである。本節ではまず、『社会分業論』においてデュルケムが抱いていた問題関心を確認する。

分業の広がりと『社会分業論』での位置づけ

『社会分業論』の序論の冒頭、分業を論じ始めるに際しデュルケムは、古代ギリシャのアリストテレスにおいてすでに分業の重要性が認められていたが、その理論化がなされるのは一八世紀のアダム・スミスを待たねばならなかったと説き起こす。一九世紀のヨーロッパにおいて分業は、スミスが考察していたような工場内部の関係のみに留まるのではなく、産業間の相互関係から、商業へ、さらにはスミスやスチュアート・ミルが例外と考えていた農業にまで広がっているのである。[23] このような分業の広がりを経済学者は、「人間社会の至高の法則であり、進歩の条件 (la loi supérieure des sociétés humaines et la condition du progrès)」であると見なし、その「必然性 (nécessité)」を専ら説くのみであるのに対し、デュルケムはその「野放図 (spontanéité irréfléchie)」な展開には再考の余地があるのでは、とまずは疑問を投げ掛けるのである。[24]

加えてデュルケムは、分業という現象が生じているのは経済領域に限られず、専門分化の進行は、政治や行政、司法から芸術、学術にまで及んでいると指摘する。さらに近年においては生物学者も分業の概念を受容し、生物有機体に分業の法則を見出しているとデュルケムは述べている。一九世紀におけるこのような学術の動向を考慮に入れるならば、分業をただ単に人間が形成した「社会制度 (institution sociale)」と考えるわけにはいかなくなる。分業とは、生物をも含んだ有機体一般において存在する、「一般生物学が対象とする現象 (phenomène de biologie génèrale)」なのであるとデュルケムは主張する。[25] 分業という言葉で想起される現象を経済領域に限定するのではなく、それを生物学にまで拡げた上でデュルケムは、『社会分業論』で対象とする範囲を特定する。それが「社会における分業 (la division du travail social)」である。「分業 (division du travail)」という言葉に付された「社会的 (social)」という限定辞は、生物有機体をも含む分業の一般概念から、社会において見られる分業を特定して示すための表現なのであり、『社会分業論』というタイトルの意味もこのように理解すべきである。[26]

分業と道徳

だが『社会分業論』でデュルケムが試みたのは、単なる経済領域を越えた分業の存在、社会における分業の法則の存在を指摘することだけではない。分業という現象が以上のような広がりを見せているのであれば、それは「道徳的に望ましいとされる人間像（notre constitution morale）」にも重大な影響を与えるのは当然であると思考を進める。[27]社会における分業の展開は、私たちが理想とする人間像にいかなる影響を与えるのか、その改変を迫るものなのか。この問いこそが、分業に向けたデュルケムの問題関心なのである。

分業の展開が「道徳的に望ましいとされる人間像」に対してどのような影響を与えるのか。『社会分業論』の出発点となっているこの問いは、デュルケムが学者としての歩みを始めた時点で抱いていた問題関心の継続である。モースは、高等師範学校在学時においてデュルケムが、「個人主義と社会主義との関係（rapports de l'individualisme et du socialisme）」という課題に取り組んでいたと回想している。[28]この時点でのデュルケムの問題設定につきモースは「過度に抽象的、哲学的」であり、一八八三年にその主題が「個人と社会との関係（les rapports de l'individu et de la société）」へと具体化されたと述べている。[29]『社会分業論』の第一版への序文では、この問題関心が以下のように定式化されている。すなわち、同書の出発点となっている問いとは、「個人の人格と社会連帯との関係（des rapports de la personnalité individuelle et de la solidarité sociale）」である。言い換えるならば、歴史が下るにつれ、個人がより「自律的（autonome）」になる一方で、「社会とより緊密に結びつく（dépende plus étroitement de la société）」ようになる、という一見正反対に思える変化がどうして生じたのか、という問いである。この問いに対してデュルケムは、分業による「社会連帯の変化（transformation de la solidarité sociale）」という観点を導入するならば、一見すると矛盾しているかのように映るこの二つの変化の方向性を、整合的に理解することができる、との見取り図を提示するのである。[30]

この見取り図に基づきデュルケムは、それぞれの社会連帯の類型に対応した理想的人間像として、以下の二つ

の方向性を提示している。すなわち、

私たちは完全で完璧な存在、自足した全体（un être achevé et complet, un tout qui se suffit à soi-même）になろうとすべきなのか、それとも逆に全体を構成する特定の部分、有機体の器官（la partie d'un tout, l'organe d'un organisme）であるべきなのか。[31]

前者の自足した存在についてデュルケムは、「なろうとする（chercher à devenir）」という表現を用い、未だに実現されていない目的として提示しているのに対し、後者の全体を構成する特定の部分については、「である（être）」という表現で、現在においても達成されている状態として特徴づけている。[32] したがって、分業の網の目の中で、全体を構成する部分となっている私たちのこの現状を、道徳的に望ましい人間像として認められるかどうか、というのが『社会分業論』の論点なのである。

しかしデュルケムはこの後者の選択肢を道徳的に望ましいと速断しない。「分業が自然法則であったとして、それを果たして人間の行為を律する道徳的規則（une règle morale de la conduite humaine）」と考えることができるのか、今一度問わねばならないとデュルケムは議論を進める。[33] 逆に言うならば、分業の展開の中で全体を構成する部分となっている私たちの現状を道徳的に正当化するためには、どのような議論の展開が必要であるとデュルケムは考えたのか、その点の把握が『社会分業論』の理解には重要なのである。

4　道徳的事実に対する実証科学的アプローチ

分業が進展するこの世の中において、全体を構成する部分となっている私たちの現状を、どのような議論によってデュルケムは道徳的に正当化しようと試みたのか。実のところ『社会分業論』の第二版では序論の大部分が削除されているため、その議論の構成をうかがい知るのが困難となっている。では第二版に際して削除された序論においては、どのような議論が展開されていたのか。そこでデュルケムは、旧来の道徳論に対して方法論的な批判を投げ掛けた上で、道徳を学問的に論じるための新たな方法を提案しているのである。本節では、第一版への序文にも視野を広げながら、『社会分業論』でデュルケムが採用している方法論の確認を行う。

既存の道徳論への批判

「道徳的に望ましいとされる人間像」とは具体的にどのような人間を意味しているのか。「行為に関する規則(un précepte de conduite)」としてさまざまなものが存在する中で、道徳的であると判断すべきものとはどれなのか。既存の道徳論は、このような問いに対し、「道徳性の一般的定式(formule générale de la moralité)」を確立した上で、それとの対照を通じ、個々の行為の規則が道徳的であるか否かを判断してきた、とデュルケムは特徴づけている。その上でデュルケムは、このような方法では行為の規則の道徳性を適切に評価できない、と批判する。というのも、既存の道徳論が提示している「道徳性の一般的定式」は、個々の論者によってその内容が異なっており、「科学的に確立した(une vérité scientifique indiscutable)」道徳性の判断基準とは到底評価できないからである。[34]またデュルケムは、既存の道徳論も実のところ、自らの提示する「道徳性の一般的定式」の妥当性を主張すべく、道徳的事実を適切に説明する能力を引き合いに出している、と指摘する。しかしそこで主張されている定式それ自体が、理論家自身の主観的な信念を一般化したものに過ぎないので、学問的な検証には全く耐ええない、とデュルケムは批判するのである。[35]

既存の道徳論は、個々の論者の主観的な信念を、科学的な装いによって一般化した上で、学問的とは評価しえないその一般的定式に基づき、望ましい人間像や行為について論じているに過ぎない。『社会分業論』の第一版への序文の冒頭でデュルケムは、既存の道徳論に対する方法論的な批判とそれを受けた自らの立場を、「科学から道徳を導く（tirer la morale de la science）」のではなく、「道徳を科学的に研究する（faire la science de la morale）」ものである、と特徴づけている。ここで留意すべきなのは、既存の道徳論に対するデュルケムの批判とは、そこで掲げられている定式の主観性、道徳的事実を無視した形而上学的性質の指摘のみに留まっていない点である。このような先経験的な道徳論を批判する一方でデュルケムは、既存の道徳論には、自らが提示する原理の経験的妥当性を主張すべく、生物学や心理学、社会学などの実証科学の知見に依拠しているものも存在することに注意を向けている。しかしデュルケムは、一見すると実証的なその種の道徳論は結局のところ、自らの結論に都合のよい事実のみを引証し、事実に基づいた方法論的検証が疎かにされている、と批判するのである。[36]デュルケムが方法論的な批判を向けているのは、形而上学的な道徳論だけではない。経験的な事実を引き合いに出しながらも、実証科学の方法を適切に実施していない既存の実証科学的な道徳論もデュルケムの批判対象に含まれているのである。[37]

既存の道徳論は方法論的に不適切であると批判するデュルケムは、実証科学の方法を例解すべく、明確な指標に基づき対象とする事実を確定した上で、確固とした方法論に基づいた推論を行う必要性を主張している。『社会分業論』における道徳という言葉の意味に注意を向ける本書にとっても、道徳的事実に関するデュルケムの定義は、踏まえておくべき論点である。

道徳的事実の定義

デュルケムの定義によれば、『社会分業論』で論じる「道徳生活に関する諸事実（les faits de la vie morale）」とは、「行為に関する諸規則（les règles d'action）」から構成されるものである[38]。道徳的事実の定義に際し、デュルケムはなぜ「行為の規則」に着目するのか。その背景には、私たちが行為の指針としているのは、具体的な行為の規則であって、既存の道徳論が専ら論じているような抽象的な原理ではない、というデュルケムの判断が存在する。法や習俗には、私たちが行為する際の指針となるような行為の「型（moules）」が定められており、その型に則して私たちは、道徳的に適切とされる行為を行っている、とデュルケムは考えるのである[39]。

次に、何が道徳的事実であるかを確定するためには、それを判断する「外的で明白な指標（signe éxterieur et visible）」が必要である、とデュルケムは指摘する[40]。道徳的事実を構成するのが「行為の規則」であったとしても、あらゆる「行為の規則」が道徳的事実として認められるわけではないからである。さまざまな行為の規則の中で、何が道徳的事実を構成する規則なのか、その認定基準としてデュルケムは、二つの特徴を挙げている。まず一つ目の特徴とは、その規則からの逸脱に対して、「社会が積極的に反応すること（réaction sociale）」である。殺人や窃盗を犯す、作法に背く、適法に締結された契約を履行しない。このような規則からの逸脱に対しては、社会が積極的に反応し、刑罰や軽蔑、損害賠償が課されることになる。しかし例えば事業を営むに際し、適切な運営を行わなければ成功は望めないが、たとえそのような行為の規則に従わなかったとしても、積極的に社会が反応することはないので、その規則を道徳的とみなすのは不適切となるのである[41]。二つ目の特徴とは、逸脱に対する社会的な反応が「確実に生じ（avec une véritable nécessité）」、「その反応を前もって予測できること（réaction prédéterminée）」である[42]。法律や作法に対する逸脱は、それに対する社会の反応が予測できる。それに対し、例えば製品を製造する旧来の方法を逸脱したとしても、必ずしも失敗するとは限らず、逆に技術革新につながる可能性も存在する。そのため、社会の反応を前もって確実に予測するのは困難であり、したがってそのような行為の規則を道徳的なものとは判断できないのである。

道徳的事実の外的で明白な指標として提起したこれら二つの特徴を併せて表現すべく、デュルケムが導入するのが「制裁（sanction）」という用語である。特定の行為の規則を定め、その規則からの逸脱に対し、制裁という形で積極的に反応するのは、社会である。加えて制裁という形で社会による反応が定式化されているのであれば、その反応を前もって予測することが可能となり、かつその反応が確実に生じることになる。以上の考察を踏まえデュルケムは、道徳的事実とは「制裁を伴う行為の規則（une règle de conduite sanctionnée）」であると定義するのである[43]。

制裁を伴う行為の規則としての法

道徳的事実に関するこの定義は、道徳的規則を「義務（obligatoires）」という特徴で理解する一般的な通念に合致している。しかし、規則に伴う義務感の有無を個々人の意識に尋ねるのではなく、意識を反映する外的な指標に則して特定するのが、この定義の特徴であるとデュルケムは述べている。この制裁と義務との関連づけは、道徳的事実に関するデュルケムの定義の方法論的な特徴に関わっている。すなわち、デュルケムは、制裁により「義務の感情（sentiment de l'obligation）」が引き起こされるのではなく、義務の感情を外的に表現しているのが制裁であると考える。[44]両者をこのように関連づけるのであれば、法と道徳とはほとんど区別できなくなる。法に基づく制裁は、行為の規則に対する義務の感情の表現であり、法的な制裁を伴う行為の規則こそが、道徳的規則の典型例とみなされているからである。法と道徳との間に区別を求めるとするならば、それは制裁を執行する主体が特定の機関として組織化されているか否か、という観点であり、制裁の内容による区別は不可能であるとデュルケムは考えている。[45]法と道徳とを、制裁を伴う規則とその規則に対する義務の感情として関連づけたからこそ、道徳的事実を特定する基準としてデュルケムは、「法的規則の体系（système des règles juridiques）」に着目することになるのである。[46]

5　一九世紀ヨーロッパを対象とする困難

法的規則という外的で明白な指標に着目するならば、道徳を科学的に検討する際、行為に関するいかなる規則に着目すべきなのか、何が道徳的事実であるのかを実証的に確定できる、とデュルケムはひとまず考えている。しかし『社会分業論』の議論の構成は、このような素朴な意味での実証主義に収まるものではない。そこには一九世紀のヨーロッパ社会に対するデュルケムの診断が反映し、議論の構成が複雑なものとなっているのである。

外的な指標と事実との不一致

制裁を伴う行為の規則という外的な指標のみで道徳的事実の特定が可能であるとデュルケムが考えているのであれば、分業は道徳としての意義を持つのか、という問いに対して答えるのもより容易であったであろう。分業の網の目の中に組み込まれた私たちのあり方を、道徳的にも望ましい人間像であると判断するには、全体を構成する特定の部分となるべきとの行為の規則に制裁が伴っていると確認できれば十分だからである。しかし『社会分業論』の第二版を公刊した一九〇二年においても、このような事実は確認できないとデュルケムは指摘する。確かに「分業を行為の義務的な規則とする」発想が強まりつつはあるものの、「その規則に背いたとしても、法律により定められた明確な刑罰は課されず、非難を浴びるだけ」であり、分業に則した私たちのあり方を直接的に定める制裁の伴っている行為の規則が確立しているとは言えないからである[47]。

一九世紀末のヨーロッパ社会には、分業を義務的な行為と定める規則が存在せず、したがって、先のデュルケムの定義を直接的に適用するのでは、分業を是とする道徳的事実が認められなくなってしまう。そのため、『社会分業論』の議論構成は複雑なものとならざるをえない。道徳の科学的な研究を提唱し、道徳的事実に対する実証科学的なアプローチの必要性を主張する一方でデュルケムは、自らが主張した方法論的な立場に留保を加え、外的な指標のみで道徳的事実を特定する危険性を主張することになる。デュルケムが注意を喚起するのが、「社会の道徳意識（la conscience morale des sociétés）」が、外的な指標と道徳的事実とを誤って結びつけてしまう可能性である。その可能性としては、誤って道徳的ではない行為の規則に道徳性の外的な指標が与えられている場合、および、制裁が伴うべき行為の規則に制裁が備わっていない場合が存在する[48]。この外的な指標と事実との不一致を是正するため、デュルケムが導入するのが、「正常（normal）」と「病理（pathologique）」との区分である[49]。

道徳の歴史的変化と社会構造

この正常と病理との区分とは、生物学からデュルケムが借用した概念である。生物学において正常な現象とは、「特定の種において、その種の平均的な個体に生じる」現象を意味する。それに対し、病理とされる現象とは、平均的と評価される特定の幅を逸脱した現象を意味する。[50] この生物学の発想を応用し、ある特定の社会においても、平均値の周辺を正常、その範囲を逸脱したものは異常と見なすことができる、とデュルケムは考える。したがって道徳的事実を正確に特定するには、制裁の有無という外的な指標だけではなく、その社会がどのような特性を持っているのか、その点も考慮するべきとデュルケムは主張するのである。[51]

では、特定の道徳的事実が正常であるのか、それとも異常なのか、その判断の基準となるべき当該社会の特性とは、どのような手続きに従えば確定しうるのか。ここでデュルケムが導入するのが社会構造の概念である。デュルケムによれば、特定の行為の規則について、どの社会もそれを道徳的と見なしているわけではない。ある社会で道徳的とされていた行為の規則が、別の社会では非道徳的と見なされる場合も存在する。例えば個人の尊厳という一九世紀末のフランスで尊重されている道徳的価値であっても、過去の社会においてそれを実践しようとするならば、その社会を混乱させることになるため、非道徳的と見なされることになる。[52] この道徳と社会との関連に着目するならば、道徳は「歴史的な原因により、歴史的に変化（se développe dans l'histoire et sous l'empire de causes historiques）」しているとの視座が開かれる。同時に道徳が社会との関連を持っているのであれば、道徳を形而上学の対象として論じるだけでなく、道徳を「世俗の生活のなかでの機能を持っている（a une fonction dans notre vie temporelle）」ものとして論じる視座も得られる。[53] よって特定の行為の規則の道徳性を評価する際には、その規則が存在している社会がどのような特性を持っているのか、いかなる「社会類型（types sociaux）」に属しているのか、という点からの検討も必要なのである。[54] デュルケムの言う「社会構造（structure des sociétés）」とは、道徳の歴史的変化を評価するための概念であり、行為の規則の道徳性は、その社会が置かれている「条件（conditions）」に応じて判断すべきだとデュルケムは主張しているのである。[55]

社会構造と道徳意識との擦れ

社会構造という概念を導入するならば、ある特定の社会に関して道徳的に正常な状態、言い換えるならば「健全な状態（état sain）」を定めるには、その社会の置かれている条件、すなわち社会構造に照らし合わせて正常とされる幅を特定すればよいことになる。[56] 外的な指標と道徳的事実とが誤って結びつけられていたとしても、通常の場合ならばその社会の道徳的に正常な状態から判断して、それを是正することが可能である。しかし『社会分業論』の議論の構成はさらに複雑である。というのも一九世紀のヨーロッパ社会は変化の途上にあるため、「一時的な危機（une crise passagère）」を迎えており、正常な状態を定めるための特性が完全には形成されておらず、通常の方法では道徳的に健全な状態を定めるのは不可能となっているからである。[57] この危機のさなかにある一九世紀のヨーロッパ社会の道徳意識をデュルケムは以下のように特徴づけている。

> 国民の道徳意識（la conscience morale des nations）が環境（milieu）に生じた変化（changements qui se sont produits）にまだ適応しておらず、過去に押し留めようとする傾向と現在の必要性とに引き裂かれ、確固とした内容に定まっていない。[58]

一九世紀のヨーロッパ社会についてデュルケムは、その社会構造たる環境はすでに変化しているのに対し、道徳意識の方がその変化にまだ追いついておらず、社会構造と道徳意識との間で擦れが存在していると考えている。そのような社会の道徳意識には、過去に押し留めようとする傾向と現在の必要性という相矛盾する方向性が存在するため、それらを平均したとしても、道徳的に正常な状態を算出するのは不可能なのである。

　ではこの相矛盾する方向性に引き裂かれている道徳意識として、デュルケムはどのような状態を念頭に置いていたのであろうか。その鍵が第二版では削除された序論の箇所に存在する。デュルケムは分業の展開に則した行為の道徳的規則を、「特定の機能を適切に果たせるようにせよ（*Mets-toi en état de remplier utilement une fonction déterminée*）」として定式化している。[59] しかし同時にデュルケムは、この分業に対応した道徳、専門分化を推進せよという道徳は、常にどこでもそれとは逆の規則、すなわち「皆に共通する同じ理念を実現すべき（réaliser un même idéal qui nous est common à tous）」という道徳により制約されているとも指摘している。[60] よって現代においても分業は「無条件に是とされている（déclarée bonne absolument et sans réserve）わけではない」。分業の道徳が是とされる領域は一部に限定されているのである。もちろん分業の進展に伴い、分業を是とする道徳が妥当する領域も拡大している。しかし他方で、その制約が今後も消え去ることのないのも確かであるとデュルケムは考えている。[61] 加えて同一の社会の中においても、個々人が伝統と進歩とのどちらを重視するかに応じて、分業を許容する範囲に差が出てくる。[62] 同時代のヨーロッパにおける道徳的危機としてデュルケムが考えている状態とは、専門分化を推進すべきという道徳と、皆に共通の理念を実現すべきという相矛盾する道徳とが混在している状態なのである。一九世紀のヨーロッパ社会は、社会構造の変化に道徳意識が追いついていないため、異なる方向性を示す道徳が混在しており、何が道徳的に健全な状態であるのか、それを確定するのが困難な状況に陥っているのである。

6　道徳の機能の探求

『社会分業論』が分析の対象としている一九世紀ヨーロッパの社会は、変化の途上にある。したがって、この社会にとって道徳的に望ましい人間像とはいかなるものなのか、その社会に存在する法的規則に着目するだけでは、それを学問的に判断できない。加えて、社会構造の概念を導入し、正常と病理との区別から社会の道徳意識が犯した誤りを是正しようとしても、そもそも正常とはどのような状態なのか、それを確定するのも困難なため、方法論的に行き詰まってしまう。ではこの危機の渦中にある社会について、学問的な分析と評価を行うのは不可能なのであろうか。この流動的な対象を前にしてもデュルケムは、それを学問的な考察の遡上に乗せる可能性を捨てていない。デュルケムにとって学問とは、「私たちが漠然と志向している理念を特定するのに役立つ」存在である。[63]社会構造の変化に道徳意識がまだ追いついていないのが一九世紀のヨーロッパ社会の現状であるならば、この新しい社会構造に対応した道徳的に健全な状態を定義し、分業という現在の私たちのあり方の道徳的妥当性を立証するのが、学問の役割である。この課題こそが、『社会分業論』におけるデュルケムの問題設定なのである。[64]

過去という準拠点

では、変化の渦中にある一九世紀のヨーロッパにつき、その社会が進んでいる方向性に相応しい行為の規則を学問的に特定するため、いかなる道筋をたどるのが適切であるとデュルケムは考えていたのか。まず取り組むべきなのは、その社会にとっての正常な状態を確定することであるが、その手順が一段複雑となる。

新たな社会構造に対応した道徳的に健全な状態を確定するには、過去との比較によるしかない。というのも準拠すべき点が他には存在しないからである。特定の行為の規則につき、それが道徳としての意義（valeur morale）を持っているか否かを判断するには、固有の道徳性が確固として認められている別の規則との比較を行うべきである。[65]

いかなる状態が新たな社会構造にとって道徳的に健全であると言えるのか。いかなる行為の規則が、その新たな社会構造において道徳的だと判断すべきなのか。変化の途中にある社会構造のみを検討しても、そのような問いには答えられないとデュルケムは考える。逆に過去の社会においてこそ、社会構造とそれに対応した道徳との関連が見出され、その過去との比較を通じて、新たな社会における道徳の方向性を定めることができる、というのが『社会分業論』においてデュルケムが提案する考察の手順なのである。社会意識において道徳性の判断がまだ固まっていない行為の規則についても、過去の社会における道徳と同じ「役割（rôle）」を果たしているか否か、という観点に照らし合わせるならば、その道徳性を評価できるとデュルケムは発想するのである。[66]

道徳をその役割、機能という観点から考察するという視角こそが、旧来の道徳論に対してデュルケムが投げ掛けた最も重要な論点である。[67] 既存の道徳論は道徳の存在理由として専ら、「人間性の発展の保証（d'assurer le développement de l'homme）」という役割しか認めていないが、それは誤りであるとデュルケムは批判する。[68] また、

「社会全体の利益（intérêt social）」の増進が道徳の役割であるとする議論も存在するが、しかし例えば大砲や蒸気機関も社会に対して利益をもたらすとしても、それを道徳と考えるのは不適切であるとデュルケムは指摘している[69]。道徳をその機能において考察するという視角においてデュルケムが提起しているのは、道徳に「固有の意味での社会的な目的（des fins exclusivement sociales）」は存在しないのか、という問いなのである[70]。

道徳の社会的な役割

道徳が果たしている固有の意味での社会的な役割とは何なのか。問題となるのは、過去の社会において固有の道徳性が確固として認められていた行為の規則の特定である。結論を先取りすることになるが、デュルケムはそれを、「その社会の構成員に共有されている本質的特徴を自らも実現せよ（de réaliser en nous les traits essentiels du type collectif）」という行為の規則であると述べている[71]。このような行為の規則は、集合意識の動揺を防ぎ、社会統合を維持する機能を持っていたとデュルケムは指摘している[72]。よって道徳の機能とは、社会の秩序を維持し、調和を保ち、社会を統合することなのであり、分業もまたこのような機能を果たしうることが明らかになれば、分業の網の目の中で全体を構成する部分となっている私たちの現状を、道徳的に是認すべきであると学問的に判断できるとデュルケムは考えるのである[73]。

道徳の特徴

道徳が社会を調和的に統合する役割を担っているとして、では具体的にどのようなメカニズムによって道徳的とされる行為の規則が社会の調和的な統合に資するのであろうか。そのメカニズムを探る鍵が、デュルケムが後に削除した第一版の序論に存在するのである。

『社会分業論』の第一版にしか存在しないこの序論の箇所でデュルケムは、既存の道徳論に対する批判を具体的に行っている。デュルケムが取り上げている論者は、カント、ジャネ、スペンサー、イェーリング、ポスト、シェフレと多岐に渡っているが、その中でも特に目立つのが、スペンサーの功利主義的道徳論に対する反論の簡潔さである。[74] デュルケムはスペンサーの議論を「個人の利害（intérêt individuel）」を道徳の基礎としていると特徴づけた上で、「無からは何も生まれない」との反論を提示して批判を終えている。[75] スペンサーの契約観に対する反駁を展開する『社会分業論』の本文での議論の密度を考えるならば、ここでの扱いは等閑とも思えるのだが、逆に考えるならばデュルケムが道徳について「個人の利害」とは相反する存在というイメージを抱いていた証左でもある。

道徳としてデュルケムが考えていた存在の特徴とは「個人の利害」に相反するものであるとすると、ではその積極的な特徴とは何なのであろうか。第二版では削除されたこの序論においてデュルケムは、道徳に関する自らの積極的なイメージを、漠然としてではあるが述べている。例えばデュルケムは、結婚、家族、所有権などの社会制度が道徳と結びついている点は「疑いがない（incontestée）」と判断している。[76] そのような社会制度がどのような点で道徳と結びついているのか。デュルケムは固有の意味での道徳生活の実践のなかで獲得される慣習や心的傾向を以下のように特徴づけている。

例えばそれは、献身的に尽くし、自分のことを忘れ、他人のことを心配する気持ち（le besoin de se donner, de sortir de soi, de s'occuper d'autrui）である。[77]

序論の他の箇所においてデュルケムは、現実の社会に存在するこのような道徳の特徴に対し、「他者本位主義(altruisme)」との用語をあてている[78]。道徳的な振る舞いとは、自己のことだけではなく、他者のことをも考慮する振る舞いであるとのイメージを、漠然としてでも抱いていたからこそ、デュルケムはスペンサーの道徳論に対し、「自己本位主義(égoïsme)から他者本位主義(altruisme)を導出するなど、論理の奇蹟に他ならない」と批判した上で、その議論を即座に切り捨てたのである[79]。

道徳とはデュルケムにとって、「私たちを真に同胞と結びつける義務(les devoirs qui nous lient réellement à nos semblables)」、すなわち「他人に奉仕する義務(des obligations de servir autrui)」を意味している[80]。既存の道徳論に対し、具体的な道徳的事実の研究を疎かにしているため、その主張は主観的とならざるをえない、との批判を行っているデュルケムが、道徳についての特定の先入見を抱いていることには、その方法論的立場を貫徹していない印象を持ってしまうが、『社会分業論』の立論の特徴を理解するためには、道徳の特徴づけに関するデュルケムの暗黙の前提を踏まえておく必要がある[81]。『社会分業論』の結論においてもデュルケムは、道徳に対し以下のような特徴づけを行っている。

> 連帯の源泉となり、人々に他者のことを考慮させ、自己本位主義的な衝動以外のもので自らの行動を律するようにさせるものはすべて、道徳的と呼んでよいだろう[82]。

『社会分業論』における道徳とは、自己本位主義の抑制により、私たちと他者との結びつきを形成し、社会統合に資する役割を求められる存在である。逆に言うならば、自己本位主義をある程度抑制しえなければ、私たちは他者との安定的な関係を継続的に維持できず、社会の調和的な統合は不可能になるとデュルケムは考えているのである。「人間としての一般的特性を実現すべきである」との道徳が、自己自身の特性を発揮する自由の圧殺を通じて自己本位主義を抑制し、共通性に依拠した社会統合に資するのは疑いないとデュルケムは考えている。[83]
「分業は道徳としての意義（valeur morale）を持つのか否か」という同書の問いは、分業にも既存の道徳と同じく、自己本位主義を抑制し、私たちと他者とを結びつけるメカニズムが存在するか否か、という問いを意味しているのである。[84]

注

（1）Durkheim, [1893a], op. cit., p. 12.

（2）Ibid., p. 19.

（3）田原音和、[1971]、「訳者解説」エミール・デュルケーム、田原音和訳、『社会分業論』筑摩書房、p. 738.

（4）『社会分業論』の刊行以降も、デュルケムは「道徳（morale）」や「道徳的（moral）」という言葉を鍵となる用語として広く用いている。例えば『自殺論』の末尾においてデュルケムは、当時のフランス社会における過度の自殺の原因は、経済的側面ではなく道徳的側面に求めるべきであると主張している（Durkheim, [1897], op. cit., p. 445）。また『宗教生活の原初形態』における宗教の定義においても、デュルケムが着目するのは、信徒を結びつけ、「単一の道徳的共同体」を形成する側面である（Durkheim, [1912], op. cit., p. 65）。

（5）Fournier, 2007, op. cit., p. 163. 当時のフランスでは博士号の請求に主副の二つの論文を提出する必要があり、かつどちらかの論文をラテン語で著さなければならなかった。副論文としてデュルケムが提出したラテン語での論文が、*Quid Secundatus Politicae Scientiae Instituendae Contulerit* と題されたモンテスキュー論である（Émile Durkheim, [1892] 1997, *Montesquieu, Quid Secundatus Politicae Scientiae Instituendae Contulerit*, ed. with a Commentary by W. Watts

Miller, trans. by W. Watts Miller and Emma Griffiths, Oxford: Durkheim Press)。ちなみにこのラテン語副論文は『社会分業論』に先立ち、一八九二年に公刊されている（Émile Durkheim, 1892, *Quid Secundatus Politicae Scientiae Instituendae Contulerit*, Burdigalae: Gouhouilhou)。

（6） Fournier, 2007, op. cit., pp. 163, 184-8; Emile Durkheim, 1893, *De la division du travail social*, Paris: Alcan. 一八九三年にアルカン社から公刊された『社会分業論』の初版であるが、確認した限りで二つのヴァージョンが存在する。異なるのは、副題とデュルケムの肩書きである。一つ目のヴァージョンは、副題が thèse présentée à la faculté des lettres de Paris、すなわちパリ大学文学部に提出の博士主論文となっており、デュルケムの肩書きは、高等師範学校卒業生、ボルドー大学文学部社会科学と教育学講義担当講師、哲学教授資格者となっているのに対し、別のヴァージョンでは、副題が étude sur l'organisation des sociétés supérieures、すなわち高等社会の組織に関する研究となっており、肩書きは、ボルドー大学文学部社会科学講義担当講師となっている。誤植訂正欄の記述も同一である。なお、校正の段階でガルニエ社の刊行した『社会分業論』の校訂版に接したが、その編者は一つ目のヴァージョンが初版であり、二つ目のヴァージョンは、第一版と記されているが、実質的には第二版であると述べている（Myron Achimastos et Dimitris Foufoulas, 2018, “Introduction des éditeurs: *De la division du travail social*, La formation d'une problématique sociologique (1879-1892),” in Emile Durkheim, *Œuvres, t. 2, De la divition du travail social*, Paris: Garnier, p. 40)。ガルニエ版の校訂については、また改めて検討してみたい。ちなみにボルドー大学でデュルケムが担当する講座が「社会科学」に名称変更されるのは一八九六年六月であり、肩書きの違いも手がかりとはならない（Fournier, 2007, op. cit., p. 289)。

（7） Philippe Besnard, 1993, “La diffusion de l'édition française,” in Philippe Besnard, Massimo Borlandi et Paul Vogt, (dir.), *Division du travail et lien social: la thèse de Durkheim un siècle après*, Paris: Presses universitaires de France, p. 252.

（8） 第二版の奥付には一九〇二年の刊行と記載されているが、デュルケムがシミアンやユベールに送った書簡から判断すると、一九〇一年一一月にはデュルケムの手元に送られていたようである（Durkheim, 1975, op. cit., *t. 2*, p. 440, Id., 1987, “Lettres de Émile Durkheim à Henri Hubert présentées par Philippe Besnard,” *Revue française de sociologie*, 28(3), p. 520; Besnard, 1993, op. cit., p. 252)。ちなみに第三版の刊行は一九一一年である（Ibid., p. 252)。

（9） Ibid., p. 252.

（10） Durkheim, [1902a], op. cit., p. i.

（11） Ibid., p. i.

（12） Ibid., p. i, n. 1.

（13） 例えば、第二部第三章の末尾も再版に際し表現が改められている。Presses universitaires de France 版の二九〇頁の第二パラグラフ冒頭、les mêmes causes qui, d'une manière générale, allègent le joug collectif, produisent leur effet libérateur à l'intérieur de la corporation comme au-dehors. A mesure que les organes segmentaires fusionnet, chaque organe social [...] となっている箇所は、第一版だと les mêmes causes qui, d'une manière générale, diminuent la force de la tradition en rendant les générations nouvelles plus indépendantes des anciennes, produisent tout leur effet sur les coutumes professionnelles, qui deviennet de moins en moins réfractaires aux innovations. / Enfin, comme chaque organe social [...] という表現になっている（Durkheim, 1893, op. cit., p. 337, Id., [1893a], op. cit., p. 290; W. Watts Miller, 1993, "Les deux préfaces: science morale et réforme morale," Ph. Besnard, M. Borlandi et P. Vogt（dir.）, 1993, *Division du travail et lien social: Durkheim un siècle après*, Paris: Presses universitaires de France, p. 159, n. 4）。

（14） Durkheim, [1893b], op. cit.

（15） カラディの編集した論集に再録されていない序論の削除箇所については、巻末資料を参照のこと。

（16） 文献記号として、Durkheim, [1893a] が用いられている箇所は、これに該当する。

（17） 文献記号として、Durkheim, [1893b] が用いられている箇所は、これに該当する。

（18） 文献記号として、Durkheim, 1893 が用いられている箇所は、これに該当する。

（19） Émile Durkheim, [1902b], "Introduction," in 1998, *De la division du travail social*, Paris: Presses universitaires de France, pp. 1-9.

（20） Durkheim, [1902a], op. cit., p. i, n. 1, Id., [1902b], op. cit., p. 7, n. 1.

（21） Fournier, 2007, op. cit., pp. 329-43.

（22）Durkheim, [1893b], op. cit., p. 288. 同趣旨の記述は他の箇所にも存在するが、最も明確に定式化されているのはこの箇所である（Durkheim, [1893a], op. cit., pp. 8–9）。

（23）Durkheim, [1893a], op. cit., pp. 1–2.

（24）Ibid., p. 2.

（25）Ibid., pp. 2-4. 分業という現象を社会だけではなく、有機体一般に拡大した上で論じるのは、スペンサーが進化という主題を自然現象一般の中で論じた点に類似している（J. D. Y. Peel, 1971, *Herbert Spencer: The Evolution of a Sociologist*, London: Heinemann, p. 131）。

（26）Durkheim, [1893a], op. cit., p. 4.

（27）Ibid., p. 4.

（28）Marcel Mauss, [1928], "Introduction," in Émile Durkheim, 1992, *Le socialisme: sa définition, ses débuts, la doctrine saint-simonienne*, Paris: Presses universitaires de France, p. 27. デュルケムは一八七九年秋に高等師範学校へ入学し、八二年七月に哲学教授資格を取得している（Fournier, 2007, op. cit., pp. 39, 56）。それに対して、モースが生まれたのは一八七二年であり、一八九〇年に故郷のエピナルからデュルケムの住んでいたボルドーへと転居している。しかしデュルケムは長期休暇に際しては必ずエピナルの父母のもとに帰省し、モースの母である姉たちの家にも頻繁に立ち寄っていたため、モースがその時の会話を記憶していた可能性も否定できない。加えて、デュルケムが博士論文を仕上げ、『社会分業論』として公刊を準備している時期、両者の間に密接な交流が存在したのも事実である（Marcel Fournier, 1994, *Marcel Mauss*, Paris: Fayard, pp. 25, 41, 46-7; 夏刈、1996、前掲書、pp. 19-20）。なお、このデュルケムとモースとの交流については、夏刈康男先生から直接ご教示頂いた。記して感謝申し上げる。

（29）Mauss, [1928], op. cit., p. 27. このモースの回想に基づきフルニエは、デュルケムが後に『社会分業論』と題される博士論文に着手したのは、一八八三年であると推定している（Fournier, 2007, op. cit., p. 73）。一八八三年といえば、デュルケムがサンスのリセで哲学教師を務めていた時期である（Ibid., p. 59）。

（30）Durkheim, [1893a], op. cit., p. xliii.

（31） Ibid., p. 4.

（32） Ibid., p. 4. デュルケムは自足性と自律性とを区別する必要を説いている。自足している人間、他の人に頼る必要のない人間は、確かに一見したところ「独立した世界を形成している」かのように思える。かつてはこのような人間像が理想とされていたが、一九世紀のヨーロッパにおいては単なるディレッタントに過ぎず、そこに道徳的価値は認められないとデュルケムは断じている（Durkheim, 1893a, op. cit., p. 39/p. 2）。また、このような人間像を前提としているからこそ、どんなに些細な分業であったとしても、それは道徳的理想像に抵触し、したがって分業も道徳的に悪であると判断されることになる、ともデュルケムは指摘している（Ibid., pp. 41–2/p. 4）。それに対して自律性とは、個々人が自らの個性を発揮し、「影響力の自律した源泉（une source autonome d'action）」となることであり、分業の進展によって個人の自律性は増大する、とデュルケムは主張している（Durkheim,［1893a］, op. cit., p. 399）。

（33） Durkheim,［1893a］, op. cit., p. 4. 分業が自然法則である、とのデュルケムの発言は、先の生物学における分業概念の受容を念頭に置いたものである。

（34） Durkheim,［1893b］, op. cit., p. 257.

（35） Ibid., pp. 257, 269–71.

（36） Durkheim,［1893a］, op. cit., p. xxxvii.

（37） Ibid., pp. xlii–xliii.

（38） Ibid., p. xxxvii.

（39） Durkheim,［1893b］, op. cit., pp. 258–9.

（40） Ibid., p. 273.

（41） Ibid., p. 274. 不適切に営まれた事業が市場により淘汰されたとしても、それをデュルケムは社会による積極的な反応だとは考えないのだろう。

（42） Ibid., p. 274.

（43） Ibid., p. 275.

（44） Ibid., pp. 275-6.
（45） Ibid., pp. 276-8.
（46） Durkheim,［1893a］, op. cit., p. xlii.
（47） Durkheim,［1902］, op. cit., p. 4.
（48） Durkheim,［1893b］, op. cit., pp. 282-3.
（49） Ibid., p. 283.
（50） Ibid., p. 283.
（51） Ibid., pp. 283-4.
（52） Ibid., pp. 272-3.
（53） Durkheim,［1893a］, op. cit., p. xxxviii.
（54） Durkheim,［1893b］, op. cit., p. 284. この点は『社会学的方法の規準』でも繰り返される論点である（Durkheim,［1895a］, op. cit., pp. 56-7）。
（55） Durkheim,［1893b］, op. cit., p. 273, Durkheim,［1893a］, op. cit., p. xxxviii. 社会構造の変化としてデュルケムの念頭にあるのが、社会の容積と密度の増大である（Durkheim,［1893a］, op. cit., p. xl）。
（56） Durkheim,［1893b］, op. cit., p. 285.
（57） Ibid., p. 285.
（58） Ibid., p. 285.「環境（milieu）」とは、社会構造や社会の置かれている条件の言い換え表現である。
（59） Durkheim,［1893a］, op. cit., p. 6. 強調は原文による。
（60） Durkheim, 1893, op. cit., pp. 40-1/pp. 2-3. 共通の理念の実現を求める道徳と自足性を求める道徳とがなぜ重なり合うのか、一見すると分かり難い議論であるが、両者とも分業や専門分化の進展を道徳的に否定しているという点で重ね合わされているのである。
（61） Ibid., p. 40/pp. 2-3.

(62) Ibid., pp. 40-1/p. 3.
(63) Durkheim, [1893a], op. cit., p. xxxix.
(64) Ibid., p. xxxix, Durkheim, 1893, op. cit., p. 43/p. 5.
(65) Durkheim, [1893b]. op. cit., p. 286.
(66) Ibid., p. 286, Durkheim, [1893a], op. cit., p. 8.
(67) デュルケムは道徳の「役割（rôle）」「目的（fin）」「機能（function）」を同義表現として用いている。
(68) Durkheim, [1893b], op. cit., p. 271.
(69) Ibid., pp. 263-4.
(70) Ibid., p. 271.
(71) Durkheim, [1893a], op. cit., p. 391. このような行為の規則が道徳として認められているのは自明であるとデュルケムは考えており、具体的な論証を行っていない。
(72) Ibid., p. 392.
(73) Ibid., pp. 26-7.
(74) Durkheim, [1893b], op. cit., pp. 258-66.
(75) Ibid., p. 263.
(76) Ibid., p. 262.
(77) Ibid., p. 282.
(78) Ibid., p. 263. altruisme に「利他主義」、「愛他主義」との訳語をあてるならば、その対として egoïsme を「利己主義」と訳すことになるが、対比されているのは、Ego と Alter、自己と他者であり、デュルケムが問題としているのは必ずしも利害のみに限られないため、訳語としては誤解を招く。なお、『自殺論』の宮島喬による訳注も参照のこと（デュルケーム、宮島喬訳、1985、『自殺論――社会学研究』中央公論社、p. 248、訳注17、p. 264、訳注20）。
(79) Durkheim, [1893b], op. cit., p. 263.

（80） Ibid., p. 260.
（81） Ibid., p. 267.
（82） Durkheim, [1893a], op. cit., p. 394.
（83） Ibid., p. 8, Durkheim, [1902b], op. cit., p. 5.
（84） Durkheim, [1893a], op. cit., p. 8.

第5章

有機的連帯論の理論構成

前章では、道徳という用語にデュルケムが与えている位置づけの検討を通じ、『社会分業論』でのデュルケムの問題設定を確認した。デュルケムによれば、集合意識を共有せよという行為の規則は、自己本位主義を直接的に抑制し、機械的連帯という社会統合を可能とするため、その道徳としての機能は疑いえないと判断される。しかし一九世紀のヨーロッパで進展する分業は、自足した人間になれというかつての道徳が理想としていた人間像を現実において実現する可能性を掘り崩し、現実社会における人間は、分業の網の目という全体の中での単なる部分になっている。既存の道徳論はこの現状を、否定的にしか評価していない。それに対しデュルケムは、社会構造の変化に伴い道徳も変化するとの視点を導入することで、一九世紀のヨーロッパが向かおうとしている新たな社会構造に対応した道徳に関する展望を、学問的に提示しようと試みるのである。

しかし留意しておくべきなのは、この問いに取り組むに際してデュルケムが、第3章で確認した通り、一九世紀後半のヨーロッパに広がる国家の肥大化傾向と、それに伴い個々人の自由が抑圧されている状況に対しての危機意識を抱いていた点である。したがって、デュルケムが新たに提示を試みる有機的連帯という近代社会構想は、単なる機械的連帯の代替ではない。有機的連帯という理念の理論的意義とは、個々人の自由と社会統合との両立、個々人の自由の保障と自己本位主義の抑制との調和を試みた点に求められるのである。

では、個々人の自由と社会統合という相反する方向性を両立させるメカニズムとして、デュルケムはどのようなものを想定していたのか。本章では、デュルケムの有機的連帯論を検討するに際し、パーソンズ以来の中心的な主題である「契約における非契約的要素」に着目し、有機的連帯を形成する具体的なメカニズムを明らかにする。

1　有機的連帯の形成条件

『社会分業論』を世に問う四年前、デュルケムはテンニースの『ゲマインシャフトとゲゼルシャフト』を書評している。そのテンニース解釈の当否はともかく、『社会分業論』に際しての問題関心の一側面がうかがえる興味深いテキストである。デュルケムはまず、テンニースによる社会生活の形態の類型化、すなわち、個々人の意識の類似性に基づくゲマインシャフトと個々人の意思の独立性を許容するゲゼルシャフトとの区分に賛意を示す(1)。しかし社会統合の基礎を、「共通の観念、共通の利害」に依拠するゲマインシャフト、およびその体現者たる国家に限定し、ゲゼルシャフトの展開は「社会的紐帯の完全な崩壊」を帰結する、との理論的な特徴づけには不満を述べている(2)。ゲゼルシャフトの拡大を「社会の最終的な崩壊の前兆」と考えるテンニースに対し、デュルケムはゲゼルシャフトにも固有の集合生活の形態が存在すると考えるのである(3)。この問題関心を『社会分業論』の用語で言い換えるならば、次のようになるであろう。すなわち、分業の進展に伴い強化される、少なくとも弱体化はしない社会統合の形態とは何なのか。同質性を基礎とし、集合意識の共有により個々人が結びつく機械的連帯に対し、有機的連帯として異質な個々人を結びつける独自のメカニズムとは何なのか、という問いである(4)。

しかし同時にデュルケムは、分業の進展が社会統合を無条件に強化するとは考えていない。有機的連帯の形成には、分業の展開が一定の条件を満たす必要があると考えている(5)。では分業の進展を有機的連帯の形成に導くその条件とは何なのか。この問いに対し本書では、いわゆる「契約における非契約的要素」の解釈を通じ、学史研究的な解答を試みる(6)。

「契約における非契約的要素」とは、第2章で確認した通り、『社会分業論』におけるスペンサー批判の論点を、パーソンズが定式化したものである[7]。デュルケムはまず、分業についてのスペンサーの議論を、個々人が自らの利害を追求し、自由な契約に基づく交換の関係を形成すれば、社会的調和が自動的に帰結すると考える発想と特徴づける[8]。スペンサーが契約を個々人の利害追求の結果であると考え、契約を当事者間の「私的であり、自由に取り結ばれた合意（conventions）」と考えるのに対し、デュルケムは「契約におけるすべての側面が契約に基づいているわけではない（tout n'est pas contractuel dans le contrat）」、「契約当事者間に合意（la convention des parties）が存在しさえすれば、契約に法的な保護が認められる（valide）わけではない」との留保を加える[9]。デュルケムは契約を、単なる経済的な交換の関係としてではなく、「協働（coopération）の法的表現」として捉えるのである[10]。「契約における非契約的要素」、すなわち、契約における当事者間の合意に還元できない要素の指摘によりデュルケムは、有機的連帯の基礎となるべき分業が、個々人の利害追求のみに還元できず、一定の社会的規整を前提としている旨を理論的に示しているのである[11]。

有機的連帯を形成しうるのは社会的規整に基づいた分業である。分業における契約の重要性を踏まえるならば、「契約における非契約的要素」としてデュルケムが念頭に置いていた存在こそ、単なる交換の関係ではなく、有機的連帯として個々人を結びつける独自のメカニズム、契約に対する社会的規整としてデュルケムが考えていた内容であると想定できる[12]。よって本章での問いは以下の三点に分けられる。まず第一に、「契約における非契約的要素」とは具体的に何を指しているのか。第二にそのメカニズムは分業を基礎とする有機的連帯においてどのような役割を果たしているのか。第三に、このデュルケムの着想にはいかなる理論的意義が見出せるのか。「契約における非契約的要素」の内容、役割、およびその理論的射程の特定が、本章の課題である。

2 「契約における非契約的要素」とは何か

「契約における非契約的要素」を論じるに際し、まずはその内容を確定する必要がある。しかし実のところデュルケムの専門家の間でも、その内容の理解が一致していない。先行研究による理解は大きく三つに分類できる。一つ目は、集合意識として理解する見解、具体的には、「契約に対する社会的規制力」、「集合意識の規制力」、契約の両当事者が備える「『神聖なもの』『畏敬の念を引き起こすもの』である『人格』という『属性』」という理解である。(13) 二つ目は、個々の契約に先立つ連帯として理解する見解、具体的には、「契約に先立つ連帯」、「信頼」、「契約の相手方への信頼」という理解である。(14) 三つ目は、契約に拘束力を与える社会的規制と考える見解、具体的には、「拘束力を与える一群のルール」、契約に「拘束力を与え、その実施の条件」を定めるもの、「分散している社会諸機能が調和的な協働を維持するための『固定性』あるいは『規則性』の確保」を目的としたサンクションという理解である。(15) 本節ではまずこれらの見解を吟味した上で、「契約における非契約的要素」の新たな理解を提示する。

集合意識とする理解

まず「契約における非契約的要素」の背後にデュルケムの人格崇拝論、もしくはより一般的に集合意識の存在を見出す理解だが、少なくとも『社会分業論』の第一版の読解としては無理がある。(16) 前節でも確認した通り、『社会分業論』におけるデュルケムの問題関心とは、機械的連帯とは異なる社会統合の形態を、有機的連帯として概念化することであった。確かに『社会分業論』においても、「人格崇拝（culte de la personne）」のみは、社会が分化したとしても存続しうる集合意識であり、現代においても多くの人々を結集させる中心となっている、との指摘が存在する[17]。しかし第2章で確認した通り、デュルケムの議論の力点は、人格崇拝といえども集合意識である以上、社会の分化に伴い個々人の意識に対する影響は低下せざるをえず、道徳がそれのみに依拠しているのであれば、自己本位主義の抑制は不可能となってしまう、との否定的評価に置かれている[18]。『社会分業論』におけるデュルケムの問題関心とは、自己本位主義を抑制しうる独自のメカニズムを分業に見出すことに置かれている以上、仮に「契約における非契約的要素」が人格崇拝という集合意識を内容としているのであれば、デュルケムの議論は破綻していることになってしまうであろう[19]。

確かにパーソンズの解釈以降、『社会分業論』の第一版での有機的連帯概念をデュルケム自身が後に批判し、機械的連帯と同一視していた集合意識概念を再検討するに至った、との理解が一般的である[20]。社会生活における宗教の重要性へと着目するに至ったデュルケムの変化を念頭に置きながらパーソンズは、『社会分業論』の段階では未だ「共有された道徳的価値が行為に対して果たしている役割」の重要性をデュルケムは十分に認識していなかった、との批判を加えている[21]。しかし留意が必要なのは、パーソンズによるデュルケム評価の根拠である。パーソンズはまず、『社会分業論』のテキストの解釈として、デュルケムは集合意識とは異なる統合メカニズムを有機的連帯に見出している、との理解を提示している。その上でパーソンズは、『社会分業論』の読解からは離れた次元において、自らの理論的な見解として、分化した社会においても集合意識に基づいた統合が必要であり、その意義を分化の生じていない機械的連帯にしか認めていない『社会分業論』の枠組みは誤っている、との判断を下しているのである[22]。もちろんパーソンズの提示する理論的判断に基づいたデュルケム解釈の提案も、理論的研究の方向性としては可能である。『社会分業論』を破綻した著作だと判断し、集合意識論などその後のデュルケム社会学の展開を重視した解釈を提起する、もしくは集合意識論の萌芽に着目した『社会分業論』解釈を展開する、さらには「契約における非契約的要素」という着眼を抽象化し、同様の発想を『社会分業論』以外のデュルケムの著作に探求することも、理論社会学研究の方向性としては可能である。しかし『社会分業論』以降のデュルケムの変化を吟味するためにも、まずは『社会分業論』における立論を内在的に把握しておく必要がある、というのが、学史研究たる本書の立場である。(23)

信頼とする理解

「契約における非契約的要素」とは、個々の契約に先立つ連帯、具体的には信頼である、という二つ目の見解だが、この理解は『社会分業論』の内在的な読解から引き出されたものではない。(24) 信頼こそが「契約における非契約的要素」であると主張するコリンズの見解は、合理的選択理論の枠組みでは社会や政府の成立を説明できない、との論点に結びつけて提起されている。コリンズによれば、契約の当事者が自らの利害のみを考慮し合理的に振る舞うならば、契約の規定に背く方が自らの利益になるため、契約は遵守されず、いわゆる囚人のジレンマに陥ることになる。この問題点を解消するため、例えば社会を形成したり、政府を設立したりする一つ目の契約の背後に、この契約で定めた規定に両当事者が従うべきである、とする二つ目の契約を想定したとしよう。しかし二つ目の契約の遵守を定める三つ目の契約がさらに必要となるため、結局のところ個々人の利害、合理性のみに依拠した議論は無限後退に陥ってしまう。したがって、社会や合理性はその基礎として、非合理的な要素、具体的には信頼を必要とする、との理論的な考察をコリンズは展開している。(25)

コリンズによる合理的選択理論批判の内在的な検討は本書の範囲を超えているが、ここで重要なのは、以上の議論が『社会分業論』の読解から直接導き出されていない点である。デュルケムは社会契約に基づき社会の成立を説明する図式を否定しているどころか、分業とは相容れない発想であるとも指摘している。[26] また、信頼の存在についても、デュルケム自身が暗示的であれ言及した箇所は見当たらない。もちろん『社会分業論』の現代的な意義を信頼論として再構成するのは挑戦的な課題であるが、『社会分業論』の内在的な理解とは区別すべき作業である。

契約に拘束力を与える社会的規整とする理解

最後に「契約における非契約的要素」を、契約に拘束力を与える社会的規整とする理解だが、その吟味には社会的規整と個々の契約との関係をデュルケムがどのように考えていたのか検討する必要がある。[27]

契約におけるすべての側面が契約に基づいているわけではない、契約は社会的規整を不可欠の要素としている、との主張を裏づけるべく、デュルケムは二つの根拠を提示している。一つ目は、契約一般を律する新たな規整の形成を個々の契約に求めるのが難しい、という事実である。契約に対する規整は社会的なものとして、個々の契約とは別の次元で制定される、とデュルケムは考えている。[28] しかし社会的規整の内容に着目する本書にとっては、デュルケムが提示する二つ目の根拠が重要である。

当事者間の意思の一致が存在すれば契約に拘束力が与えられる、契約は当事者間の合意に還元できる、とのスペンサーの発想に対し、デュルケムは以下の根拠に基づき反論を加えている。

契約に拘束力（le pouvoir de lier）が認められるのは、一定の条件（de certaines conditions）を満たしている場合に限られる。その条件を満たしていなければ、原則として社会が契約に法的保護（force obligatoire）を与えることはない。かつ、その条件は法律で明確に定めておく必要がある。というのも一般的に言って、契約当事者間の合意（l'accord des volontés particulières）につき、さまざまに広がる社会的機能の調和的な協働を害さないとの判断の基準となっているのが、この法律によって定められた条件だからである。(29)

デュルケムは、当事者間に合意が形成されていれば何であれ、それを契約として認め、法的保護を与えるべきである、とは考えていない。合意事項の履行に法的な拘束力が与えられるのは、法律により定められた条件、個々の契約とは別の次元で定められている、という意味での社会的規整を、その合意が満たしている限りにおいてである、とデュルケムは考える。しかし法的な拘束力という表現で、あたかも社会やそれに委任された公的機関が、契約当事者に合意の強制的な履行を迫るような状況を思い描くのであれば、誤解である。直ぐ後段でデュルケムは、「社会の果たしている役割は、いかなる事案においても、契約の履行という受動的な役割に限定されてはいない」と断っている。個々の契約に対して社会的規整が存在する、とのデュルケムの洞察は、社会的規整により「契約が法的保護を受けられる条件が定められている」という意味であり、何であれ契約に拘束力を与えれば、契約当事者間の関係が安定し、分業を基礎とした社会統合が強化される、という発想とは無縁である。(30) 確かに法律の分類に際しデュルケムが着目しているのは制裁という側面だが、その特徴のみから類推し、「契約における非契約的要素」を個々の契約の履行を義務づける社会的拘束力として理解するのは不適切である。(31)

契約における社会的規整が、法律により定められた一定の条件を満たす合意に拘束力を与えるという受動的な役割を果たすだけに留まらないのであるとしたら、その積極的な役割とは何なのか。そもそも個々の契約に対して積極的な規整を及ぼしている存在とは何なのか。本書では、デュルケムが考えていた「契約における非契約的要素」の内容とは、契約法であるとの理解を提示する。

鍵となるのは、先に挙げた引用文の理解である。契約に法的保護が与えられるには、「一定の条件を満たしている」必要があるとデュルケムは考えている。ではなぜ「契約当事者間の合意」が「一定の条件」を満たしていれば、その合意が契約と認められ、法的保護を受けることになるのか[32]。それは、この「一定の条件」を満たす契約は、「社会的価値（une valeur sociale）を持っている」、すなわち「社会的諸機能の調和的な協働」を害さない、と評価されているからである[33]。ではどのようにすれば契約の社会的価値を判断できるのか。デュルケムが提示するのは、「法的規則（règles du droit）に合致」しているか否か、という基準である[34]。この「法的規則」こそが、本書が「契約における非契約的要素」の内容だと解釈する契約法である。

「当事者間の合意」に対し、契約として法的保護を与えるか否かの判断の基準となるのは、その契約の社会的価値、すなわち社会的諸機能の調和的な協働を害さないか否か、という観点であり、具体的には契約法という法的規則なのである。したがって先の引用文でデュルケムが問題としているのは、果たして当事者間の合意事項は社会的諸機能の調和を乱さないか、という当事者間で結ばれた個々の合意に対する社会的な見地からの妥当性の評価なのである。合意であれば何であれ拘束力を認めるのではなく、社会的諸機能の調和という観点から、法的保護を付与すべき合意に限定を設ける必要性こそ、個々の契約に対する契約法の積極的な規整としてデュルケム

が考えていた役割なのである。(35)

デュルケムによれば「予め定められた一般的な規則（les règles générales préétablies）」、具体的には契約法こそ、私たちが「どのように協働すべきなのか、その仕方を定めている（de déterminer la manière dont nous devons coopérer）」存在なのである。ここで言う契約法とは、狭義の成文法に限られず、取引の慣行など、個々の契約に先だって存在し、個々の契約を規整する法的メカニズム一般を指している。(36) 分業が広範に展開する社会において人々は協働の関係を構築すべく、お互いに合意を形成することになる。しかし合意の内容が、必ずしも社会的機能の調和的な協働に結びつかないものも存在する。個々の合意につき、有機的連帯を促進するのか、それとも阻害するのか、その判断の基準となるのが契約法であり、促進すると認められた合意にのみ、法的保護が与えられるとデュルケムは考える。当事者間の合意が契約として法的保護を受けられるか否か、その判断基準であるからこそ契約法は、契約当事者間の合意に還元できない「契約における非契約的要素」となっているのである。

3　「契約における非契約的要素」の役割

「契約における非契約的要素」とは契約法（le droit des contrats）である、という理解は奇異に感じられるかもしれない。果たして契約と契約法とは何が異なるのか。個々の契約に対する契約法の積極的な介入とは具体的に何を規整しているのか。これらの疑問に答えるためには、「契約における非契約的要素」論におけるデュルケムの基本的な発想を踏まえておく必要がある。本節では、まず有機的連帯において契約法の果たしている役割を確認し、次いで契約法による規整の対象としてデュルケムが念頭に置いていた事象の特定を通じて、デュルケム自身が契約法に向けている理論的な問題関心を明らかにする。

デュルケムのスペンサー批判

「契約における非契約的要素」を論じるデュルケムの出発点となるのが、「契約におけるすべての側面が契約に基づいているわけではない」との着想である。[37] その前段でデュルケムは家族法を取り上げ、法的な身分など当事者の意思には必ずしも由来しない個々人の状態から導かれる法的義務の増加を指摘し、当事者間の合意に還元できず、社会の産物としか考えられない法的規律の存在を示している。[38] 当事者間の定めに基づいた合意事項と言えるには、少なくとも契約当事者がその事項を意思している必要があり、相互の合意に拠らない義務は、契約に基づく義務とは言えないからである。しかしデュルケムはいわゆる契約ですら、このような意味での当事者間の合意には還元できない、と指摘する。というのも、契約は契約法という契約当事者間の定めに拠らない規整、言い換えるならば「社会の産物（l'œuvre de la société）」たる社会的規整を不可欠の要素としているからである。[39]

契約に対する社会的規整を契約法が担うとして、ではどのようなメカニズムを通じて契約法は、有機的連帯として個々人を結びつけているのか。なぜ契約法の定めている条件を満たしていれば、社会的機能の調和的な協働を乱さないと判断できるのか。契約ではなく契約法にデュルケムが着目した意義の理解、有機的連帯における契約法の役割の理解は、この点に関わっている。まずは分業に関するスペンサーとデュルケムとの理解の相違を確認しておかなければならない。

スペンサーとは異なりデュルケムは、分業による相互関係の形成や相互依存関係の自覚だけでは、社会的調和をもたらしえないと考える。有機的連帯の基礎は、スペンサーの主張する「個々の契約からなる広大な体系（le vaste système de contrats particuliers）」には求められないのである。[40] 単なる交換の関係から有機的連帯を区別する点としてデュルケムが提起するのは、「相互関係の継続する期間を通じて妥当する協働の条件」、すなわち相互の「権利と義務（les devoirs et les droits de chacun）」を予め確定しておく必要性である。[41] 言い換えるならば、分業が有機的連帯を生み出すのは、個々人を継続的に結びつける「権利と義務の体系（un système de droits et de devoirs）」がそこに形成されるからである。[42] 契約当事者間が結んでいるのは、単なる交換の関係ではない。その間に形成されているのは、「権利と義務の体系」なのである、という点に着目するからこそ、お互いの結びつきを法的な契約として形成する枠組みとなる契約法にデュルケムは注意を向けるのである。

契約法に定められた枠組み

ではなぜ個々の契約当事者に委ねるのでは、社会的機能の調和的な協働が形成されないのか。「権利と義務の体系」の重要性を提起する反面、デュルケムは契約当事者間の権利義務を科学的に定めるのは困難であると述べており、結局のところ「利害対立と連帯とのバランス」に拠って定めるしかない、との見解を示している。[43] 加えて継続的な相互関係を形成しようとするのであれば、契約締結時にその後の時間的な変化を見越して相互の権利義務を定めておく必要があるが、能力的・時間的な制約のため、契約当事者間の交渉のみで将来にわたる権利義務を確定するのは困難である。さらに言うならば、権利義務を定めるための利害調整を当事者のみに委ねている限り、対立や不安定性の発生は不可避である。[44]

ここでデュルケムが注目するのが契約法である。というのも、契約法には締結後の変化をある程度見越した法的効果が規定されており、契約当事者の予見能力を補うことができるからである。かつ契約法には「均衡の正常な条件（les conditions normales de l'équilibre）」も定められており、相互の利害調整を毎回行わずとも、その枠組みに従えば、調和的な協働を乱さない契約関係の形成が可能となる。契約法には過去のさまざまな経験が凝縮されており、個々人では予見することも規整することも難しい事項につき、予め規整を及ぼしている。この「長年積み重ねられてきた叡知（expérience traditionnelle）」ゆえ、契約法は契約当事者間に、安定的かつ調和的な相互の「権利と義務の体系」を生みだし、有機的連帯の形成と安定を可能とするのである(45)。

契約法こそが有機的連帯を可能とするメカニズムである、と言えるのは、契約法に定められた枠組みこそが、相互の調和的な協働を可能にする条件となっているからである。かつ契約法による規整は、契約当事者の定めに拠っていない、という意味で「契約における非契約的要素」を構成する。デュルケム自身もこのような理解を明確に述べている。「私たちに対して最も重要な規整作用を及ぼしているのが、契約法（le droit des contrats）なのである。というのも契約法こそ、私たちが何をすべきなのか、何を要求することが許されているのかを前もって定めている」からである(46)。私たちがすべきこととは義務を、私たちが要求できることとは権利を指している。契約法は、そこに定められている条件に則し、社会的機能の調和的な協働を乱さないと判断される合意にのみ法的保護を与え、その枠組みに基づき社会の構成員の間に「権利と義務の体系」を形成する。有機的連帯において契約法の果たしている役割とは、単なる協働関係の構築ではなく、社会的機能の調和的な協働の保障なのである。

分業の進展と契約の重要性

ではなぜ契約法による規整が有機的連帯において重要性を持つのか。その重要性を理解するためには、デュルケムによる契約的連帯の位置づけを踏まえる必要がある。

分業の進展は交換の増大を伴うが、交換を法的に表現しているのが契約である。よって「契約的連帯（solidarité contractuelle）」は有機的連帯の下位類型として位置づけられる[47]。しかしデュルケムは契約的連帯に単なる下位類型には留まらない重要性を与えている。というのも契約的連帯は「個々人の意思（volontés des individus）」に基づいているからである。デュルケムは契約が個々人の意思を基礎としている点に着目し、契約には合意に基づいたある種の「調和的な協働（*consensus*）」が表現されており、個々の契約に表現されている合意はさらに、「社会全体の調和的な協働（*consensus* général）」を構成する重要な要素であると考えている[48]。有機的連帯の卓越する社会において、契約的連帯は社会統合を形成する重要な基盤となっているため、契約において生じる紛争は、個々の契約だけでなく社会全体に影響を及ぼすことになる。有機的連帯における契約的連帯の重要性ゆえに、デュルケムは契約法による規整を特に論じているのである[49]。

「自由な合意」と契約法

それでは契約法による契約の規整の対象としてデュルケムは具体的にどのような事象を念頭に置いているのか。社会的機能の調和的な協働に際し、契約が備えるべき特性としてデュルケムは、契約が「自発的に履行（spontanément tenus）」されるのが重要であるとの指摘を行っている。契約が自発的に履行されない、物理的・精神的な「強制（force）」に拠ってしか契約が履行されないのであれば、紛争が絶えず生じ、結果として契約的連帯が不安定にならざるを得ない[50]。しかし先にも述べた通り、契約の履行に関する公的機関の監視だけで社会的機能の調和的な協働は保障されない。それどころか、無理にそのような紛争を押さえ込むのは不可能である、とデュルケムは考えている。契約法による積極的な介入の目的となっているのは、履行が自発的になされるための条件の整備である。

ここでデュルケムが提起するのが、「自由な合意（libre consentement）」とは具体的に何を意味しているのか、という問題である。[51]契約が自由な合意に基づき締結されていたのであれば、契約の自発的な履行は保証されている、との当時流布していた発想を、デュルケムは検討の俎上に載せるのである。[52]デュルケムはまず、単なる「認諾（acquiescement）」は、口頭で行われたのであれ、書面で確認がなされたのであれ、自由な合意とは等値できないと批判を投げ掛ける。[53]というのも、認諾が確認できたとしても、その認諾が強迫によって余儀なくされた可能性を排除できないからである。[54]それに対しデュルケムが強調するのは、合意の形成過程における「強制（contrainte）」の有無である。強制として介在を許してはならないのは、単なる物理的・身体的な強迫（violence）だけでなく、精神的な強迫（menace）も含まれる。[55]このデュルケムの問題関心とは、法律学的に表現するならば、契約における合意の瑕疵（vice du consentement）に当たるものである。[56]

合意の瑕疵と認められる精神的な強迫としてデュルケムが具体的に想定していたのは何なのか。デュルケムは、契約の一方の当事者が自己に有利な状況を濫用し結ばれた契約には強迫が介在しているため、その合意には瑕疵が存在し、よって「道徳的にも法律的にも無効（moralement et légalement nul）」であると考える。[57]実質的な強制が介在する契約としてデュルケムが念頭に置いていたのは、労働契約である。[58]労働契約の当事者となるのは使用者と労働者であるが、労働者にとってはその契約を結ばなければ生活が送れないため、たとえ表面的には自由な合意に基づき契約が締結されていたとしても、実質的には生命を形とした間接的な強迫が行われている、との見解をデュルケムは示している。[59]契約法により規整すべき問題としてデュルケムが考えていたのは、このような事実上の強制の存在であり、それゆえ契約の締結過程から片方の当事者が及ぼす「優越性（supériorité）」の影響を排除すべき、現代風に表現するならば交渉力の不均衡を是正すべき、との主張が導かれるのである。[60] 現実に結ばれている労働契約はこのような意味での潜在的な強迫に基づいているため、履行が自発的になされず、結果として紛争が絶えず生じている。[61] デュルケムが契約法による規整を試みたのは、労働契約などの交渉力の不均衡が存在する契約関係であり、そのような契約により形成されている連帯の不安定性の是正こそが、契約法に対してデュルケムが向けていた理論的な問題関心なのである。

4　デュルケム契約法論の理論的射程

「自由こそ規整の産物（la liberté elle-même est le produit d'une réglementation）」であるというデュルケムの洞察の背後に存在する問題関心とは、契約の履行における自発性の重要さ、自発的な履行を妨げる契約当事者間の交渉力の不均衡への注目である。[62] 実のところデュルケムは、契約のみならず、社会生活における自発性の重要さ、強制の害悪を最初に指摘した存在として、経済学者を肯定的に評価している。デュルケムが批判を加えるのは、経済学者による自由の特性づけの誤りである。経済学者は自由を人間本性に由来する特性、個人の観念から論理的に導出される特性であると誤解し、社会の存在しない自然状態においてこそ、自由が完全なものになるとの誤謬に陥っているとデュルケムは批判する。[63] 経済学者はこのように自由と社会とを誤って対立させるがゆえ、規整をすべて強制の産物と速断してしまい、自由と規整との関係を適切に捉え損なっているのである。[64] しかしデュルケムの観点からすると、契約法による規整を欠いた状態においては、契約当事者間の交渉力の不均衡が合意事項に直接反映されてしまうため、表面的には自由な合意に基づいた契約であったとしても、実質的な強迫の存在が排除できない。契約に対する社会の積極的な介入なくして、交渉力の弱い存在の自由は何ら保障されないのである。現実に存在する個々人の間には不均衡が存在する。それゆえ契約法による規整、社会の積極的な介入によりその不均衡を是正する必要がある。契約において交渉力が相対的に弱い存在の自由をどのようにすれば確保できるのか。これこそ「契約における非契約的要素」という論点の提起に際してデュルケムが抱いていた問題関心であり、有機的連帯において契約法が果たすべき役割なのである。(65)

注

（1） Durkheim, [1889], op. cit., pp. 384, 387-9.
（2） Ibid., p. 389.
（3） Ibid., pp. 388, 390.
（4） Durkheim, [1893a], op. cit., pp. 73-4.
（5） Ibid., pp. 343, 356.
（6） Parsons, [1937], op. cit., p. 319.
（7） Ibid., pp. 311-4, 319.
（8） Durkheim, [1893a], op. cit., pp. 177-8.
（9） Ibid., pp. 180, 190.
（10） Ibid., p. 93.
（11） Ibid., p. 195. réglementation という用語に対して、「規制」ではなく、「規整」との訳語をあてた理由については、第1章の注（27）を参照のこと。
（12） Ibid., pp. 374-5.

（13）杉山由紀男、1988、「デュルケムの契約理論」『ソシオロジカ』13（1）、p. 81：鈴木智之、1990、「連帯概念と連帯的社会像――É．デュルケーム『社会分業論』の主題と論理構成をめぐって」『慶應義塾大学大学院社会学研究科紀要』30、p. 67：巻口勇一郎、1999、「契約における儀礼――規範的契約概念を通じて理解する個人と社会」『立命館産業社会論集』35（2）、p. 104.

（14）Randall Collins, 1982, *Sociological Insight: An Introduction to Non-Obvious Sociology*, Oxford: Oxford University Press, p. 12：中島、2001、前掲書、p. 53.

（15）Parsons, [1937], op. cit., p. 311; Lukes, 1973, op. cit., p. 146; 芦田徹郎、1981、「デュルケム『社会分業論』における有機的連帯論の構成」『ソシオロジ』26（1）、pp. 91-2.

（16）杉山、1988、前掲書、pp. 81, 87, 93：鈴木、1990、前掲書、p. 67：巻口、1999、前掲書、pp. 95, 100, 104.

一九〇二年の『社会分業論』の第二版の刊行に際し、デュルケムは新たに序文を付し、そのなかで第一版での説明が「不十分」であったと述べている（Durkheim, [1902a], op. cit., p. v）。しかしこの新しい序文で提起されているのは、自己本位主義を抑制する手段として職能団体の再建という論点であり、人格崇拝論が提唱されているわけではない（Ibid., pp. xi-xii）。また、デュルケムが「不十分」だと考えていた内容については、第7章で詳しく検討を行う。

本章の第3節では、民法の主要部分を構成する契約法に着目するが、「民法が、集合意識の産物」であるとの巻口のデュルケム解釈は、その理解を裏づけるテキスト上の根拠が示されていない（巻口、1999、前掲書、p. 100）。さらに、デュルケムが法一般を集合意識の表現と考えていた、との見解も存在するが、少なくとも民法をその主要な要素とする復原的法を、集合意識の表現と理解するのは強引である（Michael Clarke, 1976, "Durkheim's Sociology of Law," *British Journal of Law and Society*, 3(2), pp. 246, 253; Roger Cotterrell, 1977, "Durkheim on Legal Development and Social Solidarity," *British Journal of Law and Society*, 4(2), pp. 241-2）。

契約の非契約的基礎とは「個人の神聖性」であるとの杉山の解釈が直接依拠しているのは『社会分業論』ではなく、『社会学講義』である（杉山、1988、前掲書、p. 79）。杉山は契約に対するデュルケムの問題関心の一貫性を強調するあまり、『社会分業論』における独自の議論の意義を把握し損ねていると本書では位置づけている。

第2章でも確認した通り、パーソンズも「契約における非契約的要素」とは、人格崇拝論を意味するとの理解を提示しているが、その見解はパーソンズ独自の『自殺論』解釈に立脚した理論的な指摘であり、『社会分業論』の読解とは区分して導出されている（Parsons, [1937], op. cit., pp. 333, 337–8）。

（17） Durkheim, [1893a], op. cit., p. 396.

（18） Cotterrell, 1999, op. cit., pp. 105–6.

（19） Durkheim, [1893a], op. cit., p. 396. 契約法をその主要な要素とする「復原的制裁に関する規則は、共通意識（集合意識と互換的に用いられている）とは無関係である」とデュルケムは明確に述べている（Ibid., p. 83）。確かに復原的制裁の対象となる関係にも社会は関心を抱いている、との主旨は述べられているが、社会という語で表現されている内容を、集合意識と解釈する根拠は存在しない。分業が社会統合の基礎となる可能性を指摘しながらも、その独自性を把握できず、同質性に基礎を求めてしまったのはコントであると、デュルケムは指摘している（Ibid., p. 356）。したがって、「分業による連帯でさえ集合意識に基づく（機械的）連帯を基礎としなければ到底存立し難い」とのデュルケム解釈には再考の余地があると本書では考えている（中久郎、1969、「社会連帯論と社会主義――デュルケム理論の問題」『社会学評論』20（1）、p. 67.（　）は原文ママ）。

（20） この点については、本書の第2章を参照のこと。

（21） Parsons, [1937], op. cit., p. 309.

（22） Ibid., pp. 319–20.

（23） 確かに一八九〇年代の後半になると、「共通の理念に対する信仰（la foi dans un commun idéal）」を呼び覚ます必要性をデュルケムが説くように変化するのは事実である（Durkheim, [1898b], op. cit., p. 108）。しかしこの力点の移動は「道徳が未だに確立されていない」という当時のフランス社会に対する診断に由来するのであり、「適切な規整に基づく社会的諸機能の調和的な協働」を基礎とする社会統合の形態をデュルケムが放棄したわけではない（Ibid., pp. 108–9）。

（24） Collins, 1982, op. cit., p. 12：中島、2001、前掲書、p. 53。厳密に言うとコリンズは「契約の前契約的基礎（the precontractual basis of contracts）」として論じているのだが、「契約における非契約的要素」と同一の内容を意味すると考えて論を進める（Collins, 1982, op. cit., p. 9；中島、2001、前掲書、pp. 52-4）。

（25） Collins, 1982, op. cit., pp. 7-12.

（26） Durkheim, [1893a], op. cit., p. 178.

（27） Parsons, [1937], op. cit., p. 311; Lukes, 1973, op. cit., p. 146; 芦田、1981、前掲書、pp. 91-2.

（28） Durkheim, [1893a], op. cit., p. 193.

（29） Ibid., p. 194.

（30） Ibid., p. 194. 社会的機能の調和的な協働という側面に留意する点において、本書は芦田の見解に同意するが、それを可能とするメカニズムを芦田が「『固定性』と『規則性』」に求めている点については、再考の余地があると考えている（芦田、1981、前掲書、pp. 91-2）。

（31） Durkheim, [1893a], op. cit., pp. 33-4. 第4章で検討を行ったが、デュルケムの言う「制裁」とは、行為の規則に対する違反に対して、社会による反応が前もって定められており、かつその反応が確実に生じることを意味している。したがって、当事者間の合意に法的な拘束力が与えられるべき条件、という行為の規則が前もって定められており、その行為の規則を逸脱している場合、その契約には法的保護が与えられない、という反応が確実に生じるならば、その社会的規整は制裁としての条件を満たしているのである。

（32） Durkheim, [1893a], op. cit., p. 194.

（33） Ibid., p. 82.

（34） Ibid., p. 83.

（35） 民法学者も契約法の役割とは、「およそ契約でありさえすれば拘束力が認められるというわけではなく、拘束力が保障されるべき契約とはいかなるものか、また保障される拘束力とはいかなるものか」を定めることである、と述べている（大村敦志、2003、『消費者法　第二版』有斐閣、p. 53）。別の民法学者も近代契約法においては、原則として両当事者の合意のみがその正当化の根拠とされるからこそ、法律にとって重要なのは合意の内容ではなく、合意のプロセスであり、「近代契約法においては、『自由でまじめに決定された』合意のプロセスを確保するための規定が量的に多くを占め、重視されている」と指摘している（星野英一、1983b、「契約思想・契約法の歴史と比較法」芦部信喜ほか編『岩波講座　基本法学 4　契約』岩波書店、p. 23)。

（36） Durkheim,［1893a］, op. cit., pp. 193–5.

（37） Ibid., p. 189.

（38） Ibid., pp. 184–8.

（39） Ibid., p. 189.

（40） Ibid., p. 180.

（41） Ibid., pp. 190–1.

（42） Ibid., p. 403.

（43） Ibid., p. 191.

（44） Ibid., pp. 191–2.

（45） Ibid., p. 192.

（46） Ibid., p. 193.

（47） Ibid., pp. 374–5.

（48） Ibid., p. 375. 強調は原文による。なお、consensus がイタリックとなっているのは、コントの議論との対応関係をデュルケムが示唆しているからであり、デュルケム自身にこの単語を強調する意図はないので、訳出に際しては傍点での強調を行っていない（Durkheim,［1888a］, op. cit., p. 87; Comte, 1864, op. cit., pp. 234–5)。コントにおいて consensus universel という概念は、社会有機体を含む有機体一般につき、その全体を構成する「さまざまな諸部分のすべてが、継続的に相互作用をなしている」状態を意味するものである（Comte, 1864, op. cit., p. 235)。デュルケム自身もこのコントの議論を踏まえており、例えば『社会分業論』の別の箇所においては、この consensus との表現を concours actif と言い換えている（Durkheim,［1893a］, op. cit., p. 85)。それゆえ本書では、この consensus という用語を「協働関係」と訳出する。

（49）Durkheim, [1893a], op. cit., p. 375.
（50）Ibid., p. 375.
（51）Ibid., p. 375.
（52）自由な合意と契約の自発的な履行とを結びつける立場としてデュルケムが念頭に置いていたのは、一九世紀を通じてフランス民法の実質的な原理となっていた意思自律の原理である。意思自律の原理とは、「契約上の債権債務関係（obligations）が、もっぱら当事者の意思に由来すること、そしてそれだけでなく、意思が法＝権利（droit）の淵源でも尺度でもあること、すなわち、人間の意思がそれ自体として自分を律する法律であり、かつ自分自身の債務を発生される『法（＝権利）創造機関（organe createur du droit）』であることを肯定する一つの法哲学的な理論」である（北村一郎、1983、「私法上の契約と『意思自律の原理』」芦部信喜ほか編『岩波講座　基本法学4　契約』岩波書店、p. 167）。
（53）Durkheim, [1893a], op. cit., p. 376. 認諾とは、民事訴訟上の概念であり、訴訟の一方当事者が、他方当事者の請求や裁判所の判決を受け入れて、訴訟を終わらせることを意味する（山口俊夫編、2002、『フランス法辞典』東京大学出版会、p. 9）。デュルケムは合意ではなく認諾という表現をこの箇所では敢えて用い、外見上はお互いの意思の一致が存在しているかのように思える契約の裏で、実質的には片方の当事者の提示した要求が一方的に認めさせられているだけの状況が存在しているのではないか、との疑問を提起しているのである。
（54）強迫とは民事法上の概念であり、刑法の脅迫とは区別が存在する。民事法上の強迫とは、害悪を示して相手の自由な意思を阻害する行為である（山口、2002、前掲書、pp. 364, 627）。
（55）物理的・身体的な強迫とは、例えば身体を拘束して契約書に署名させるような場合であり、精神的な強迫とは、例えば名誉毀損の示唆が含まれる（山口、2002、前掲書、p. 627; Denis Alland et Stéphane Rials（dir.）, 2003, *Dictionnaire de la culture juridique*, Paris: Presses universitaires de France, p. 1517）。
（56）Alland et Rials（dir.）, 2003, op. cit., pp. 1514-7.
（57）Durkheim, [1893a], op. cit., p. 376. 日本の民法は強迫の適用範囲を狭く規定しており、威迫行為の要件は「他人に害悪をなすことを示す」となっている。したがって状況の濫用による契約の効力を否定する法理としては、公序良俗違反の一類型である暴利行為の概念、「相手方の窮迫・軽率・無経験に乗じて過大な利益を獲得する行為は公序良俗に反するという命題」が用いられている。しかし英米法には物理的な強制を伴わない強迫をカバーする経済的強迫、弁護士・医師など特別な職業にある者がその地位を利用して結んだ契約の効力を否定する不当威圧、という法理が存在する（大村、2003、前掲書、pp. 104-5）。

(58) 日本の法体系は雇用関係につき、民法では「雇傭」（民法六二三条）、労働基準法（一三条）、労働契約法では「労働契約」という契約関係として構成している。「雇傭」という民法の構成は権利義務の根拠として「自由平等な当事者間の契約に求める近代市民法の考え」に従っているのに対し、「労働契約」という労働基準法の構成は、「労働関係における使用者の権力の強大さや取引の実質的不平等性に着目」している点が異なっている（菅野和夫、2004、『新・雇用社会の法　補訂版』有斐閣、p. 27）。本書では使用者と労働者との間の実質的な不平等性にデュルケムも着眼している点を鑑み、労働契約との概念化で論を進める。

(59) Durkheim, [1893a], op. cit., p. 376. 大革命から一九世紀中頃までのフランスでは、労使関係においても契約自由の原則が徹底された結果、経済的に優位な立場にある使用者のみに強い規制権限が認められ、経済的に劣位に立つ労働者は使用者に対して人的に従属する地位に置かれており、かつそのような状況が自由な合意の尊重という命題の下、法的に承認されていたのである。労働者に対する使用者の規制権限の法的根拠となっていたのはまず、労働契約が期間の定めのない役務賃貸借契約として構成されていたため、契約を解約する自由は労働者だけではなく使用者にも認められ、使用者による解雇の不当性を立証する責任が労働者に求められていた点、加えて工場内の規則を制定する権限が専ら使用者に属しており、規則違反者への処罰も使用者が行っていた点、さらに労働者を警察規制の対象とするだけでなく、中途離職した労働者の再就職を実質的に不可能とする労働者手帳という制度が一八九〇年まで存続していた点である（水町勇一郎、2001、『労働社会の変容と再生――フランス労働法制の歴史と理論』有斐閣、pp. 56-60）。

契約当事者間に事実上の不平等が存在する場合、「社会的経済的に優位にある当事者が一方的に予め決定し、相手方はこれを全面的に認めて契約することにならざるをえない。相手方にとって不満足な契約の個別的条項の変更を討議することは事実上できない。相手方は、それがいやなら契約をしない自由はあるが、生活に必要な契約であれば、事実上契約しないわけにはゆかない」との指摘を民法学者も行っている（星野英一、1983a、「私法における人間——民法財産法を中心として」芦部信喜ほか編『岩波講座　基本法学1　人』岩波書店、p. 152, n. 112）。デュルケムが強迫として問題にしているのは、契約において事実上の強制が介在している状況なのである。

(60) Durkheim. [1893a], op. cit., p. 378. 契約締結過程における交渉力の不均衡と法によるその是正の必要性を述べる見解として、消費者と事業者との関係に着目する大村敦志の指摘、および労働者と使用者との関係に着目する菅野和夫の指摘を参照のこと（大村、2003、前掲書、pp. 98-114；菅野、2004、前掲書、pp. 27-9）。

宮島喬もデュルケムが一九世紀末のフランスでの労働契約の現状につき、「職を変える自由を事実上もたない労働者にとっては、一方的な、選択の余地のない強いられた契約」とならざるをえない実態に注意を向けていたとの指摘をしている。その上で本書は「自由な合意」に関するデュルケムの考察に注意を向け、スペンサーの契約観、すなわち、宮島の言うところの「自由競争＝私利の自由な追求」を「自由な契約の名のもとに正当化」する発想とデュルケムの契約観との区別を提唱するものである（宮島、1977、前掲書、pp. 123-4、強調は原文による）。

(61) デュルケムが『社会分業論』の原型となる博士論文に取り組み始めた一八八三年前後は、フランスで失業とストライキが社会問題として受け止められた時期でもある（Fournier, 2007, op. cit., p. 73）。当時のフランスは、八〇年代初頭から続く不況の影響により、八三年三月には失業者の大規模デモがパリで発生、八四年二月には鉱山での長期ストライキが発生という社会経済状況に置かれていた（Robert Gildea, 1996, *France, 1870–1914, 2nd ed.*, Harlow: Longman, pp. 34-5）。

(62) Durkheim. [1893a], op. cit., p. 380. 一八八四年のワルデック・ルソー法により組合団結の自由（liberté syndicale）が認められ、世紀転換期には労働契約の特殊性が法律家の間でも認められるようになったが、依然として立法は労働契約の個々の条項の規整に消極的であった。例えば全国一律の法定最低賃金の導入は、社会主義者のみが主張する現実性を欠いた議論と見なされていたのが実情である。就業規則の規制も進まず、例えば使用者の定めた就業規則に違反した労働者に対する罰金が禁止されたのは、一九三二年のことである（Jean-Louis Halpérin, [1996] 2001, *Histoire du droit privé français depuis 1804*, Paris: Presses universitaires de France, pp. 296-9）。

（63）このデュルケムによる経済学者への批判は、第4章で検討を行った他人に依存しない自足性こそを理想と考える道徳論者への批判と重ね合わせせられている。

（64）Durkheim,［1893a］, op. cit., p. 380.

（65）民法学者の星野英一によれば、一九世紀末に始まる私法の現代的変容とは「社会的・経済的な強者と弱者との存在を認め、これに即して強者をコントロールし、弱者を保護すること」の重視という傾向である（星野、1983a、前掲書、p. 152）。

契約当事者間の交渉力の不均衡を契約法により是正したとしても、そこで保障されているのは、相対的に弱い側の自由であり、強い側の自由は損なわれているとの反論が提起されるかもしれない。確かに、特定の事案において、契約法の規整によって、自らに有利であった契約を無効とされた側が、その規整を自由の侵害と受け止める可能性はある。しかし留意しておくべきなのは、力の強弱はあくまでも相対的なものであり、特定の事案における強者であっても、別の事案においては弱者となる可能性が常に存在している点である。契約法による規整は、力に基づく強制を契約関係から排除することも通じて、自発性に基づく協働関係を保障しようとするものである。力による強制の排除こそが、長い目で見るならば、すべての者の自由を保障することにつながるのであり、そのためにも、個々の事案において、相対的に弱い存在の自由を保護することが重要となるのである。

第6章

有機的連帯論の同時代的意義

前章では、『社会分業論』でデュルケムが提示した有機的連帯という社会統合の形態につき、それを可能とする理論的なメカニズムの検討を行った。有機的連帯の基礎となるのは、分業や契約の関係であるが、デュルケムの議論に特徴的なのは、それらを個々人の自己利益の追求や当事者間の合意に還元しない点である。「契約における非契約的要素」とは、このデュルケムによる経済学的な契約観への批判を定式化したものであるが、その非契約的要素とは具体的に何を意味しているのか。本書では、その内容とは契約法である、との理解を提示した。デュルケムによれば契約法とは、契約当事者間の権利義務を定め、有機的連帯の安定を可能とするだけでなく、例えば使用者に対して相対的に不利な立場にある労働者の自由を法的規整を通じて保障し、両者が対等な立場で調和的な協働を行う条件を形成しているのである。

ではこの有機的連帯というデュルケムの提示した近代社会構想は、同時代の社会状況に対してどのような意義を持っていたのであろうか。社会学者としてデュルケムは、一九世紀末のヨーロッパ社会の現実を分析するだけでなく、その現実を危機と判断した上で、それを克服するための社会構想を積極的に提示した存在でもある。第4章でも確認した通り、同時代の現実に対してデュルケムは、決してそれをそのまま是認する立場を取っていたわけではない。自らが提示する議論の実証性を主張する一方でデュルケムは、現実を評価する際に手がかりとすべき事実については、独特の限定を行った上で、議論を展開しているのである。本章では、デュルケムの直面していた同時代の状況と照らし合わせることで、デュルケム自身の同時代認識を明らかにし、有機的連帯という近代社会構想が持っていた同時代的意義の検討を行う。

1 『社会分業論』での有機的連帯の位置づけ

本章の目的は、有機的連帯という社会統合の概念の同時代的意義を明らかにすることである。前章でも確認した通り、『社会分業論』において有機的連帯という社会統合の概念は、機械的連帯という別の社会統合の概念との対比により特徴づけられている。すなわち、機械的連帯とは、集団構成員の同質性を基礎とし、集合意識というその集団で共有されている意識を集団の構成員それぞれが安定的に保持することにより、社会としてのまとまりを形成する類型である。[1] それに対して有機的連帯とは、集団構成員の異質性を基礎とし、特性の異なる構成員間に形成される分業の展開に伴い、その重要性を増してゆく社会統合の類型だとされている。[2]

有機的連帯に関する既存の解釈は、自由放任主義を主張するそれ以前の経済学者とは異なり、デュルケムが分業に対する社会的規整の重要性を強調した点に着目し、この概念の同時代的意義を、経済学的な発想に還元されえない社会という領域の存在を指摘した点に求めてきた。[3] 分業の進展により、かつての社会統合の主軸であった機械的連帯の統合力は低下の傾向を見せているが、その後に訪れるのは、個々人が自己利益を野放図に追求し、社会が崩壊に追い込まれるという懸念すべき状況ではない。経済学的な発想に視野を限定するのではなく、社会という領域と分業との関係を考慮するならば、分業の進展は有機的連帯を形成すると同時に、個々人は自然と一定の社会的規整に服すようになるため、社会は崩壊せずに存続する、という見通しが得られる。デュルケムの提起した有機的連帯という概念の同時代的意義とは、社会という領域への着目により、近代社会の統合メカニズムを社会学的に検討する視点を切り開いた点に存在する、という理解である。[4]

本章では、このような既存の有機的連帯解釈を引き継ぎながらも、以下の二点について、その理解の深化を試みたい。まず一点目は、デュルケムが期待を寄せていた契約法という有機的連帯の統合メカニズムが同時代の現実に対して持っていた意義を特定することである。二点目は、有機的連帯という概念の下で、デュルケムがいかなる社会統合を実現しようとしていたのか、その内容を特定することである。

有機的連帯の内容に関心が集まらなかった背景

契約法という有機的連帯の統合メカニズム、および有機的連帯の下で形成される社会統合の内容の検討という課題に十分な光が当てられてこなかったのは、『社会分業論』の叙述にも原因がある。デュルケム自身も、機械的連帯から有機的連帯への移行を引き起こすのは、社会の構成員間の相互関係の増大であり、分業が進展した要因を考察するに際しても、個々人間の相互交流を抑制していた隔壁の消滅という、『社会学的方法の規準』における用語で表現するならば「形態学的な要因」を重視すべきと述べている。[5] ここでいう相互関係とは分業を指しているので、形態学的な要因が変化すれば、自然と分業が進展し、有機的連帯が形成されるとも解釈できてしまう。[6] 事実、デュルケムは『社会分業論』において、「正常な状態であれば、分業は社会連帯を生み出す（Si, normalement, la division du travail produit la solidarité sociale）」のであり、分業に対する社会的規整も「正常な状態であれば、分業から自然と生じる（à l'état normal, ces règles se dégagent d'elles-mêmes de la division du travail）」と述べている。[7] 有機的連帯が分業から自然と生じるのであれば、敢えて分業に対する具体的な規整の内容を検討する必要が感じられないのも当然であろう。

また、有機的連帯という概念を提示するに際してデュルケムが、スペンサーに代表される経済学的な発想への批判を重視し、個々人には還元されない社会という領域の存在を強調した点が、有機的連帯の理解が深まらない結果を生み出してしまった第二の理由である。[8]このデュルケムの強調点が、『社会学的方法の規準』における社会的事実の特徴づけ、すなわち、社会的事実は個人の意識には還元できないものである、というデュルケムの方法論的な立場と結びつけて解釈された結果、有機的連帯の解釈に際しても、分業に対する社会的規整という当事者間の合意に還元できない要素が存在する点を確認するに留まり、有機的連帯という概念によりデュルケムが実現を試みた社会統合の内容を吟味する作業に関心が向けられることは少なかったのである。[9]

デュルケムによる社会概念の分節化

しかし、デュルケムが提示した有機的連帯という社会統合の概念の同時代的意義、さらにはその現代的意義を再検討するためには、今一度、有機的連帯という概念の下でデュルケムが念頭に置いていた契約法という統合のメカニズム、およびその社会統合の形態を検討する作業が必要である。第2章でも指摘した通り、有機的連帯概念の意義を、経済学にも生物学にも還元されることのない社会という独自の領域の存在を指摘した先駆者として理解するパーソンズに代表される解釈は、社会学の学問的独立性の主張というその時代の社会学が抱えていた課題に応えるものであった。ただ、このパーソンズの問題設定は結果として、「共有価値」の名の下で、機械的連帯と有機的連帯との理論的な区別を不明瞭にし、社会としてデュルケムが指し示した領域の内部を理論的に分節化する課題がなおざりとなってしまっているのである。

それに対し本書では、デュルケムの提示した近代社会構想の独自の意義を見出すべく、社会という独自の領域の存在を指摘した上で、この領域の内部をデュルケムがいかにして理論的に分節化しているのか。社会統合の類型を提示し、機械的連帯には還元しえない有機的連帯という独自の近代社会構想をデュルケムが提起した同時代的背景を検討する。デュルケムのテキストを、その社会観という超歴史的な水準において理解するのではなく、同時代の現実に対する応答という、一段具体的な水準において解釈を行う作業を通じてこそ、デュルケムが直面していた一九世紀末のヨーロッパと現代との状況の相違と、それにもかかわらず存在する共通の課題とが明らかになるのである。

以上の目的を達成するため本章では、デュルケムが『社会分業論』の第三部で展開した分業の異常形態に関する議論を手がかりとし、同時代の社会に対するデュルケムの認識、およびその診断を確認する。その上で、前章で提示した契約法という分業の規整が、同時代の現状に対するいかなる応答となっていたのか、労使関係というデュルケムが着目していた事象に即して、その具体的な様相を検討する。最後にこれらの議論を踏まえた上で、有機的連帯という概念の下でデュルケムが実現を試みた社会統合の形態を明確化し、その現代的意義を再考する。

2 デュルケムの同時代認識

先にも確認した通りデュルケムは、「正常な状態であれば、分業は社会連帯を生み出す」のであり、分業に対する社会的規整も「分業から自然と生じる」と述べている。[10] しかしこの文章の力点は「正常な状態であれば(normalement)」という条件付けであり、決して当時のフランス社会が正常な状態にあるとデュルケムが考えていたわけではない。一九世紀末のフランスで実際に生じていたのは、本来であれば成立するはずの有機的連帯が崩壊している状況であるとデュルケム自身も認めている。有機的連帯が崩壊している具体的な現象としてデュルルケムが指摘しているのは、経済危機や企業の倒産、そして労使の対立である。[11] モースの回想によれば、デュルケムが『社会分業論』の概要を着想するに至ったのは一八八三年である。[12] 前章でも確認した通り、この時期のフランスは、八二年一月にパリとリヨンの証券取引所で発生した金融恐慌を契機として深刻な不況に突入し、八三年三月にはパリで失業者の大規模なデモが発生、八四年二月には鉱山での長期ストライキが勃発するなど、社会経済問題の深刻化が強く意識されるに至った時代である。[13]『社会分業論』の執筆に際しデュルケムが直面していたのは、分業の進展が社会連帯を生み出す、というような楽観的な見通しを示すのが憚られるような時代状況なのである。[14]

したがって、当時の時代状況に鑑みるならば、「分業が過度に進むのであれば、社会の解体（désintégration）をもたらす」というコントやアルフレッド・エスピナスの発想の方が、同時代人にとってリアリティがあったのであろう。[15] このような社会解体の傾向への対策として、例えばコントは、国家が社会連帯の感情を喚起することによって、それを打ち消す必要があると主張していたのである。[16] 第3章でも確認した通り、デュルケムが提起した有機的連帯という社会統合の概念は、このような社会的・思想的な状況に対し、国家による上からの統合とは異なる社会統合の可能性を提起したものである。[17] よって、『社会分業論』の第二部までの叙述でデュルケムが、分業は「社会全体の統合（intégration générale de la société）」に寄与すると一貫して主張しているのは、分業の進展に対するこのような同時代の懸念を払拭する必要があったためであり、当時のフランス社会の現状について、決して楽観的な見方を抱いていたためではない。[18] デュルケムは一九世紀末のヨーロッパが迎えている深刻な現状を見据えつつも、それは一時的な病理状態に過ぎず、有機的連帯という分業の進展に伴った新たな社会統合の可能性を見出すべきとの展望を描いているのである。[19] したがって、有機的連帯というデュルケムが提示した社会統合の新たな類型とは、同時代に確認された事実を、ただ単に実証的な仕方で概念化した類型なのではなく、機械的連帯との機能的な比較に基づき、同時代の状況を相対化した上で、個々人の自由と社会統合とを調和しうる理論的な可能性として提案された近代社会構想として理解するのが適切である[20]。

ではなぜ当時のフランス社会においては有機的連帯が十分に形成されていないのか。デュルケムによればその原因は、集合意識の共有に基づいた社会統合である機械的連帯が弱体化しているにもかかわらず、有機的連帯が「成立するための条件（conditions d'existence）」が整っていないことに求められる[21]。したがって有機的連帯という社会統合概念の理解を深めるには、この有機的連帯が成立するための条件の正確な把握が鍵となるのである。

3　有機的連帯の統合メカニズム

デュルケムの言う有機的連帯が「成立するための条件（conditions d'existence）」とは、先行研究が着目してきた分業に対する社会的規整を意味している。前章でも確認した通り、デュルケムは、分業の進展が社会統合の強化を無前提に帰結するとは考えていない。この着想を提示するに際しデュルケムが引き合いに出しているのが、分業に関する経済学的な発想の代表者としてのスペンサーである。デュルケムによれば、分業に関するスペンサーの発想とは、個々人が自らの利害を追求し、契約に基づく交換の関係を自由に形成すれば、社会的調和が自動的に帰結する、というものである[22]。それに対しデュルケムは、「契約におけるすべての側面が契約に基づいているわけではない」と指摘した上で、スペンサーのように契約を当事者間の「私的であり、自由に取り結ばれた合意（conventions）」としてのみ考えるのは不適切であると主張する[23]。契約は「契約当事者ではなく社会の産物である規整（réglementation qui est l'œuvre de la société）」に服しているのであり、有機的連帯の基礎となるべき分業は、個々人の利害のみに還元しえず、一定の社会的規整を前提としている、とデュルケムは指摘しているのであった。[24]

有機的連帯の成立条件

ただし、この「成立するための条件」という表現には注意が必要である。デュルケムの考える分業の本来の進展のあり方を叙述してきた『社会分業論』の第二部までの内容に基づくならば、社会形態学的な要因の変化に伴い、自然と形成される条件として理解できるかもしれない。しかし前節で確認したデュルケムの同時代認識を踏まえるならば、この有機的連帯が「成立するための条件」とは、有機的連帯という社会統合を形成するために必要とされる統合のメカニズムとして捉えた方が適切である。[25]分業に対する社会的規整という表現でデュルケムが名指そうとしていたのは、一九世紀末のフランスに確固として存在していた現実ではなく、有機的連帯という新たな社会統合を実現するための統合メカニズムの萌芽なのである。

ではこの有機的連帯の統合メカニズムとして、どのようなものが必要だとデュルケムは考えていたのか。デュルケムによれば、有機的連帯が形成されるには、諸機能の間に相互依存の関係が存在し、その関係をお互いに意識しているだけでは不十分である。[26]諸機能間の関係が、単なる分業に留まるのではなく、有機的連帯として統合を形成するには、「諸機能の相互関係（les rapports mutuels des fonctions）を明確に定める規整が十分に発展している」必要がある。言い換えるならば、「諸機能の協働すべき仕方（la manière dont ils［organes］doivent concourir）が前もって明確に定められている（prédéterminée）」必要がある、とデュルケムは主張しているのである。[27]

この「諸機能の協働すべき仕方が前もって明確に定められている」という些細とも思える条件がなぜ有機的連

帯の形成に必要なのであろうか。デュルケムが重視しているのは、「紛争（luttes）」を経ることなく、諸機能の間の協働関係を定める「均衡の条件（conditions de l'équilibre）」を制定することである[28]。前章の結論の繰り返しとなるが、紛争によることなく、諸機能間の均衡の条件を前もって明確に定め、その「安定的な協働を保障（assurer les concours régulier）」している存在こそ、「契約法（le droit contractuel）」なのである[29]。

有機的連帯の統合メカニズムとしての契約法

ではなぜ有機的連帯の統合メカニズムとしてデュルケムは契約法に着目したのか。デュルケムによれば、分業の発展は交換の増大を伴うが、その法的表現が契約である[30]。分業が発展するにつれ、契約により媒介された連帯が社会統合において持つ重要性が上昇するため、個々の契約に表現された契約当事者間の「協働関係（*consensus*）」は、現代の社会において「社会全体の協働関係（*consensus* général）」の重要な要素となっている。しかし分業の進展に伴い、契約を通じた協働関係の重要性が増しているという事実は反面、個々の契約関係に伴う紛争が、社会全体の統合を危険にさらす可能性があることも意味しているのである[31]。

この社会統合を揺るがす危険性に対し、契約法はどのような規整を個々の契約関係に及ぼしているのか。前章でも検討した通り、契約当事者は契約によりお互いの「権利と義務（les devoirs et les droits de chacun）」を定め、「相互関係の継続する期間を通じて妥当する協働の条件（les conditions de cette coopération）」を確定するが、契約当事者間のみではこの権利義務を定めるのは困難であるとデュルケムは指摘している。というのも、お互いに自らの利害を主張し合う当事者間のみの交渉に委ねるのでは、権利と義務の適切なバランスを見いだすのは困難であり、その利害調整に対立や不安定性が不可避的に介在してしまうからである。かつ継続的な相互関係を形成しようとするのであれば、原理的には契約締結時にその後のあらゆる変化を見越して相互の権利義務を定めておく必要があるが、能力的・時間的な制約により契約当事者間の交渉のみで将来に渡る権利義務を確定するのは困難である[32]。しかし契約法には、「均衡の正常な条件（les conditions normales de l'équilibre）」が前もって定められているため、相互の利害調整を毎回行わずとも、その枠組みに従えば、調和的な協働を乱さない契約関係の形成が可能となっている。加えて契約法には、締結後の変化をある程度見越した法的効果が規定されており、契約当事者の予見能力を補うことが可能である[33]。

しかしデュルケムによれば、一九世紀末のフランスの経済領域には以上のような規整が十分に存在しておらず、「諸機能の安定的な調和（l'harmonie régulière des fonctions）」が形成されていない[34]。確かに経済学者が指摘するように、価格メカニズムを介した事後的な需給の調整はなされているが、その調整過程では、経済危機や企業の倒産といったような現象が生じざるをえないとデュルケムは指摘している。加えて当時のフランス民法典では、労使関係に関する規律がほとんどなく、それゆえ、労使の対立が激化せざるをえないとデュルケムは考えている[35]。有機的連帯という概念の下で、デュルケムが実現を試みていた社会統合の内容の検討を試みる本書では、労使関係の法的規律というこの後者の側面が重要である[36]。

4　有機的連帯という統合理念

自発的な分業関係の形成と維持

有機的連帯という社会統合を形成するためには、分業の野放図な展開を放置するのではなく、契約法に代表される社会的規整を行う必要があるとデュルケムは主張している。しかし有機的連帯という概念の下でデュルケムが実現を試みた社会統合の内容の特定を試みる本書にとっては、同時にデュルケムが、何であれ規整が存在すればよいわけではないと断っている点が重要である。[37] 先に、有機的連帯の崩壊現象としてデュルケムが念頭においていた主たる事例としては、労使の対立があり、当時のフランスにおいて労使関係に関する法的規律がほとんどなされていない現状に、デュルケムがその原因を求めていることを確認した。しかし同時にデュルケムは、労使の対立の原因は、現在存在する「規整それ自体（ces règles mêmes）」に求められるとも述べている。[38] このようなデュルケムの記述に関し、社会的規整と社会統合との関係という一般的な水準で理解を試みようとするならば、有機的連帯の崩壊原因を、一方では規整の不在に、もう一方では規整の存在に求めるという矛盾した立場をデュルケムが表明しているようにも見える。しかし『社会分業論』においてデュルケムが考えていたのは、有機的連帯を可能とする社会的規整の特質、および有機的連帯という社会統合の特性というもう一段具体的な水準の問題なのであり、この水準で問題を捉え返すのであれば、この字義上の矛盾は解消できる。その鍵となるのが、デュルケムによる分業と規整、有機的連帯との関係づけである。

分業に対する社会的規整の重要性をデュルケムが強調している箇所として、「分業は規整を不可欠とする（la division du travail [...] ne peut pas se passer de réglementation）」という記述が存在する。しかし本書が着目するのは、そのすぐ後段でデュルケムが、分業はそれが「自発的になされる（spontanée）限りにおいて」連帯を生み出すと述べている点である。[39] つまり、有機的連帯の形成に必要な社会的規整としてデュルケムが考えているのは、自発的な分業関係の形成と維持という、この後者の条件を保障するメカニズムなのである。先の相矛盾するかのように見えるデュルケムの発言の真意は、労使関係に関する現在の規整は、自発的な分業関係の保障という有機的連帯の形成に必要となるメカニズムを欠いているため、逆に紛争の原因となってしまっている、ということなのである。

労使関係に関する規整の現状

では、労使関係に関する現状の規整について、デュルケムはどのように考えているのか。デュルケムは現状においても、労働者と使用者との間には分業の関係が成立しており、かつその関係はインドのカースト制度に類されるほど「厳格に規整されている（étroitement réglementée）」と考えている。しかし、労働者と使用者との分業関係は、必ずしも個々人の能力のみに従って形成されているのではないともデュルケムは指摘している[40]。つまり、役割の割り当てにつき、適材適所の原理が貫徹していないため、外的な妨げや不当な優遇が原因で自らの能力を十分に発揮できていない人が多数存在し、そのような人々が自らにあてがわれた役割に不満を持っているのである[41]。このように労働者の側が自らに割り当てられた役割に不満を抱いているため、分業関係が存在し、厳格な規整が存在するにもかかわらず、有機的連帯が形成されないのであるとデュルケムは指摘している[42]。

デュルケムは後にも、労使関係において適材適所の原理を貫徹すべきであるという『社会分業論』での原則的な主張を繰り返している[43]。しかし同時にデュルケムは、仮に相続財産制度が廃絶され、出生時における経済的な平等が達成されたとしても、協働関係を形成する限り、相互の権利義務を確定する必要性は依然として存在するとの指摘も行っている[44]。本書では、協働関係における自発性の保障という観点に注目して、デュルケムが考えていた労使関係のあるべき規整の特質を検討してみたい。

現状の分業関係では適材適所の原理に基づいて役割が分担されておらず、労働者が不満を抱く結果となっている具体的な原因としてデュルケムは、労働者がその労働条件を受け入れる際、労働者に対する使用者の側からの「強制（contraintes et forcées）」が介在しており、労働者の側の自発性が十分には保障されていない実情を指摘している。[45] ここでデュルケムが問題にしているのは、前章でも着目した「自由な合意（libre consentement）」を保障する条件である。[46] 労働者が使用者の下で働くに際しては、まずは双方の間で労働条件の交渉を行った後、その合意内容を契約として定めておく必要がある。契約内容に関してお互いに合意した以上、そこに定めた内容を自発的に履行するのが原則である。[47] しかし、契約交渉において優位に立つ使用者の方が、相対的に不利な立場にある労働者に対して、契約内容を一方的に認めさせているのが現状である、とデュルケムは指摘している。というのも、使用者の側には、特定の労働者と契約を結ばなくとも、別の労働者と契約を結ぶ選択肢が存在するが、経済的な余裕のない労働者にとっては、労働契約を結び、賃金を得なければ生活が送れないためである。[48] したがって、たとえ表面的には自由な合意に基づき契約が締結されていたとしても、実質的には生命を形とした間接的な「強制（violence）」が介在しているのである。[49] このような間接的な強制が介在し、結果として不当に不利な契約内容を受諾させられているからこそ、労働者の側は契約を「自発的に履行（spontanément tenus）」しようとはせず、極端な場合はストライキに訴える結果となる。逆に使用者の側は、契約の履行を「強制力や強制力による脅し（par force ou par peur de la force）」によって迫ることになり、結果として、有機的連帯が不安定化してしまうのである。[50]

契約法による是正の試み

この労働者と使用者との不均衡な関係をどう是正すべきなのか。ここでデュルケムが着目するのが契約法である。デュルケムは契約法の歴史的変遷につき、当事者間の状況に「過度な不平等（dans des situations trop inégales）」が存在する場合には、契約を無効とする方向に進んでいると指摘している。[51] 当時のフランス民法の運用では、先に確認したような間接的な強制の存在に留意がなされており、かつ社会的な価値観の水準では、契約の片方の当事者が、もう片方の当事者の弱い立場につけこみ、それを搾取することは厳しく断罪されている、とデュルケムは指摘している。[52] したがって、労働者とその家族の暮らしを質にとるような強制の介在する契約は、契約法により「道徳的にも法律的にも無効（moralement et légalement nul）」であると規整し、契約の締結過程から片方の当事者が及ぼす「優越性（supériorité）」の影響を是正するべき、とデュルケムは主張するのである。[53]

契約当事者間の不均衡な関係を是正し「分割された諸機能の調和的かつ安定的な協働を保障（assurent le concours pacifique et régulier des fonctions divisées）」する社会的規整こそが契約法である、という観点に立った時、有機的連帯という統合理念はどのように理解できるのか。[54] 分業とは、異なる特性を持った人々がお互いに補い合う協働関係である。[55] しかし、特性の異なる人々の間には、身体的・精神的・社会的な力の差が生じざるをえない。したがってそのような力の差を放置しておくならば、自己本位主義に基づいたお互いの競争により、強者が弱者を押しつぶす生存競争という事態が出現してしまう。[56] また仮に分業が成立したとしても、そのような力の差に基づいた強制が協働関係に介在しているのであれば、その関係は不安定なままに留まる。このような事態を解決するためにデュルケムは、分業に対する社会的規整の必要を説いたのである。

ただし、デュルケムが社会的規整に期待していたのは、なんであれ契約に拘束力を与え、分業関係を安定化し、社会統合の達成を図る、という役割ではない。[57] 確かに一九世紀末から二〇世紀初頭のフランスにおいても、ストライキは労働者の側の一方的な契約破棄に他ならず、それが権利の濫用であると判断された場合には、使用者からの損害賠償請求が認められる、という判決が、現代の日本の最高裁判所にあたる破毀院で下されており、労働契約の拘束性の強化により、労使対立の抑圧が図られていたのは事実である[58]。しかしデュルケムが試みた解決の方向性は逆である。分業に対する社会的規整の役割としてデュルケムが考えていたのは、相対的に弱い立場の側の自発性を保障すべく、協働関係における力の差を是正し、「調和的」かつ「安定的」な社会統合を実現することである。自己本位主義を抑制した上で、お互いが正当なものとして主張しうる領域を適切に整序し、私たちと他人とを結びつける社会的規整の萌芽を、デュルケムは契約法における自由な合意の保障というメカニズムに見いだし、その可能性を経済領域を含む社会的協働関係の全体に広げようと試みたのである[59]。

『社会分業論』の末尾においてデュルケムは、自らが実現を試みる有機的連帯との社会統合の形態を、以下のように特徴づけている。すなわち、「個々人が自らの能力にふさわしい地位を占め、自らの貢献にふさわしい報酬を受ける。その構成員のすべてが、全員と各人のため、自発的に協働する（concourra spontanément）」。このような社会統合が実現するならば、私たちは自分とは異なる存在との結びつきを形成すると同時に、個々人の自由と社会統合とを両立する可能性を手にするのである[60]。したがって、デュルケムの有機的連帯概念の同時代的意義とは、分業関係に基づいた社会統合の類型をただ単に提示した点に存するのではなく、分業関係に基づく社会的協働が真の社会統合をもたらすには、協働関係において相対的に弱い立場の側の自発性を保障するメカニズムが必要であることを指摘した点に求められるのである。

注

（1） Durkheim, [1893a], op. cit., pp. 46, 73-4.

（2）Ibid., pp. xliii, 147-8.

（3）Durkheim, [1893a], op. cit., pp. 189, 402-3; Parsons, [1937], op. cit., p. 311.

（4）Ibid., pp. 312-4. この点については、本書の第2章を参照のこと。

（5）Durkheim, [1893a], op. cit., pp. 237-8, Id., [1895a], op. cit., p. 111; Parsons, [1937], op. cit., pp. 321-2. ただパーソンズ自身は、機械的連帯から有機的連帯への移行に関するデュルケムの説明は、「きわめて大雑把である（extremely sketchy）」と否定的に評価している（Ibid., p. 321）。

（6）Fournier, 2007, op. cit., pp. 175-6, 178.

（7）Durkheim, [1893a], op. cit., pp. 343, 357.

（8）Ibid., p. 180.

（9）Ibid., p. 193, Id., [1895], op. cit., p. 5; Parsons, [1937], op. cit., pp. 314-5.

（10）Cotterrell, 1999, op. cit., p. 104.

（11）Durkheim, [1893a], op. cit., pp. 344-5.

（12）Mauss, [1928], op. cit., p. 27; Fournier, 2007, op. cit., p. 138.

（13）権上康男、1982、「フレシネ・プラン（一八七八－一八八二年）と財政投資政策——大不況期フランスにおける国家と経済」遠藤輝明編『国家と経済——フランス・ディリジスムの研究』東京大学出版会、p. 155; Gildea, 1996, op. cit., pp. 34-5; Roger Price, 1987, *A Social History of Nineteenth-Century France*, London: Hutchinson, p. 218.

（14）『社会分業論』におけるデュルケムは、同時代のフランスが有機的連帯の形成に向けて進んでいるとの楽観的な見通しを持っており、分業の異常形態を論じた『社会分業論』の第三部の叙述には危機感が感じられないとする理解に対し、本書は距離をとっている（Bellah, 1973, op. cit., p. xxvii）。

（15）Durkheim, [1893a], op. cit., p. 348; Comte, 1864, op. cit., pp. 428-9; Espinas, 1877, op. cit., p. 350.

（16）Durkheim, [1893a], op. cit., pp. 349, 352; Comte, 1864, op. cit., pp. 430-1.

（17）Durkheim, [1893a], op. cit., p. 351.

(18) Ibid., p. 28. 『社会分業論』第二版への序文においてデュルケムは、同書の目的は社会解体の原因を分業に求める非難の不当性を明らかにすることであったと述べている（Durkheim, [1902a], op. cit., p. v）。

(19) Durkheim, [1893a], op. cit., p. 343. 宮島喬は『社会分業論』の第二部までの叙述が「個人の自立化と個人相互間の緊密な連帯」が両立しうる可能性について「楽観主義」の立場をとっていたのに対し、一九世紀末の歴史的現実に眼を向けている第三部に入ると「この楽観主義はかならずしも維持しえないものとなる」として、デュルケムの立場の揺れを指摘しているが、コントやエスピナスとの対抗という本書が着目する観点を踏まえるならば、デュルケム自身の現状認識としては、第三部に表れている危機感の方が本筋だと評価できるであろう。加えて宮島は、『社会分業論』第二版への序文を具体例として、その後のデュルケムにおいては、この第三部の現状認識が中心問題として押し出されていると評価しているが、第3章でも確認した通り、同時代の社会における解体的な傾向への懸念は、『社会分業論』以前からデュルケムが継続して抱いているものである（宮島、1977、前掲書、pp. 149-150）。

(20) この点については、第4章を参照のこと。

(21) Durkheim, [1893a], op. cit., p. 356.

(22) Ibid., pp. 177-8; Spencer, [1882], op. cit., pp. 244-8, Id., 1883, op. cit., pp. 332-6. スペンサーの『社会学原理』のフランス語訳第三巻に収録されているのは、英語版で言うと第二巻の四部と五部である。

(23) Durkheim, [1893a], op. cit., pp. 180, 189.

(24) Ibid., p. 189.

(25) 『社会分業論』第二版への序文においてデュルケムは、第一版の時点では「諸機能間に十分な相互関係が存在していれば、自ずから均衡に向かい、必要な規整が形成される」という点を示そうとしていたが、その説明は「不十分（incomplète）」であったと、第一版での議論の力点を修正している（Durkheim, [1902a], op. cit., p. v）。第二版の時点でデュルケムが強調しているのは、相互関係の緊密化と社会的規整の形成とを区分して捉える必要性である（Ibid., p. v）。したがって、分業の進展に伴い自然と有機的連帯の成立条件が整うと考えるのではなく、社会統合に必要な規整を独自の水準で考察しようとする本書の『社会分業論』理解は、その後のデュルケムの理論的展開の方向性に沿っているのである。この点については、第7章を参照のこと。

（26）Durkheim, [1893a], op. cit., p. 356. 先に確認した『社会分業論』第二版の時点での自己回顧における認識とは異なるが、本章の分析で着目する箇所につき、第一版からの修正は加えられていない（Durkheim, 1893, op. cit., p. 409）。

（27）Durkheim, [1893a], op. cit., p. 356. 引用文内の補足は流王による。

（28）Ibid., p. 356.

（29）Ibid., p. 375. したがって、『社会分業論』でデュルケムが法に付与している重要性を、社会連帯の簡便で明確な指標という側面のみから理解するのでは、不十分なのである（Durkheim, [1893a], op. cit., p. 28; Cotterrell, 1999, op. cit., p. 13）。

（30）Durkheim, [1893a], op. cit., p. 374.

（31）Ibid., p. 375. なお、consensus という単語の解釈については、第5章の注（48）を参照のこと。

（32）Ibid., pp. 190-2.

（33）Ibid., p. 192.

（34）Ibid., p. 358.

（35）Ibid., pp. 358-9. 第二版の公刊に際し加筆された注においてデュルケムは、この箇所は一八九三年における事実認識に基づいていると断った上で、それ以降、フランスでも労働立法が相次いでいるが、それでもなお労使関係の法的規律は不十分である、との現状認識を示している（Ibid., p. 359, n. 1）。

（36）社会の安定的な統合には、ある程度のマクロ経済の調整が必要なことを否定するわけではないが、デュルケムは別の箇所で、分業が連帯を生み出すのは、個々人を継続的に結びつける「権利と義務の体系（un système de droits et de devoirs）」が形成されるためであるとして、法的な規律の枠組みの重要性を指摘しており、本書の選択にも一定の妥当性があると考えられる（Ibid., p. 403）。

（37）Ibid., p. 367.

（38）Ibid., p. 367. この箇所でデュルケムは労使の対立を「階級闘争（les guerres de classes）」と表現している（Ibid., p. 367）。

(39) Ibid., p. 370.
(40) Ibid., pp. 367-8.
(41) Ibid., p. 369.
(42) Ibid., p. 367.
(43) Durkheim, [1898-1900], op. cit., p. 232.
(44) Durkheim, [1902a], op. cit., pp. xxxiv-xxxv. 適材適所が完全に実現されれば、協働関係において個々人は自らが担当する役割に不満を持たなくなるとする議論の前提には、人間は「自らの特性を十全に発揮すること（accomplier sa nature）」に喜びを感じるのであり、「自分の能力（facultés）」を超えたことに「欲望（désirs）」を抱くことは通例ない、とのデュルケムの判断がある（Durkheim, [1893a], op. cit., p. 369）。しかし『自殺論』になるとデュルケムは、自らの立場を変更し、その人の能力と「情念（passions）」とを調和させるためには、情念に「限界を画する（limitées）」必要があるとの考えを表明している（Durkheim, [1897], op. cit., p. 275）。そのため、社会的協働における役割の割り当てに関しても、より積極的な規整を行う必要性を主張している（Ibid., pp. 277-82）。この立場の変化に伴って主張されるのが、職能団体の再建を通じた経済活動それ自体の規整なのである。詳しくは、第7章を参照のこと。
(45) Durkheim, [1893a], op. cit., p. 346.
(46) Ibid., p. 375.
(47) 星野、1983b、前掲書、p. 14.
(48) Durkheim, [1893a], op. cit., p. 376. フランスの工場労働者の数は、一八八六年の三〇〇万人から一九一一年の四七五万人へと増加している（Gildea, 1996, op. cit., p. 26）。
(49) Durkheim, [1893a], op. cit., pp. 376-7.
(50) Ibid., p. 375.
(51) Ibid., p. 378.
(52) Ibid., p. 379.

(53) Ibid., pp. 376, 378. 有機的連帯に対応する法の制裁の類型をデュルケムは、「復原的制裁（la sanction restitutive）」として類型化し、その中には契約法も含まれているのであるが、その復原的制裁を「乱された関係を正常な形態（forme normale）に戻す」と特徴づけている点を重視しているのが本書の特徴である（Ibid., pp. 33-4, 93）。

(54) Ibid., p. 403.

(55) Ibid., pp. 18-9.

(56) Ibid., p. 253.

(57) Parsons, [1937], op. cit., p. 311; Lukes, 1973, op. cit., p. 146.

(58) Halpérin, [1996], op. cit., pp. 267-8.

(59) Durkheim, [1893a], op. cit., p. 360.

(60) Ibid., p. 404. 個人が「社会に対して果たしている貢献（mérite social）」のみに基づいて、その働きの社会的価値を計るべきである、というこの有機的連帯の理想像の前段は、『社会分業論』においてのデュルケムの原則的な主張であり、このような「正義に適った契約（contrat juste）」の必要性は後の『社会学講義』でも採り上げられている主題である（Durkheim, [1898-1900], op. cit., p. 232）。確かに『社会分業論』でのデュルケムは、本書が着目してきた契約法による合意の内在的な規整に留まらず、十全な意味での合意の存在を客観的に立証する規準を模索すべく、契約により交換される財貨・役務の社会的価値の均衡という条件を提示している（Durkheim, [1893a], op. cit., pp. 376-7）。さらには契約当事者間の交渉力を平等化すべく、契約当事者が置かれている外的条件を平等化する必要性もデュルケムは提唱している（Ibid., p. 377）。ところが一九〇二年の『社会分業論』第二版への序文においては、仮に相続による財産取得が禁止され、経済的な平等が達成されたとしても、協働関係を形成する限り相互の権利義務を確定する必要性は依然として存在するとの指摘が存在する（Durkheim, [1902a], op. cit., pp. xxxiv-xxxv）。職能団体の再建を訴えた『自殺論』の後にも、九〇年代半ば以降の宗教への着目の後にも、安定的な協働関係を人間が求める限り、法的に相互の権利義務を確定する必要性が存在するとのデュルケムの発想は一貫しているのである（Durkheim, [1897], op. cit., pp. 434-42, Id., [1907], "Lettres de M. Durkheim", *Revue néo-scolastique*, 14: 606-7, 612-4. Reprinted in: Victor Karady (ed.), 1975,

Textes, t. 1, Paris: Minuit, p. 404）。確かに『社会分業論』以後のデュルケムの文章には、有機的連帯との用語が見られなくなる。しかし分化した社会の統合において、法に代表される不均衡の是正メカニズムの果たす役割の重要性を、デュルケムは継続して主張しているのである。

第7章

職能団体論への展開

第5章と第6章では、『社会分業論』でデュルケムが提示した近代社会構想である有機的連帯論について、その理論構成と同時代的意義を検討した。デュルケムの同時代認識に照らし合わせるならば、有機的連帯とは、分業の進展する一九世紀末のヨーロッパ社会の現状をそのまま概念化したものなのではなく、機械的連帯の動揺に起因する個々人の自由の伸長、およびそれに伴う分業の進展を肯定した上で、そのような傾向に反しない社会統合の可能性を理論的に模索した結果として位置づけるのが適当である。したがって、有機的連帯とは、個々人の自由の保障というかつての社会とは異なる原理を尊重する近代社会におけるあるべき統合の形態を追求した近代社会構想なのである。

この有機的連帯という社会統合を可能にするためのメカニズムとしてデュルケムが着目したのが、分業に基づく協働関係を規整する契約法であった。分業とは、異なる特性を持った人々がお互いに補い合う協働の関係である以上、その協働関係には、身体的・精神的・社会的な力の差が付随する可能性が必然的に伴う。したがって、協働関係の形成と維持を当事者間の交渉のみに委ねてしまうならば、相対的な強者が弱者を強制し、弱者の側の自由が損なわれ、協働関係が不安定化してしまうのである。デュルケムによれば、契約法による社会的規整は、個々の契約における自由な合意の有無の吟味を通じて強者の側の自己本位主義を抑制し、調和的な協働関係の維持、有機的連帯の安定化に資するのである。

しかし一八九三年の『社会分業論』の公刊後、有機的連帯という言葉をデュルケムは用いなくなる。対してデュルケムが自らの近代社会構想として積極的に提示するようになるのが、職能団体論である。本章で検討を試みるのは、『社会分業論』でデュルケムが提示した有機的連帯論と職能団体論との関係である。具体的には、『社会分業論』と職能団体論との間で、どのような点が一貫しており、何が変化したのか、変化した点が存在するとしたら、なぜデュルケムはその点を変化させたのか。こうした論点をめぐり、両者の理論的な関係を、テキストに即し、具体的に解明することを課題とする。

1　職能団体論という主題

職能団体論という主題は、『社会分業論』を世に問うたデュルケムにとって、残された課題であった。その経緯について、一九〇二年との発行年が記された『社会分業論』の第二版を刊行するに際し、デュルケムが新たに付した序文をもとに確認しておきたい。[1] この序文でデュルケムはまず、一八九三年に『社会分業論』の第一版を公刊した時点では、「職能団体（les groupements professionnels）が現代社会の組織化（l'organisation sociale des peuples contemporains）において果たすべき役割」に関する考えがまだ明確になっていなかった、と回顧している。[2] その上でデュルケムは、確かに『社会分業論』の本文でも、職能団体論に関して断片的な言及は行っていたが、この主題については改めて考察を行う予定であったため、その言及はあくまで問題の所在を暗示するに留まっていた、と『社会分業論』の本文の参照箇所を明示した上で、その内容に留保を付している。[3] 加えて職能団体論という主題は、その後にデュルケムが公刊した『自殺論』の結論にも関連していると断り、その重要性を改めて強調している。ただ、『社会分業論』の第一版の公刊以降、「他にやるべきこと（d'autres occupations）」が急に出てきてしまい、結局、職能団体論についての考察をまとまった形で提示できず、今後も可能となる見込みが薄いため、第二版の刊行という機会を活用し、『社会分業論』で論じた内容と、この職能団体論という主題がどのように関連しているのか、その点に絞り説明しておくと記した後、『社会分業論』第二版への序文の実質的な内容が

始まるのである。(4)

職能団体論という主題につき、『社会分業論』以降にデュルケムが公刊したテキストの中で、ある程度の分量を持った形で論じられているのは、デュルケム自身も断っている通り、『自殺論』の結論と『社会分業論』第二版への序文ということになる。(5)しかしデュルケムの死後に公刊された講義録、具体的には『社会主義講義』や『社会学講義』には、職能団体論に関するまとまった記述が存在する。(6)この二つの講義であるが、ボルドー大学でのデュルケムの講義題目からその成立年代を判断するならば、『社会主義講義』が一八九五年、『社会学講義』が一八九八年から一九〇〇年となる。(7)これらの講義において職能団体論が展開されている事実を踏まえるならば、『社会分業論』の第一版公刊以後も、断片的ではあれデュルケムはこの主題について検討を続けており、その内容を本格的に検討する意義は存すると判断できるであろう。

以上の文献学的な事実を踏まえ、本章ではデュルケムの職能団体論の内容の解明を試みる。

2 職能団体論に際しての問題関心

経済活動における「法的・道徳的アノミー状態」

デュルケムの展開した職能団体論につき、『社会分業論』との理論的な関係の解明を試みる、という本章の課題に鑑みるならば、職能団体論の内容の検討に取り掛かる前に、まずはデュルケム自身による『社会分業論』の評価を確認しておくのが適当であろう。『社会分業論』の第二版に際し、新たに付された序文においてデュルケムは、一八九三年に公刊した『社会分業論』で自らが繰り返し指摘したのは、現代の経済活動が「法的・道徳的アノミー状態（l'état d'anomie juridique et morale）」に陥っている現状であり、その認識は第二版の刊行に際しても変化していないと述べ、第一版からの問題関心の連続性を主張している。[8] ただし、経済活動における「法的・道徳的アノミー状態」という用語で、デュルケムがどのような事態を念頭に置いているのか、その内容には留意しておくべきである。

『社会分業論』で考察を加えた経済活動の現状につき、デュルケムが具体的に参照を求めている記述は、スペンサー批判を行っている箇所である。[9] この箇所でデュルケムは、スペンサーによる経済活動の捉え方につき、需要と供給に関する情報が交換され、生産活動の水準の調整がなされるが、その枠組みの中に「諸機能の調和的な協働を保障（d'assurer le concours harmonieux des fonctions）」するメカニズムは存在しない、と指摘している。[10] 加えてデュルケムは、社会を解体に導く「単なる分化（differenciation pure et simple）」と、社会を統合に導く「分業（division du travail）」とを概念的に区別するべきにもかかわらず、スペンサーが両者を混同している、との批判を行っている。[11] したがって「法的・道徳的アノミー状態」という表現に込められているデュルケムの危機感とは、経済活動の適切な規整がなされていない現状のみならず、そのような規整を不必要と考えるスペンサー流の発想が広がっている思想的状況にも向けられているのである。[12]

「職業道徳」が未発達な状態

『社会分業論』第二版への序文においてデュルケムは、危機感を覚えているその対象を「職業道徳（la morale professionnelle）」が経済領域において未発達な状況と定式化している。[13] ただしこの「職業道徳（la morale professionnelle）」という表現につき、デュルケム自身が念頭においていた対象を踏まえずに理解してしまうと、職能団体論の位置づけを見誤ってしまう結果となる。[14] 例えばパーソンズは、この道徳という言葉から、分化した社会における「道徳的権威（moral authority）」の必要性を導きだした上で、個々の職能団体は、『社会分業論』の用語でいう機械的連帯として特徴づけられる、との理解を提示し、デュルケムの職能団体論とは、『社会分業論』では分化以前の社会の統合原理となっていた機械的連帯を、現代において復活させようとする試みである、との解釈を示唆している。[15] またニスベットは、デュルケムの職能団体論とは、職能団体の「道徳的権威（moral authority）」の再建、機械的連帯の要素を現代においても強化することで、道徳的な無秩序化を阻止しようとした試みであると解釈している。[16] しかしデュルケムの職能団体論を、『社会分業論』における機械的連帯に引き付けて理解しようとするこれらの解釈は、この「職業道徳」という表現でデュルケムが意味していた内容を、適切に踏まえていない議論である。[17]

では、デュルケム自身は「職業道徳」という表現で具体的にどのような内容を指していたのか。まずデュルケムは、現在において未発達ながらも、職業道徳が存在する職種として、弁護士や司法官、軍人、中等・高等教育に携わる教員、医師、聖職者を挙げている。[18] この事実を指摘した上でデュルケムは、しかし「労働者と使用者とのあるべき関係（ce que doivent être les rapports de l'employé, de l'ouvrier avec le chef d'entreprise）、競合企業間、企業と公衆とのあるべき関係」については、依然として不明確な観念しか存在しない、との問題提起を行っているのである。[19] ここでデュルケムが注意を喚起しているのは、第6章で検討した『社会分業論』の第三部第一章「分業のアノミー的形態」で指摘していた事象である。[20] 経済活動は一部の専門職の外にも広がっているのであり、その広範な経済活動において、特に労使関係については、『社会分業論』の第一版の公刊から一〇年近くが過ぎた時点においても、未だ「漠然とした（indécises）」規整しか存在していない。このような領域における経済活動の規整として存在するのは、使用者に対する被用者の「忠誠（fidélité）」や「献身（dévouement）」、自らの「経済的な優越性（prépondérance économique）」の濫用に関する使用者の「節度（modération）」、あまりにも卑劣な競争や消費者の無知につけ込んだ販売に対する「非難（reprobation）」、といった曖昧な観念を頼りにしたものにすぎない、との現状認識をデュルケムは示している[21]。したがって、「職業道徳」が未発達な状況としてデュルケムが念頭においている現実とは、経済活動の全域にわたる実効的な規整が存在しない現状なのである。

実効的な規整を可能とする基盤

ここで問題となるのは、実効的な規整を可能とするための基盤である。その基盤につきデュルケムは、二点を指摘している。まず一点目は、職業道徳の担い手となるべき職能団体を再建する必要性である。確かに現状においても、ある程度の継続性を備えた団体として、「使用者団体（syndicats de patrons）」、および「労働組合（syndicats d'ouvriers）」が存在している[22]。しかしなぜこのような団体では、経済活動の実効的な規整を担いえない、とデュルケムは考えているのか。注目すべきなのは、実効的な規整の基盤としてデュルケムが考えていた二つ目の要素、すなわち、規整の権限の法的な裏づけである。現状においては使用者団体、労働組合の双方とも、私人によって結成された「私的団体（association privée）」であり、「法的な権限（autorité légale）」が委譲されているわけではなく、「規整の権限（pouvoir réglementaire）」を持ち合わせていない。そのため、経済活動に対して何らかの規整がなされていたとしても、それは公衆の「見解（opinion）」に依拠しているだけで、是非を判断する基準が不明確であり、個々人の恣意的な裁量に左右されている。デュルケムは、このような「不明確で一貫性を欠く（imprécise et inconsistante）」規整を実効的なものとは呼べないと切り捨てた上で、規整の「法的な裏づけ（sanctionnées par la loi)」の重要性を指摘するのである。[23]

しかし現状においては、上記の二つの基盤を共に欠いているため、経済活動の大部分は無規整状態、デュルケムの言葉でいう「アノミー状態（état d'anomie）」に置かれている。[24] このアノミー状態の帰結に対処する処方箋としてデュルケムが提示するのが、職能団体の再建であり、その公的な制度化である。しかし経済活動を実効的に規整する手段として、なぜデュルケムは職能団体の公的制度化という施策を選択したのか。『社会分業論』と職能団体論との理論的な関係の解明を目的とする本章の議論にとって問題となるのは、デュルケムが解決を試みたアノミー状態の帰結の中身である。

アノミー状態の帰結

経済活動の現状につきデュルケムは、その大部分に実効的な規整が欠けているため、「紛争（conflits）」や「無秩序（désordres）」が絶えず生じている、との認識を示している。ただし、この「嘆かわしい光景（le triste spectacle）」への対処を実効的なものとするためには、規整を欠いた現状に関する理論的な把握が必要である。デュルケムはこの現状を、経済活動という領域において、お互いに「争う者たち（les forces）」を抑制し、限界を画す存在が欠けているため、過度な「紛争（conflits）」が生じていると認識している。このような状況では、競争を通じて強者が弱者を「駆逐（écraser）」、または「支配（subordonner）」する結果となり、「弱肉強食の法則（la loi du plus fort）」が支配する世界となっていることをデュルケムは指摘するのである。[25]

ただし、問題はここで終わらない。確かに弱肉強食の法則の下で弱者となった側は、強者に屈服せざるをえなくなるであろう。しかしこの上下関係が安定的であれば、強者の側の視点に限られているとはいえ、支配秩序そのものは維持される。デュルケムの理論的な考察は、その支配秩序を不安定化させる要因にも及んでいるのである。

競争に負けた者は、屈服を強いられた支配関係（une subordination qu'il [le vaincu] est contraint de subir）を一時的には甘受するであろう。しかし、その者は、支配関係に同意を与えたわけではない（ne la [une subordination] consent pas）。したがって、この支配関係は、安定的な均衡（un équilibre stable）をもたらしえないのである。[26]

競争を行う限り、その結果において勝者と敗者が生じるのは避けられない。第6章でも考察した通り、勝者が敗者を駆逐せず、お互いの間に何らかの協働関係が成立したとしても、多くの場合、その協働関係において上下の立場の違いが生じる。したがって、社会関係における不均衡の存在は、避けることのできない現実である。デュルケムはこの現実を見据えた上で、そこに安定的な均衡をもたらしうる可能性を理論的に探求しているのである。[27]

自由と規整との関係

このデュルケムの理論的な課題にとって鍵となるのが、自由と規整との関係である。[28]デュルケムは、スペンサーに代表される自由放任主義の主張を念頭に置きつつ、「規整の権威（autorité de la règle）」と「個人の自由（liberté de l'individu）」とを対立的に捉えるのは誤りである、と批判を投げ掛ける。その上でデュルケムは、自由の観念の内実を変化させる。すなわち、自由という言葉で理解すべき理念とは、「正義に適った自由（liberté juste)」、「社会がその尊重を保障している自由」と解すべき、との主張を行うのである。このような意味において自由を理解するならば、自由と規整とは対立の構図に陥らず、逆に自由とは、「規整の産物（produit d'une réglementation)」と位置づけることが可能になる。[29]

しかし、どのような根拠においてデュルケムは、自由は規整の産物であるとの主張を導いているのか。ここで注目すべきは、デュルケムが「社会的規整（règle sociale)」に与えている理論的な役割である。自由を保障するために、なぜ規整が必要なのか。デュルケムによれば、規整に求められるのは、「私の自由を抑圧すべく（pour asservir ma liberté)」、他人がその「身体的、経済的優越性（supériorité physique, économique)」を濫用することの防止である。つまりここでデュルケムが問題としている自由とは、社会関係において、相対的に弱い立場に置かれた者の自由である。このような人々の「経済的な自立性（indépendance économique)」を保障し、不均衡な関係における強制の契機を排除しない限り、それらの人々の自由は「名ばかり（nominale)」なものに留まる。この弱い立場の人々の実質的な自由を保障するためには、自由の理念を思弁的に主張しているだけでは不十分であり、経済活動の置かれている現実に即した「複雑な規整（réglementation compliquée)」、すなわち、職能団体の公的制度化が必要となるのである。[30]

以上の分析を踏まえるならば、職能団体を論じるに際してのデュルケムの問題関心とは、第5章と第6章とで考察を加えた有機的連帯論での問題関心と同一であることがわかる。すなわち、社会関係における不均衡を見据えた上で、相対的に弱い立場の人々に実質的な自由を保障するための条件を追求すること、社会統合の必要性を主張しながらも、協働関係に伴う立場の不均衡を見据え、相対的に弱い立場の人たちの自由を、社会的規整により保障すること。不均衡が伴わざるをえない社会関係において、お互いが正当なものとして主張しうる領域を適切に整序するための枠組みを提示し、力関係の強弱が直接的に反映されない状態を確保すること。このような問題関心は、有機的連帯論から職能団体論へとその具体的な提言は変化したにせよ、デュルケムの近代社会構想に通底しているのである。

3 『社会分業論』からの変化

前節においては、職能団体論を展開するに際してのデュルケムの問題関心とは、社会統合の必要性を主張しながらも、協働関係に伴う立場の不均衡を見据え、相対的に弱い立場の人たちの自由を社会的規整により保障することである点を確認し、『社会分業論』からの問題関心の一貫性を指摘した。しかし問題関心が同じであるのにもかかわらず、なぜデュルケムは職能団体論という新たな議論を展開したのか。本節では、デュルケム自身による『社会分業論』の評価を検討した上で、職能団体論という新たな近代社会構想をデュルケムが展開するに至った理由を考察する。

実のところ『社会分業論』を公刊した直後から、その理論構成の核心に関わる論点に対して、デュルケム自らが批判を投げかけているのである。以下ではデュルケム自身による『社会分業論』批判を、契約法による規整の実効性への疑念と規整の形成メカニズムの見直し、という二点に整理して検討したい。

契約法による規整の実効性への疑念

第5章と第6章とで詳しく検討した通り、『社会分業論』において、分業の進展が社会の解体という帰結を招くのではなく、逆に分業を社会統合へと導くべく、その鍵となる理論的役割をデュルケムにより与えられていたのが契約法による規整であった。『社会分業論』を公刊したその年に発表された「社会主義論」においても、同様の特徴づけをデュルケム自らが『社会分業論』に与えている。すなわち、『社会分業論』で明らかにしたのは、経済的諸機能に対して「法が規整を及ぼしている（le droit exerçait［...］une action modératrice）」その仕方であるという特徴づけである。[31] 法による経済的諸機能の規整について論じた『社会分業論』の該当箇所としてデュルケムが参照するよう求めているのは、スペンサーによる契約の捉え方を批判した上で、いわゆる「契約における非契約的要素」について論じた箇所である。[32]

しかし『社会分業論』での議論を振り返った上でデュルケムは、契約法による経済活動の規整という自らが提示した理論構成に対し、次のような批判を向けるのである。すなわち、

〔法による経済的諸機能の規整は、経済活動と同じく〕拡散的（diffuse）である。法が定めているのは、日常においてなされている交換のさまざまな状況の組合せの主要なものに関する正常な類型（le type normal）である。事実、大半の交換は、この正常な類型に当てはまるものである。しかし、交換の当事者は、当事者間の合意（un commun accord）があれば、この正常な類型から離れることが常に可能であり、交換の正常な類型に従うよう、当事者に対して国家が直接に介入をすることはない（l'État n'intervient pas directement pour les［échangistes］contraindre à s'y［au type normal］soumettre）。[33]

契約当事者間の合意があれば、契約法に定められた規整に服さなくてもよい、との事実を認めることは、『社会

分業論』の理論構成にとって、致命的である。第5章と第6章で明らかにした通り、諸機能の調和的な協働を保障するためには、契約法による規整により、協働関係における直接的・間接的な強制の影響を排除する必要があると、『社会分業論』でデュルケムは主張していた。この『社会分業論』の議論の重要な点は、契約当事者の間で表面上合意が存在していたとしても、その合意のプロセスにおいて強制が介在していれば、その契約が無効とされる、という主張であった。しかし、合意のプロセスの中身を問うことなく、契約当事者間で合意が存在しさえすれば、契約法による規整を免れることが可能となってしまうのであれば、『社会分業論』でデュルケムが提示した規整のメカニズムが、その根底から崩れ去ることになる[34]。では、経済活動に対する実効的な規整を何に求めることができるのか。その解決策としてデュルケムが新たに期待を寄せたのが、職能団体なのである。

規整の形成メカニズムの見直し

この経済活動に対する実効的な規整の担い手を何に求めるのか、という問題は、規整の形成メカニズムに関する『社会分業論』での説明の見直しを伴っている。契約法という既存の規整では不十分なのであれば、新たに適切な規整を形成する必要がある。ではそもそも規整とはいかにして形成されるのか。『社会分業論』で自らが与えていた説明に対し、デュルケムはその第二版への序文において、以下のような断りを加えている。すなわち、

この本で私が明らかにしようと試みたのは何よりも、〔中略〕社会的諸機能がお互いに十分な接触を保っていれば、自ずから均衡に向かい、規整が形成される（tendent d'elles-mêmes à s'équilibrer et à se régler）、ということである。しかしこの説明は、不十分であった（incomplète）[35]。

デュルケムが批判を向けているのは、『社会分業論』で考えていた規整の形成に関する理論的なメカニズムである。『社会分業論』の第一版でデュルケムは、正常な状態であれば、諸機能の相互関係を定める規整は、「分業から自然と生じる（se dégagent d'elles-mêmes de la division du travail）」、諸機能が継続的な相互関係を保っていれば、「行為の規整枠組み（règles de conduite）」が自然と生じる、との主張を確かに展開している。[36] しかし第二版への序文になると、デュルケム自らがこの主張を批判しているのである。

では、デュルケムは規整の形成メカニズムにつき、いかなる着眼を新たに示しているのか。『社会分業論』第二版への序文においてデュルケムは、社会的諸機能が継続的な関係を保っていれば、「相互適応をお互いに求める（cherchent spontanément à s'adapter les une aux autres）」のは確かであるが、しかし、そのようにして生じた適応が、「行為の規整枠組み（règle de conduite）」となるには、「その規整枠組みの効力を集団が正式に承認すること（un groupe le consacre de son autorité）」が必要である、との立場を新たに表明している。[37] この立場の変化には、規整の権限とその実効性に関して、法的な裏づけを強調するようになった職能団体論の理論構成が関係している。すなわち、『社会分業論』第二版への序文によれば、行為の規整枠組みとは、単なる「慣習的（habituelle）」な行為なのではなく、そのように行為することが「義務となっている（obligatoire）」、すなわち、個人の裁量（l'arbitraire individuel）を許さない」行為なのである。[38] したがって、義務である以上、それは単なる行為の継続的な反復から直接的に導かれるものではない。そこには、規整の形成やその効力の承認、規整の執行を、それらを担う集団との関係で考察する必要が生まれるのである。この規整の形成メカニズムの考察という問題に関しても、デュルケムが手がかりとしたのが職能団体なのである。

『社会分業論』の立論の特徴

以上で確認したように、デュルケムは公刊直後から、『社会分業論』に対する根底的な自己批判を提起している。ただしこのデュルケムによる自己批判を、『社会分業論』の理論構成からの離脱や転回として理解するのは行き過ぎである。逆にその以前からのデュルケムの知的変遷の中に『社会分業論』での立論を位置づけて考えてみるならば、このデュルケムの自己批判は、『社会分業論』で打ち出した極端な立場を、以前から抱いていた問題関心に即して修正した結果であると解することができる。では『社会分業論』でのデュルケムの立論はいかなる意味において極端だと評価できるのか。

第6章で検討したように、『社会分業論』でデュルケムが理論的な批判対象として視野に入れていたのは、一方では自由放任主義を主張するスペンサーであり、もう一方では分業が社会の崩壊を導くと考えていたコントやエスピナスである。この後者の立場を批判するためにデュルケムが押し出したのが、同時代のヨーロッパで広がる分業の現状は「異常な形態（formes anormales）」であり、この現状から「正常な場合での（normalement）」分業の展開の仕方を直接的に推論するのは誤りであるとする主張である。[39]逆に言うならば、分業の進展は、有機的連帯という新たな社会統合の形態を自ずから生み出す、という『社会分業論』の第一部と第二部で描き出されている理論構成は、一九世紀のヨーロッパの現状とは区別された次元において、デュルケムの考える理想的な道筋にそって分業が進展した場合として捉えるのが適切である。[40]

しかしデュルケムがコントやエスピナスと立場を異にしているのは、社会統合に分業が寄与する理論的可能性の評価をめぐってであり、同時代のヨーロッパにおける分業の現状に対しては、三者ともに危機感を共有している。したがって『社会分業論』でのデュルケムの立論の特徴とは、「分業の異常形態」と題された第三部に見られるような分業の現状に対する否定的な同時代認識を示しながらも、歴史的な視座からこの現状を異常な形態であると相対化した上で、個々人の自由と社会統合とを両立させる理論的な可能性を、分業に基づく有機的連帯に求めようとした点に存するのである。

『社会分業論』にてデュルケムが提起した有機的連帯という社会統合の形態は、一九世紀末のヨーロッパの現状を直接写し取ったものではない。有機的連帯の成立可能性の根拠とは、紀元前五世紀のローマに始まる歴史的な展開過程に求められるのであり、有機的連帯が完全に実現された状態も、この展開過程の延長線上に想定された理論的な状態として提示されるに過ぎない。『社会分業論』においてデュルケムが考えていた分業の正常な展開の見通しとは、社会的協働に基づく分業関係において、各人の能力に応じて地位が配分され、各人の貢献に応じて報酬が支払われるべき、という適材適所・能力主義の完全な実現である。[41] 長期的には、この理念に対応した規整が成立し、有機的連帯が実現するはずである、との想定に『社会分業論』は立脚していたのである。[42]

「分業の異常形態」の前景化

このような長期的な見通しを前提として議論を行っていた『社会分業論』に対し、「分業の異常形態」というデュルケムの同時代認識が改めて前景化しているのが職能団体論である。一九世紀末のヨーロッパの現状において、社会統合と個々人の自由との両立を可能とするにはどのような制度的工夫が必要になるのか。確かに相続による財産取得を廃止できれば、外的な競争条件の完全な平等が実現し、個々人の能力のみにその地位と報酬とを対応させる社会の実現が可能となるかもしれない。[43] しかし長期的な視野の下、必要な改革の方向性が明確になったとしても、現状の危機を克服するためには、より具体的な提案が必要となる。その具体的な改革の提案としてデュルケムが示すのが、職能団体の再建なのである[44]。

しかし職能団体の再建という処方箋は、有機的連帯論において提示した視野を具体化しただけには留まらない意義を持っている。『社会分業論』第二版への序文においてデュルケムは、相続による財産取得を廃止し、「完全な経済的平等（parfaite égalité économique）」が実現されたとしても、経済機構の運営には複数の主体の協働が不可欠であり、相互の「権利義務を確定する（déterminer leurs droits et leurs devoirs）」必要は残っていると指摘している[45]。競争のスタート地点を平等にしたとしても、それだけでは経済活動の「無規整状態（l'état d'anarchie）」の解消にはつながらない。経済活動それ自体の実効的な規整が必要なのである[46]。そのための規整を制定し、制定した規整を実効的たらしめる存在こそが、職能団体なのである[47]。

4　国家の位置づけの再検討

『社会分業論』以来の問題関心、すなわち、協働関係に伴う立場の不均衡を見据え、相対的に弱い立場の人たちの自由を、社会的規整によって保障する、という問題関心を引き継ぎながらも、職能団体論という新たな近代社会構想を提示することで、デュルケムはどのような理論的課題に答えようとしていたのか。前節ではその課題として、契約法に替わる規整のメカニズムの模索、および社会的規整の執行や効力の承認、その形成過程についての探求という課題を指摘した。社会統合と個々人の自由との両立を可能とするための制度的工夫を検討することれらの課題への取り組みを通じ、デュルケムは『社会分業論』で提示した有機的連帯論の理論構成を補正したのである。しかし職能団体論としてデュルケムがその近代社会構想を再提示した理論的な意義は、『社会分業論』

での有機的連帯論で適切に論じられなかった課題への回答という点にも求められる。それが、近代社会構想における国家の位置づけの再検討という課題である。

『社会分業論』における国家の位置づけ

第3章で指摘した通り、近代社会における国家の位置づけという理論的な問題は、『社会分業論』へ至る過程でデュルケムが抱いていた問題関心の一つである。しかし国家と個々人の自由との関係というこの問題関心は、『社会分業論』においては一端後景に退いている。というのも『社会分業論』におけるデュルケムの議論の力点は、集合意識からの個々人の解放、ならびに機械的連帯から有機的連帯への統合類型の変化を主張した上で、社会統合と個々人の自由とが両立しうること、加えて国家による上からの介入や共同体への回帰に拠らずして、自己本位主義の抑制が可能であることの主張に置かれていたからである。そのため有機的連帯論においては、社会を統合するメカニズムが、分業の進展という国家とは区別された領域に内在するとの観点が前面に押し出されており、逆に国家の位置づけが不明確となっていたのである。

この有機的連帯論での議論の重心の取り方は、機械的連帯と有機的連帯との概念的な相違、集合意識を共有し、国家と社会とが未分化な社会統合の類型である機械的連帯と、個々人の自由が尊重され、集合意識を体現していた国家からの社会の分化が進む有機的連帯との相違を示す上では効果的であった。[48] しかし第6章でも指摘した通り、有機的連帯の形成を社会内在的な過程として描き出そうとするこの『社会分業論』での理論構成は、分業に対する社会的規整という有機的連帯を可能とするメカニズムが、正常な状態であればとの限定付きではあるが、分業の進展により自ずから形成される、との議論につながり、結果として国家と個々人の自由との関係という

『社会分業論』以前からの問題関心が後景に退いてしまっているのである。

近代社会での国家の役割

加えて『社会分業論』の理論構成において国家が明確な位置づけを与えられていないのは、近代社会での国家の役割に関するデュルケムの評価が揺れていた点にも原因がある。第3章でも確認した通り、『社会分業論』へ至る過程でのデュルケムは、講壇社会主義者が主張していた国家による上からの社会介入には、個々人の自由が抑圧される危険が伴う、という危惧をシェフレと共有していた。講壇社会主義に対するシェフレの懸念、すなわち、「国家が社会のあらゆる活動を吸い上げ、飲み込み、個々人が全能の国家（un gouvernement tout-puissant）の下で、受動的に命令されるだけの存在（une matière malléable et docile）となっている社会を目指そうとする発想に対する危機感」をデュルケムも抱いていたのである。[49] この懸念は後の『自殺論』においても、国家が「社会的性格を示しうるあらゆる形態の活動を飲み込み、その結果、「無数の無力な個々人（une poussière inconsistante d'individus）のみ」が国家に直面することになるとの現状診断にも反映されており、国家の肥大化傾向に対する危惧をデュルケムはその後も一貫して示している。[50]

では、『社会分業論』においても、国家の拡大傾向に対する懸念でその叙述が一貫しているかと言うと、事態はそれほど単純ではない。確かに一方でデュルケムは、分業の進展を有機的連帯に導くためには、経済活動に対する適切な規整を実施するべきであるが、国家が関与すべきなのは社会全体に関わる規整のみであって、経済という特殊な領域に関する規整については、国家が関与すべきではない。加えて、経済という特殊な領域に対して、国家がその細部まで介入するのは現実的に不可能である、との立場を示している。[51] この国家の肥大化傾向に対する懸念は、『社会分業論』での論敵となっていたコントの発想への批判、すなわち、分業による社会解体の傾向を抑制しうる存在として国家に期待を寄せる発想に対する批判としても表明されている。[52]

しかし他方でデュルケムは、機械的連帯から有機的連帯への移行に伴い、国家と呼ばれる領域を規律する法、すなわち行政法の規整を受ける領域が歴史的に拡大している事実にも注意を促している。かつての社会においては、国家の機能は司法と軍事に限定されていたが、近代社会においては、司法機能だけに注目したとしても、権限の異なる裁判所が複数設置され、司法官の職務も分化している。加えて国家が担っている機能は、教育や公衆衛生、公的扶助、インフラ整備、外交、金融の規整にまで拡大している、との現状認識も示しているのである。[53]この国家の拡大傾向に関する現状認識は、『社会分業論』でのもう一人の論敵であるスペンサーの発想への批判、すなわち、近代社会における国家の役割は、司法活動に限定すべきとの立場への批判に重ね合わされているのである。[54]

社会的諸機能の分化と個々人の自由の伸長

したがって『社会分業論』においてデュルケムは、国家の肥大化に伴う弊害を意識する一方で、近代社会において国家が担う役割が拡大する傾向が存在する事実も認めている。同時にデュルケムは、適切な規整を欠いた野放図な経済活動が引き起こす混乱を意識しつつ、しかし他方で国家による直接的な規整には反対との立場を取っていたのである。この国家権力の拡大をめぐる両義的な立場を調停すべくデュルケムは、「個人の影響力の及ぶ範囲（l'action individuelle）が拡大するとともに、国家の影響力の及ぶ範囲（l'action de l'État）が拡大することは矛盾しない」との発想を示している。[55]

この発想の妥当性を支えているのが、機械的連帯の下では国家権力が社会のすべてを飲み込んでいたのに対し、近代社会においては、国家という「中心的な規整機構と直接結びつくのではない（ne sont pas immédiatement placées sous la dépendance）機能が拡大」している、つまり集合意識を体現していた国家から複数の機能が分化するのに伴い、個々人も集合意識の拘束から自由となる、との理論的な見取り図である。(56) この集合意識からの解放に、社会的諸機能の分化と個々人の自由の伸長とが重ねて論じられている限りにおいて、近代社会における国家と経済活動との関係を正面から論じる必要は顕在化しない。国家の役割が拡大すると同時に、国家とは直接に結び付かない社会的諸機能も拡大する。分業の進展に基づくこの後者の傾向は、正常な状態であれば、適切な社会的規整を生み出し、個々人の自由を尊重する有機的連帯を生み出すはずである。『社会分業論』の第一部と第二部の叙述は、このような理論構成に基づいたものであった。

しかしデュルケムの同時代認識の方が前景化されるならば、この『社会分業論』の理論構成の不十分な点も明らかになる。適切な規整を欠いた野放図な経済活動が社会統合を動揺させ、個々人の自由を危機にさらしている現状を意識するならば、実効的な規整を形成し、その担い手となるべき主体には何を想定するべきなのか。しかし何であれ経済活動に対する規整を行えばよいのではなく、肥大化する国家が個々人の自由を奪う危険性を意識するならば、個々人の自由の保障と実効的な規整とを両立させるためには、具体的にどのような枠組みが求められるのか。この近代社会における国家と経済活動との関係という理論的な課題への対応として、加えて、肥大化する国家と不均衡な関係を伴い複雑化する経済活動から個々人の自由を保障するための実践的な課題への対応として、デュルケムが提示するのが、職能団体論という新たな近代社会構想なのである。

注

(1)『社会分業論』の第二版の成立年代については、第4章の注(8)を参照のこと。

(2) Durkheim, [1902a], op. cit., p. i.

(3) Ibid., p. i, Id., [1893a], op. cit., pp. 157-67, 197.

(4) Durkheim, [1902a], op. cit., pp. i-ii. この急に出てきてしまった「他にやるべきこと(d' autres occupations)」の内容をどのように捉えるのかで、『社会分業論』以降のデュルケムにおける職能団体論の重みの解釈が変わってくる。その内容を、『宗教生活の原初形態』として結実することになる宗教社会学的な研究と捉えるならば、デュルケムの問題関心が『社会分業論』以降、根本的に変化したため、もはや職能団体について、まとまった形で論じるのが大きな意味を持たなくなった、との解釈になる。一方で、その内容を、『社会学的方法の規準』としてまとめられる方法論的な考察の発表、『自殺論』の刊行、雑誌『社会学年報』の準備として捉えるならば、職能団体論に関する考察を発表できなかった要因は、デュルケム自身の問題関心の変化というよりは、やるべき業務が予想以上に増えてしまったための多忙さに求められることになるであろう。デュルケムの伝記的な事実を鑑みるならば、一九〇〇年頃のデュルケムは『社会学年報』の編集に関する業務の重さを手紙などで頻りに嘆いており、多忙さが原因と考えておくのが適当と考えられる(Fournier, 2007, op. cit., pp. 457-61)。

(5) Durkheim, [1897], op. cit., pp. 434-51, Id., [1902a], op. cit., pp. i-xxxvi.

(6) Durkheim, [1895b], op. cit., Id., [1898-1900], op. cit.

(7) Lukes, 1973, op. cit., pp. 617-20; Fournier, 2007, op. cit., pp. 124-5. なお、『社会学講義』の成立年代については、第1章の注(28)を参照のこと。

(8) Durkheim, [1902a], op. cit., p. ii.

(9) Ibid., p. ii, n. 1, Id., [1893a], op. cit, pp. 196-7, 344.

(10) Durkheim [1893a], op. cit., p. 196; Herbert Spencer, 1879b, tr. fr. par A. Burdeau, *Essais de morale, de sciences et d'esthétique, t. 2: essais de politique*, Paris: Germer Baillière, p. 187. ちなみに、デュルケム自身による文献挙示には、巻の番

号が振られていない。このスペンサーの著書の仏訳は、スペンサー自身が刊行した英語での特定の本を翻訳したのではなく、スペンサーの論文を訳者が新たに編集したものである（Auguste Burdeau, 1879, "Préface du traducteur," in Spencer, 1879b, op. cit., p. v）。ここでデュルケムが参照している箇所の初出は、一八七一年一二月に発行された *Fortnighty Review* における行政論である（Spencer, 1879b, op. cit., p. 169）。

（11）Durkheim [1893a], op. cit., p. 344. デュルケムは、スペンサーが例証として用いている生物学の比喩に立ち入りながら、結核による結節や癌により細胞が分化する例を挙げ、単なる分化と有機体としての諸機能の新たな専門化とを区別する必要性を主張している（Durkheim, [1893a], op. cit., p. 344）。

（12）『社会分業論』第二版への序文の後段でも、経済活動が「無規整状態におかれている現状を正当化すべく（pour justifier cet état d'irréglementation）」、規整なき経済活動こそが「個人の自由の飛躍を促進する（favorise l'essor de la liberté individuelle）」との立場を表明する論者が存在するが、このような議論は前提からして誤りであると、デュルケムは厳しく批判している（Durkheim, [1902a], op. cit., p. iii）。

（13）Durkheim, [1902a], op. cit., p. ii.

（14）流王貴義、2012a、「社会史的知見とテキスト解釈——デュルケム研究史の吟味から」出口剛司編『社会学の公共性とその実現可能性に関する理論的・学説的基礎研究　平成23年度〜平成25年度科学研究補助金（基盤研究（C））研究課題番号23530625　平成23年度成果報告書』、pp. 7-8.

（15）Parsons, [1937], op. cit., pp. 338-9.

（16）Nisbet, [1966], op. cit., pp. 86, 154-7. 比較的最近の研究においても、デュルケムの職能団体論とは、「近代社会における道徳的コンセンサスの重要性」を再評価したものであるとの見解が存在する（Hawkins, 1994, op. cit., p. 471）。

（17）確かにこの『社会分業論』第二版への序文においてデュルケムは、古代から中世、そして大革命以前のアンシアン・レジームへ至る職能団体の歴史につき、この序文の半分近くの紙幅を割き、説明を加えている（Durkheim, [1902a], op. cit., pp. viii-xxvii）。当時の現状を直接に検討するのではなく、大革命により否定された過去の制度を長々と論じるデュルケムの態度につき、過去の社会体制への回帰を説く主張と捉え否定的な評価を下す解釈や、同時代の現実に関する具体的な改革を軽視しているとの解釈も存在する（Poggi, 2000, op. cit., p. 136; Miller, 1993, op. cit., p. 160）。しかしこれらの解釈は、古代や中世において職能団体が果たしていた「道徳的役割（un rôle moral）」としてデュルケムが説明を加えている内容に、同時代のフランスにおける現実が反映されている点を見逃している（Durkheim,［1902a］, op. cit., p. xii）。例えば過去の時代の職能団体につきデュルケムは、古代では構成員間の相互扶助や葬儀の実施、中世では労使の権利義務の確定といった役割に着目し、そのような役割に道徳的との形容を付している（Ibid., pp. xii–xvi）。同時代のフランスにおいてこのような役割を担っていた集団とは、労働者の相互扶助組織の一類型である共済組合である。共済組合の特徴とは、政府や使用者が財政的な側面に限って、その支援を行う点に求められる。一八九八年の法律によれば、共済組合の活動目的とは、疾病、負傷、障害に対する給付、老齢年金の設立、保険契約、葬儀費用の支給、および遺族への給付、職業講座の開講、無料職業紹介所の設置、失業手当の支給にまで及んでいる（中上光夫、1979、「19世紀末におけるフランスの共済組合（上）」『三田学会雑誌』72、pp. 482, 494：田中、2006、前掲書、p. 232）。デュルケムが古代における職能団体の道徳的役割として説明を行っていたのは、同時代のフランスで言うと、共済組合に期待されていた活動なのである。実際、一九世紀末のフランスでは、社会改革の担い手として共済主義に多くの期待が寄せられていた（Janet R. Horne, 2002, *A Social Laboratory for Modern France: The* Musée social *and the Rise of the Welfare State*, Durham: Duke University Press, pp. 193–6）。中世における職能団体の道徳的役割としてデュルケムが着目していた労使の権利義務の確定という活動に同時代のフランスで対応する事象については、以下で説明を行う。

（18）Durkheim,［1902a］, op. cit., p. ii. フランスでは一八八〇年代から一九世紀末にかけて、このような専門的資格に基づく職業に従事する者の数が増えるだけでなく、それらの専門職従事者を組織化した職能団体が急速に発展していた（Christophe Charle, 1991, *Histoire sociale de la France au XIX*^{e} *siècle*, Paris: Seuil, pp. 193–227）。

（19）Durkheim,［1902a］, op. cit., p. ii.

（20）Durkheim［1893a］, op. cit., pp. 344–6.

（21）Durkheim,［1902a］, op. cit., p. ii. 被用者の「忠誠（fidélité）」や使用者の「自己抑制（modération）」に訴えかけ、経済活動を規整しようとした試みとしてデュルケムが念頭に置いているのは、ローマ教皇レオ一三世が一八九一年に出した回勅「レールム・ノヴァールム（Rerum Novarum）」である（Léon XIII, 1891, *Rerum Novarum*,（Retrieved December, 30, 2015, http://w2.vatican.va/content/leo-xiii/fr/encyclicals/documents/hf_l-xiii_enc_15051891_rerum-novarum.html; レオ13世、岳野慶作訳、1991、「レールム・ノヴァルム——労働者の境遇について」中央出版社編『教会の社会教書』中央出版社、pp. 47, 103：松本佐保、2012『バチカン近現代史——ローマ教皇たちの「近代」との格闘』中央公論新社、pp. 67-8)。この回勅が有名なのは、労働者の境遇と生活を改善する方策として、使用者と被用者の双方を含む職能団体の形成が提唱されている点である（レオ13世、1991、前掲書、pp. 97-114）。ただしそこで主張されている労働の概念は、伝統的なキリスト教の労働観を確認したものにすぎず、この回勅の内容自体に、カトリック教会が労働問題に対してとった態度の革新性を過度に読み込むのは、慎重となるべきであろう（松本、2012、前掲書、p. 68）。実際に、労働者の義務として、「使用者の財産、あるいは一身に害を加えてはならない（ne doit point léser son patron, ni dans ses biens, ni dans sa personne）」、「その要求も、暴力（violences）にうったえてはならず、決して、暴動の形（la forme de séditions）をとってはならない」との内容が主張されており、ストライキは労働者の義務違反として、明確に禁じられている（レオ13世、1991、前掲書、p. 47）。デュルケムの職能団体論を同時代の思想史的な文脈の中に位置づけるためには、職能団体の肯定的な評価という観点に留まらず、その主張の内実までにも踏み込んで検討を加える必要がある（Horne, 2002, op. cit., pp. 111, 183-4）。

　曖昧な観念を頼りとしたお互いの自主的な抑制に基づく規整に対し、デュルケムがその実効性に疑いを述べる背景として、人間は、「自ら進んで窮屈な思いをしたり、自制するような本性を持ち合わせていない（ne sommes pas naturellement enclis à nous gêner et à nous contraindre）」という人間観が存在する。そのような人間にある種の「自己犠牲（désintéressement, l'oubli de soi, le sacrifice）」、自己本位主義の抑制を行わせるためには、外からの規整が必要なのである（Durkheim, [1902a], op. cit., pp. iv-v）。

(22)　Durkheim, [1902a], op. cit., p. vii. フランスにおいて、職業を基軸とした団体が広く形成される契機となったのが、一八八四年に成立した「組合団結の自由（liberté syndicale）」を法的に承認するワルデック＝ルソー法である（水町、2001、前掲書、pp. 69-70）。このワルデック＝ルソー法は、事実上存在していた労働組合を法的に承認した、との文脈で評価されることが多いが、組合団結の自由として認められたのは、労働者の団結だけではなく、使用者の団結も含まれていた点には留意しておくべきである（Halpérin,［1996］, op. cit., p. 266）。この組合団結の自由の法的承認により、一八八四年には六八団体であった労働組合が、一九〇〇年には三二八七団体、組合加入労働者数も六〇万人にまで増加している（Rosanvallon, 2004, op. cit., p. 288）。同時に使用者団体についても、製鋼業協会が一八八七年、石炭業協会が一八九二年、鉄道業協会が一八九九年、造船業協会、金属・鉱山業協会が一九〇一年など、相次いで組織化が進められたのである（Charle, 1991, op. cit., pp. 253-5）。

（23）Durkheim,［1902a］, op. cit., pp. ii-iii. 確かにデュルケムはその学問的なキャリアの最初期において、「社会の均衡の保障を目的としている点においては、法（le droit）も道徳（la morale）も同じ」であり、宗教もそのような役割を担っている、と発言したことがある（Durkheim,［1886a］, op. cit., p. 93）。また『社会分業論』の本文にも、法と「習俗（les moeurs）」とを連続的な存在として特徴づけている箇所が存在する（Durkheim,［1893a］, op. cit., pp. 28-30）。このような箇所に着目するならば、デュルケムにおける法と道徳との相互作用という解釈を打ち出すことができるのであろう（Cotterrell, 1999, op. cit., p. ix：巻口、2004、前掲書、p. 5）。しかしこの箇所ではデュルケムは明確に、法的な裏づけの有無の重要性を指摘している。またデュルケムが、特定の道徳意識につき、現状においては法的な裏づけを欠いているが、しかし注目すべき内容を備えていると評価するのは、例えば契約における衡平性の要求といった将来に向けての変化の方向性をそこに読み取ろうとしている場合である（Durkheim,［1898-1900］, op. cit., pp. 235-6）。ただ、デュルケム自身が将来においても、このような規整に法的な裏づけが欠けたままでもよいと考えているわけではない（Ibid., p. 244）。

（24）Durkheim,［1902a］, op. cit., p. iii.

（25）Ibid., p. iii.『社会分業論』においても、有機的連帯を形成するには、ただ単に個々人間の相互交流を抑制していた隔壁が消滅するだけでは不十分であり、その隔壁の消滅により生じた競争において、勝者が敗者を「支配（subordonner）」するのではなく、敗者が新たな専門化（spécialisation nouvelle）」をなすことで、お互いが「協働（coordonnent）」の関係を形成する必要があるとデュルケムは指摘している（Durkheim,［1893a］, op. cit., pp. 251-3）。この協働関係が形成されるという条件を満たす限りにおいて、「分業は生存競争の結果であるが、それを緩和する解決策（un dénouement adouci）」となるのであり、分業によって競争者たちは、「お互いの淘汰（s'éliminer mutuellement）を余儀なくされるのではなく、共存（coexister）が可能となる」との主張が導き出されるのである（Ibid., p. 253）。

(26) Durkheim, [1902a], op. cit., p. iii. 引用文内の補足は流王による。『社会分業論』において、この理論的な考察を具体的に展開した箇所としてデュルケムが参照を求めているのが、本書第6章で分析を行った第三部の第一章第三節である（Durkheim, [1893a], op. cit., pp. 356-65）。

(27) デュルケムに対する直接の言及は存在しないが、マートンのアノミー論が問題としている論点の一つは、競争の参加者すべてがその結果を是認しうる条件の探求である（Robert K. Merton, 1938, "Social Structure and Anomie," *American Sociological Review*, 3(5), p. 674）。またマートンはデュルケムの『社会分業論』の英訳の書評において、デュルケムの言うアノミーとは、個々人の利害の追求に限界を画す存在が欠如し、ホッブズの言う自然状態に陥った状況だとの理解を示している（Merton, 1934, op. cit., p. 322）。

(28) 確かにこの前段においてデュルケムは、「人間の情念（les passions humains）」は、その情念が敬意を払う「道徳的な力（une puissance morale）」によってしか、抑制することはできないと述べている（Durkheim, [1902a], op. cit., p. iii）。しかし、デュルケムが提示している処方箋を経済活動を行う主体の倫理的統制であると解釈してしまっては、なぜこの箇所においてデュルケムが、自由と規整との関係をめぐる議論を展開しているのか、その意義を適切に理解するのが難しくなるであろう（Parsons, [1937], op. cit., p. 339）。

(29) Durkheim, [1902a], op. cit., pp. iii-iv.

(30) Ibid., p. iv.

(31) Durkheim, [1893c], op. cit., pp. 231-2.

(32) Durkheim, [1893c], op. cit., p. 232, n. 1, Id., [1893a], op. cit., pp. 189-97.

(33) Durkheim, [1893c], op. cit., p. 232. 引用文内の補足は流王による。

(34) 『社会分業論』の中心的な概念であった「有機的連帯」を、その後のデュルケムが使用していない事実は、さまざまな論者が指摘している（Nisbet, [1966], op. cit., p. 86; Giddens, 1972, op. cit., pp. 478, 498; Vogt, 1993, op. cit., pp. 78–9）。先行研究では、近代社会の捉え方に関するデュルケムの変化の有無、という大きな論点で対立が生じているが、本書では、契約法による規整の実効性に対する見方の変化が最も大きな背景であると考えている。

　ではなぜデュルケムは、契約法による規整の実効性につき、その見方を変化させたのか。ここで問題となっているのは、フランス民法一一三四条一項に関する解釈である。すなわち、「適法に締結された（légalement formés）諸合意は、それらをなした者たちにとって法律（loi）に代わる」という文言の解釈である。この文言については、契約自由の原則の根拠として引き合いに出されることが多いが、合意の自由を強調する解釈、すなわち、この規定の後段を重視し、契約当事者間の合意をまず尊重すべき、とする解釈がフランスにおいて広まったのは、一八八〇年代以降である（北村、1983、前掲書、pp. 169–72; Halpérin, [1996], op. cit., p. 146）。しかし一九世紀末になるとフランスでは、この条文の前段を重視し、合意が「適法に締結された」かを、つまり合意のプロセスにおいて強制の契機が存在しなかったかどうかを重視するような解釈が広まり始める。いわゆる民事法学における法の社会化、言い換えるならば、当事者間の合意の存在だけでなく社会的な力関係を考慮する方向への変化である（星野、1983b、前掲書、pp. 23–31; Halpérin, [1996], op. cit., pp. 197–8）。デュルケムに即してこの変化を整理するならば、『社会分業論』でデュルケムは、この後者の発想を提示していた一部の先鋭的な法学者の解釈に則っていたのだが、それ以降になると、当時の主流派である前者の解釈に回帰したと位置づけることができる。デュルケムの契約観と当時のフランスの民事法学者との相互関係については検討すべき論点が多いが、それに関する考察はまた稿を改めて行うことにする。

（35）Durkheim, [1902a], op. cit., p. v.

（36）Durkheim, [1893a], op. cit., pp. 357–8.

（37）Durkheim, [1902a], op. cit., p. v.「行為の規整枠組み（règle de conduite）」への着目は、『社会分業論』の主軸となる議論であり、『社会学講義』でも個々の制度を貫く視点として提示されている（Durkheim, [1893a], op. cit., p. 11, Id., [1898–1900], op. cit., p. 41）。確かに第4章でも検討した通り、『社会分業論』の第一版でも、「行為の規整枠組み」が「義務的（obligatoire）」な性質を持つには、その違反者に対して社会が前もって形成した規整に基づき、確実に「制裁

（sanction）」を加える限りであるとの条件をデュルケムは指摘しているが、そこで問題となっているのは、社会学が固有の対象とすべき「道徳的事実（les faits morales）」を特定する方法に留まっている（Durkheim,［1893b］, op. cit., pp. 273-5）。それに対し『社会学講義』になると、制裁を伴う行為の規整枠組みに着目する視点は維持されているが、そこで主題となっているのは、「このような規整が歴史的にどのようにして形成されたのか」という問題であり、規整の形成メカニズムそれ自体が議論の対象となっているのである（Durkheim,［1898-1900］, op. cit., p. 41）。

（38）　Durkheim,［1902a］, op. cit., p. v.

（39）　Ibid., p. v, Id.,［1893a］, op. cit., pp. 8, 348-52.

（40）　中、1969、前掲書、p. 57.

（41）　Durkheim,［1893a］, op. cit., pp. 369-73.

（42）　Ibid., pp. 361-2. この長期的な歴史の展開についての見通しについては、『社会学講義』においても維持されている（Durkheim,［1898-1900］, op. cit., pp. 236-8）。

（43）　Durkheim,［1893a］, op. cit., pp. 370-3.

（44）　Durkheim,［1902a］, op. cit., p. xxxiv.

（45）　Ibid., pp. xxxiv-xxxv. この点については、第6章の注（60）を参照のこと。

（46）　Durkheim,［1902a］, op. cit., p. xxxv.

（47）　Ibid., pp. xxxv-xxxvi.

（48）　Durkheim,［1893a］, op. cit., p. 199.

（49）　Durkheim,［1885b］, op. cit., p. 180.

（50）　Durkheim,［1897］, op. cit., p. 448.

（51）　Durkheim,［1893a］, op. cit., pp. 202, 351.

（52）　Ibid., p. 349; Comte, 1864, op. cit., pp. 430-1.

（53）　Durkheim,［1893a］, op. cit., pp. 199-201.

（54） Ibid., p. 198; Spencer, 1883, op. cit., pp. 833-4.
（55） Durkheim, [1893a], op. cit., p. 199.
（56） Ibid., op. cit., p. 199.

第8章

職能団体論の理論構成

『社会分業論』における有機的連帯に替わり、その後のデュルケムはなぜ職能団体論という新たな近代社会構想を提示したのか。前章では、職能団体論においても、『社会分業論』での問題関心であった、社会関係における不均衡を見据えた上で、相対的に弱い立場の人々に実質的な自由を保障するための条件を検討するという課題が一貫して追求されている点を確認する一方で、有機的連帯論の中核を担っていた契約法による分業関係の規整の実効性にデュルケムが疑念を抱くようになった変化を指摘した。加えてデュルケムは、分業の展開と安定的な社会統合とを両立させるために必要となる社会的規整は、諸機能間の継続的な相互関係から自然と形成されるとの『社会分業論』での理論構成を修正し、義務としての性質が備わった規整が形成されるメカニズムを理論的に再検討する必要性を提起するに至ったのである。また『社会分業論』においては、事実として拡大を続けている国家の役割を、個々人の自由と社会統合との調和の可能性の追求という問題関心に照らし合わせてどう評価すべきなのか、その態度をデュルケムは明確にできていなかった。これらの理論的な課題に対する回答としてデュルケムが提示したのが、職能団体論なのである。では、職能団体論という近代社会構想は、これらの課題に対するいかなる回答となりえているのか。本章では、その具体的な側面の検討を行う。

1　国家と職能団体との関係

職能団体論という近代社会構想にデュルケムが求めていた最も大きな課題とは、近代社会における国家と経済活動との関係をいかに定式化すべきかという理論的な問題への対応である。分業の展開の影響が最も顕著に表れている経済活動を実効的に規整しうる枠組みをどのようにして形成すべきなのか。その規整枠組みにおいて国家にどのような位置を与えるべきなのか。この『社会分業論』から持ち越された課題に対するデュルケムの回答をまずは検討したい。

『社会分業論』の理論構成の問題点

『社会分業論』第二版への序文においてもデュルケムは、専門的な機能を担っており、かつ日々専門化が進展する経済活動を、全体社会や国家が直接規整するのは不可能であるという、『社会分業論』で提示した見解を繰り返している。[1]では経済活動に対する社会的規整をどのように行うべきなのか。『社会分業論』では、野放図な分業の展開に伴う社会解体的な影響を抑制するには、「諸部分の自発的な協働関係（le *consensus* spontané des parties）」の形成こそが重要である、との指摘を行うに留まっていた。[2]前章でも確認した通り、この指摘の背後には、有機的連帯の形成に必要となる社会的規整は、分業の進展に伴い自然と形成されるのであって、国家による外的な規整は不必要である、との理論構成が存在する。第5章と第6章で検討した通り、この有機的連帯を支える社会的規整としてデュルケムが期待を寄せていたのが、契約法である。しかし前章で確認した通り、『社会分業論』を公刊した後のデュルケムは、契約法による規整の実効性に対して自ら疑念を示すに至るのである。

加えて『社会分業論』の理論構成に存在していたもう一つ別の問題は、この契約法を通じての規整を担う主体の位置づけが不明確な点である。個別の合意やその合意のプロセスが、契約法により定められた枠組みに違反していたとして、では具体的にどのような主体がその違反を取り締まり、正当と認められた契約関係に立ち戻らせることができるのか。この復原的法の根本をなすメカニズムにつき、『社会分業論』では、「司法官（magistrats）や弁護士（avocats）」、「商事裁判所（tribunaux consulaires）、労働審判所（conseils de prud'hommes）、行政裁判所

(tribunaux administratifs)」といった個別の主体を列挙した上で、「このような機関を通じて法を宣告するのは社会である」との指摘がなされるのみであった[3]。しかし『社会分業論』の第二版になるとデュルケムは、社会的規整の具体的な担い手を明確に特定するに至る。それが、「同一の産業に属する全構成員を同一の団体に結集し組織化した(tous les agents d'une même industrie réunis et organisés en un même corps)集団」、すなわち、職能団体である[4]。

分化と統一

経済活動に対する規整を担うのが職能団体であれば、国家が果たすべき役割は存在しなくなるのか。デュルケムの議論はそれほど単純ではない。確かに分化を続ける経済活動を実効的に規整しうるのは、国家ではなく個々の産業ごとに形成される職能団体である。しかし、職能という個別の利害に基づいて形成される集団が脈絡なく乱立する状況を放置しておくならば、適切な社会の統合につながらないとデュルケムは考える。『自殺論』の末尾でもデュルケムは、職能団体を基盤とした社会の再組織化の構想を提示しているが、同時に国としての統一を維持する必要性を主張している点にも留意すべきである。すなわち、

> 国としての統一(unité national)と共同生活の中心の多様化とを両立する唯一の手段は、職能団体に基づいた分権化(*la décentralisation professionelle*)である。というのも共同生活の中心が職能団体であるならば、その活動は特殊で限定されており、お互いに不即不離の関係が形成されるので、個々人が職能団体に帰属していたとしても、社会全体との関係を見失うことはないからである[5]。

よってデュルケムの職能団体論を考察するに際しては、社会的な分化の進展に伴い、個々の職能ごとに形成される職能団体をそれ自体として検討するのではなく、そのような分化の傾向を抑制し、社会としての統一を維持しようとする国家と職能団体との関係を視野に収めた検討が必要なのである。

国家と経済活動との関係

したがって問題となるのは、国家と経済活動との関係である。この問題を論じるための素材としてデュルケムが提示するのが、職能団体の歴史である。『社会分業論』第二版への序文においてデュルケムは、ヨーロッパ中世では、小規模な自治都市を基礎として商工業が営まれており、職能団体が「政治組織の基礎」、社会の「基礎的な枠組み（cadre élémentaire）」となっていたと指摘している。[6]この職能団体を媒介とした経済活動と政治組織との緊密な関係に変化が生じる契機となったのが、「大規模な産業（la grande industrie）」の出現である。自治都市を基礎としていたそれまでの商工業とは異なり、大規模な産業は、原材料を手に入れやすい地域や物流の便利な地域に立地する。その活動領域も、自治都市の近郊には限定されず、より遠方の顧客を求めて拡大する。このように、自治都市の枠組みの外に出現し、拡大を続ける大規模な産業に対して、既存の職能団体は実効的な規整を行いえなかったのである。[7]

では、この新たに登場した大規模な産業は、社会的規整を全く欠いていたのか。デュルケムは、自治都市を基礎とした職能団体に替わり、国家がそのような大規模産業の規整を試みたと指摘している。王権は、営業特権の授与と引き替えに、大規模な産業のコントロールを行ったのである。しかし同時にデュルケムは、国家による「直接的な監督（tutelle directe）」は「抑圧的（compressive）」とならざるをえないとの指摘も行っている。そのため、大規模な産業がさらに発展し多様化すると、画一的とならざるをえない国家による規整は不可能となってしまう。この当時の現状を規範的に肯定すべく、経済活動に対するあらゆる規整を無用と判断したのが、古典派の経済学者なのである。この大規模な産業の発展という時代の変化に対応できなかったかつての職能団体は、フランス大革命において、社会組織から追放される結果となってしまったのである。[8] このような歴史的経緯を確認した上でデュルケムは、王権に対して職能団体が「厳格な服従（étroite subordination）」におかれていた一七世紀から一八世紀の状況に否定的な評価を下し、再建を試みるべき職能団体とは、国家と融合することなく、お互いに「区別され（distincts）、自律（autonomes）」を保つべきと主張するのである。[9]

服従ではなく関連の構築を

国家と職能団体とは、お互いに自律性を保った上で、相互関係を構築すべきである、とのデュルケムの発想の背後にあるのは、第3章で確認した社会主義の特徴づけをめぐる議論である。「社会主義」を主題として取り上げた一八九五-九六年の講義においてデュルケムは、社会主義として理解すべきなのは、経済活動を「国家が直接担う（mise dans la main de l'État）」必要を説く主張ではない。経済活動と国家との「関連を構築（mise en contact）」しようとする発想こそが、社会主義として理解すべきものであるとの議論を展開している。[10] 経済活動は国家に対して、「服従（subordination）」の関係に立つのではなく、両者の「関連づけ（rattachement）」が重要なのであると主張し、デュルケムはこの二つの発想の違いに注意を促すのである。[11] デュルケムは一九世紀末の現状につき、国家と経済活動との関係が構築されるのは、社会全体に深刻な混乱が生じた場合に限られているとの判断を示している。その上でデュルケムは、平常時においても両者が継続的な関連を持つべきであると主張しているのである。[12]

このように定義された社会主義の内部にも、複数の類型が存在する。類型間を区別する軸としてデュルケムが設定するのが、国家と関連づけるべき経済活動の範囲とその関連の仕方である。すべての経済活動を国家と関連づけるべきであるとする主張は、その関連づけも「直接的（immédiat）」であることを求める。それに対し、国家と関連づけるべきは一部の経済活動でも十分であるとの発想は、「一定の自律性を与えられた（doués d'une certaine autonomie）二次的中心、すなわち、職能団体」を媒介とした関連づけを主張する。[13] この後者の発想こそが、デュルケムの提唱する職能団体論である。経済活動を国家に服従させるのではなく、国家が経済活動に対して直接的な関係を持つのでもない。多様化する経済活動の実態に即し、職能団体という複数の自律した二次的中心を設けることで、国家と経済活動との間接的な関連づけを継続的に構築する。第3章で確認したシェフレの社会主義論は、『社会分業論』でデュルケムが提示した理論構成の修正を経て、デュルケム自身の近代社会構想として前面に押し出されたのである。

2　職能団体を基盤とした組織化

国家と職能団体との役割分担

国家と職能団体とは、お互いに自律性を保った上で相互関係を構築するとして、両者は具体的にどのような仕方で関連づけられているのか。『社会分業論』第二版への序文でデュルケムは、「産業立法（législation industrielle）」を例として、両者の関係を説明している。

産業立法とは、経済活動に対する規整を具体化した法律である。この産業立法につき、その「一般原則（les principes généraux）」を提示するのが、「議会（les assemblées gouvernementales）」である。しかし議会が、「個々の産業の実情に適合するよう、その原則を具体化する（diversifier suivant les différentes sortes d'industrie）」作業までを担うのは不可能である。したがって、議会が提示した一般原則を個々の産業の特性に合わせて具体化する作業は、産業ごとに構成された職能団体に固有の役割となる。このような組織化を行えば、経済活動の「多様性（diversité）」を保持しながら、その実効的な規整が可能になるとデュルケムは考えるのである。[14]

国家は、複数の自律的な職能団体との継続的な関係により、分化を続ける経済活動に対して実効的な規整を及ぼすことが可能となる。しかし、個々人の自由、特に相対的に弱い立場の側の自由の保障を重視するデュルケムの問題関心は、この職能団体論において、どのような仕方で生かされているのか。デュルケムによる回答を検討するには、職能団体の内部構成に着目する必要がある。

職能団体の内部構成

議会が提示した規整の一般原則を具体化する作業を職能団体が実施するには、団体内部に「評議会（assemblées）」を設置する必要がある。職能団体とは、その職能を担うすべての構成員が形成する団体であるが、抱えている構成員が多数にわたるのであれば、職能団体としての活動は一部の評議員が担うことになる。したがって、それぞれの職能ごとの具体的な規整を策定し、その規整を実際に執行するのは、この評議会なのである。[15] 加えてデュルケムは、経済活動が置かれている現状を踏まえるならば、労働者と使用者のどちらの意見も反映されるようにするため、双方の代表が評議会を構成するべきであると主張している。付随して、同じ評議会を構成すれば、労使の交流も期待できるとデュルケムは考えている。[16]

しかしデュルケムは、労使の交流が存在すれば、相対的に弱い立場にある労働者の意見が、評議会にも反映されると、単純に考えているわけではない。デュルケムは、労働者と使用者との間には、多くの場合、「敵対的で、矛盾した（rivaux et antagonistes）利害関係」が存在する事実にも眼を向けている。したがって、労働者の側の「自由な意思形成（prendre conscience librement）」を保障するには、労使が「別個に独立した組織（groupes distincts et indépendants）」を形成した上で、それぞれ別に評議員を選出する必要があると、デュルケムは指摘するのである。[17] したがって、デュルケムの職能団体論を、単なる労使の協調を説いた発想として理解するのは不正確である。

労働者と社会生活

国家と経済活動との関係づけが必要であるとの主張により、デュルケムが関係づけを求めていた経済活動とは、実のところ労働者の意思を意味しているのである。デュルケムによれば、現状において労働者は、使用者による媒介を通じてのみ、社会生活に参与しているであり、「真の意味では、すなわち、直接的には社会へと統合されていない（n'est pas vraiment et directement intégrée dans la société）」。間接的にしか社会へと参与できていないからこそ、労働者はその貢献に値する正当な対価を受け取っておらず、苦しい状況に置かれているのである。[18] 労働者の組織化ではなく、職能団体として労使双方を単一の団体に組織化する必要をデュルケムが主張したのは、労働者を含めた経済活動の組織化を通じ、使用者に対して弱い立場に置かれた側の自由を保障した上でその意思を社会生活へと反映させるためであり、職能団体論においても、このデュルケムの問題関心は一貫しているのである。[19]

ただし第7章でも確認したように、現状においては、労使双方の代表が構成する評議会のような場も、使用者に対して相対的に弱い立場に置かれた労働者の自由を保障するような制度も形成されていない。したがって使用者と労働者との関係は、「武力の異なる（de force inégale）」独立国家が対峙しているような状態となっている。それゆえ両者の間に生じた「紛争は、力の強い者の利害に従い解決される（la loi du plus fort qui résout les conflits）」のが常態となっており、争いが止まないのである[20]。この紛争としてデュルケムが念頭においているのは、『社会分業論』でも論じられていた、労働契約をめぐるものである。現状において、労働者と使用者との間で結ばれた契約は、「両者の経済的な力（état respectif des forces économiques）」という「事実レベル（un état de fait）」の力関係の反映でしかない。そのような不均衡な力関係が直接的に反映された状態を、「法に則した（un état de droit）」関係として承認するのは不適切である、との発想をデュルケムは、『社会分業論』第二版への序文においても引き続き示しているのである[21]。

3　職能団体と個々人の自由

職能団体論の展開は、デュルケムの近代社会構想の内部に、国家や職能団体といった具体的な集団を積極的な存在として登場させることになった。分業の進展に伴い、契約法のような社会的規整が自然と形成されると主張していた『社会分業論』での議論に対し、議会が規整の一般原則を提示し、個々の職能団体がその原則を具体化させ、規整を執行する、という職能団体論の理論構成は、経済活動に対する実効的な規整を可能とする枠組みとしても、拡大を続ける国家の役割の適切な位置づけとしても、『社会分業論』の理論構成を発展的に修正し、より具体的な近代社会構想を提示したものとして評価できる。しかし、個々人の自由の保障と社会統合との両立を試みるデュルケムの近代社会構想にとって、集団の存在の積極的な評価は、個々人の自由の理論的な位置づけにも影響を及ぼすものである。第7章でも指摘した有機的連帯論での議論の重心の取り方にも留意しながら、『社会分業論』との違いを検討しておきたい。

『社会分業論』の理論構成の修正

第6章でも確認したように、『社会分業論』においてデュルケムは、機械的連帯から有機的連帯への移行を引き起こすのは、社会の規模の拡大に伴う構成員間の相互関係の増大や相互交流を抑制していた隔壁の消滅といった社会形態学的な要因であると想定していた[22]。個々人の自由の伸長についても、集合意識の共有に依拠し、個人が自由に活動する余地が少ない機械的連帯が衰退すれば、自ずから個々人の自由も伸長すると、基本的には考えていたのである[23]。もちろん『社会分業論』の第三部における分業の異常形態に関する議論に見られるように、分業の進展した近代社会においても、個々人の自由が侵害される危険性が存在する事実をデュルケムは的確に認識していた。しかしその危険はあくまでも、分業に対する適切な社会的規整が十分に形成されていない過渡的な状況において生じる病理的な現象として位置づけられているのであって、個々人の自由を脅かす要因は、かつての機械的連帯に由来する要素の残存と見なされていたのである。第5章で検討した使用者と雇用者との交渉力の不均衡も、その根本的な原因は財産の相続を認める法制度に求められるのであり、有機的連帯の進展とともに相続財産制も衰退に向かうとデュルケムは考えていた[24]。また職能団体についても、『社会分業論』においては、職能団体の内部における規整は、集合意識の共有に基づく規整に比べると、まず職業という生活の一部にしか関与しておらず、加えてその規整に関わる人々も社会の一部に限られているため、個々人の自由を脅かす危険は少ないとの評価がなされている。[25] 有機的連帯とは、個々人の自由と社会統合とを両立しうる近代社会構想として提示されているのであって、その構想の内部に、個々人の自由を脅かしうる要素は、少なくとも明示的には存在していなかったのである。

しかし国家や職能団体といった具体的な集団を積極的な存在として位置づけている職能団体論になると、社会の規模の拡大と個々人の自由の伸長とを直接的に結びつけていた『社会分業論』の理論構成が修正され、個々人の自由を保障するための制度的な工夫を、その近代社会構想の中に明示的に組み入れる必要が生まれたのである。デュルケムが一八九八年から一九〇〇年にかけて行った講義の準備ノートである『社会学講義』を素材として、国家と職能団体、および個々人の自由との関係に関するデュルケムの議論を検討しておきたい。[26]

二次的諸集団と個々人の自由

『社会学講義』においてデュルケムは、社会の規模の拡大と個々人の自由の伸長とを直接的に結びつけていた『社会分業論』の理論構成を修正する必要を明示している。まずデュルケムは、集団がその構成員に対し、特定の「思考や行為の仕方（les manières de penser et d'agir）」を押しつけ、不一致が生じるのを防止しようとするのは、「避けることのできない（inéluctable）」法則であると指摘する。[27]『社会学講義』では必ずしも明示されてはいないが、この議論は『社会分業論』の用語で表現すると、機械的連帯における集団とその構成員との関係を述べているものである。[28] 次にデュルケムは、「社会がある程度の規模」になれば、このような状況が変化し、「集団による抑圧（la tyrannie collective）」が減退し、個人主義が事実としてまず確立し、後にそれが規範となるのではないか」

という問いを提示する。[29]この問いは、『社会分業論』における社会の規模の拡大とそれに伴う機械的連帯の動揺に関する議論を踏まえたものである。しかし『社会学講義』においてデュルケムは、社会の規模の拡大が個々人の自由の伸長につながるためには、ある条件が必要になると指摘する。その条件とは、「この大規模な社会の内部に、一種の小規模な社会となってしまうような自律性を享受する二次的諸集団が形成されない」ことである。[30]

この自律性を持った二次諸的集団の中にはもちろん、職能団体も含まれる。では、職能団体の存在は、個々人の自由の保障という理念と矛盾するのか。デュルケムは、職能団体を始めとする二次的諸集団の形成は、不可避であると認めている。というのも、規模の大きな社会の中には、「地域的・職業的な特殊利害（des intérêts particuliers locaux, professionnels）」が常に存在し、このような特殊利害に関与する人々は、当然ながらお互いに近づき、集団を形成するからである。そうであるからこそ、このような二次的諸集団を放置しておいては、個々人の自由に危険が及ぶとデュルケムは議論を進める。集団がその構成員に対して及ぼす強制力を抑制する「釣り合い（contrepoids）」がなければ、集団の構成員はその中に「飲み込まれて（absorber）」しまい、集団による抑圧の下に置かれてしまう。[31]あらゆる「集団（société）」は、「その抑圧的傾向を抑制すべき外部からの抑制を欠いた時（rien d'extérieur à elle［la société］ne vient contenir son despotisme）」、その構成員に対して「抑圧的（despotique）」となるのである。[32]

職能団体という二次的諸集団の存在は、経済活動に対する実効的な規整の基盤になると同時に、個々人の自由を抑圧する危険にもなりうる。職能団体論においてデュルケムは、機械的連帯から有機的連帯へと社会統合の類型が変化するにつれ、個々人の自由も伸長してゆくという『社会分業論』の理論構成を踏襲していない。異なる職能が併存し、分業が進展しているような規模の大きい社会においても、二次的諸集団を放置しておくならば、機械的連帯の下と同様の事態が生じうるとの議論を職能団体論においてデュルケムは展開しているのである。

4 個々人の自由の保障

人格崇拝論の位置づけ

職能団体論という二次的諸集団を積極的な存在として組み入れている近代社会構想においては、個々人の自由を保障する仕組みをその内部に構築しておく必要がある。ではその具体的な仕組みとしてデュルケムは何を想定していたのか。『社会分業論』以降のデュルケムの近代社会構想として先行研究は専ら、デュルケムの人格崇拝論に着目してきた。この着眼の背景に存在するのは、第2章で検討したパーソンズのデュルケム理解である。『社会分業論』においては集合意識という概念は、かつての社会統合の類型である機械的連帯と結びつけられていたのに対し、『社会分業論』以降のデュルケムは、近代社会にも集合意識の存在を認めるように変化した。この近代社会の統合を可能とする集合意識とは、「個人の人格に対する崇拝」をその内容とする、という議論である。[33]

このパーソンズの指摘を受けギデンズは、デュルケムがドレフュス事件に際し発表した「個人主義と知識人」論文に着目し、個人主義の中には、スペンサーや経済学者が主張する個人の利害の他には何も認めないような「功利主義的自己本位主義（l'égoïsme utilitaires）」とは区別すべき、「道徳的個人主義」が存在する点をデュルケムが主張していた事実に注意を促している。[34] デュルケムが肯定的に評価する個人主義とは、「人間の人格（la personne humaine）」の尊重をその内容とする。[35] 加えてデュルケムは、この「個人としての人間の尊重を説く信仰（la croyance individualiste）」こそが、「フランスの道徳的統一を保障しうる唯一の信念の体系（le seul système de croyances qui puisse assurer l'unité morale du pays)」、フランス人を「お互いに結びつけている唯一のつながり（le seul lien qui nous rattache les uns aux autres)」とも主張している。[36]では、パーソンズやギデンズが指摘するように、個人の人格に対する崇拝を喚起することで、個々人の自由が保障されるとデュルケムは考えていたのであろうか。人格崇拝論は、デュルケムの近代社会構想において、どのような位置づけを与えられているのか。

「道徳的統一」の意味

一八九八年のこの論文における人格崇拝論の評価のためには、先の引用文における「道徳的統一（l'unité morale)」という表現の意味を検討する必要がある。デュルケムはまず、宗教として理解すべきなのは、特定の象徴や狭い意味での儀礼、教会や司祭といった「眼に見える制度的な仕組み（appareil extérieur)」ではなく、「特別な権威を伴った集合的信念・慣行の総体（un ensemble de croyances et de pratiques collectives d'une particulière autorité)」であると主張する。その上でデュルケムは、特定の「目的（fin)」に、「個々人が追求する目的（des fins privées)」とは異なる「道徳的な絶対性（suprématie morale)」が備わるのは、集団の構成員全員がその目的を追求する場合である、と指摘する。[37]問題なのは、この集団の構成員全員が、特定の目的を追求している状況として、デュルケムが具体的にどのような事態を想定していたのかである。

デュルケムは一八九八年の論文においても、社会の規模の拡大に伴い、伝統や慣習の影響力が弱体化した結果、分業が進展し、個々人の意識の内容も多様化するとの『社会分業論』の理論構成を繰り返している。したがって、そのような社会においては、集合意識の共有による機械的連帯の形成は不可能となっているのである。人格の崇拝についてデュルケムは、集団の構成員が実態として抱いている集合意識としてではなく、あくまでも「理念

(idée)」として位置づけている。[38] 逆にこの理念に対する反対とは、個々人の多様化の否定であり、個性の平準化、かつての順応主義への回帰であり、分業の進展の拒否を意味するのである。[39]

よってデュルケムがこの論文で述べている「道徳的統一」とは、特定の意識を集団の構成員が共有している状況を意味しているのではない。問題となっているのは、分業の進展とそれに伴う個々人の多様化に対する道徳的な評価なのである。一九世紀末の社会とは、全体としてどのような目的を追求していると捉えるべきなのか。この主題は第4章でも確認した通り、『社会分業論』の用語で言うと理想的人間像をめぐる問題である。『社会分業論』においてデュルケムは、当時の人々が具体的に抱いていた道徳意識には、相矛盾する方向性が混在しているため、今後の社会が追求すべき目的をそこから直接には導き出せないと指摘していた。その上でデュルケムは、道徳の機能という視点の導入により、新たな社会構造に対応した道徳的に健全な状態を確定し、「私たちが漠然と志向している理念（l'idéal）の特定」を試みたのであった。[40] この『社会分業論』での考察を踏まえデュルケムは、ドレフュス事件に際しての論争を、個人主義の評価をめぐる対立と特徴づけた上で、個人としての人間の尊重という理念を集団として追求すべきとの方向性が共有されていれば、そこには人格の崇拝を基軸とした「道徳的統一」が形成されていると主張し、自らの道徳的立場の正当性を訴えているのである。[41]

個人主義を現実化するための条件

確かに社会統合と個々人の自由の両立という課題に意義を感じるには、個々人の自由の尊重という価値観を受容している必要がある。第3章でも確認したように、この価値観を前提としなければ、そもそも有機的連帯という社会統合の類型を提示する積極的な意味が存在しない。しかし、個々人の人格を尊重すべきとの価値観を主張し、その理念の社会的共有を試みれば個々人の自由が保障されると考えていたのであれば、デュルケムが社会学者として、その近代社会構想を提唱する必要はなかったであろう。実際デュルケムは、個人主義の理論的な表現であるフランス人権宣言に対して、冷淡な態度を示した上で、以下のような指摘を行っている。すなわち、

個人主義的な道徳を確立するためには、それを宣言したり、立派に体系化するのでは不十分である。必要なのは、このような道徳的理想を可能とし、それを保障するような社会の改革である。(42)

デュルケムが社会学者として自らの近代社会構想を提示したのは、個々人の自由の尊重という価値観を抱いた上で、「個人主義を現実化するための条件（les conditions nécessaires pour qu'il ［un individualisme］ devienne une réalité）」を探求したからである。個人主義を「思弁的な夢想（rêveries spéculatives）」のなかに霧散させ、単なる「社会的願望（les aspirations sociales）」に終わらせないためには、個人主義を支える「一群の慣習や制度（corps de pratiques et d'institutions）」に関する検討が必要なのである。(43)

5　国家と職能団体との拮抗

国家による二次的諸集団の抑制

職能団体という二次的諸集団に対して個々人の自由を保障する仕組みとして、デュルケムはどのような制度を提唱したのであろうか。ここで登場するのが、国家である。先にも確認した通り、職能団体に限らずあらゆる集

団は、外部からの抑制を欠いた時、その構成員に対して必然的に抑圧的となる。したがって必要なのは、「二次的諸権力（pouvoirs secondaires）」の上に立ち、そのすべてを支配するような、「単一の一般的な権力（un pouvoir général）」、すなわち、国家の確立である。この国家という上位の権力により、「諸集団の分立主義（particularlisme collectif）」の抑制を試みるのが、デュルケムの職能団体論の理論的な特徴である。

デュルケムによれば、国家の本質的な役割とは、自らに含まれている「基礎社会（les sociétés élémentaires）」の抑制により、基礎社会が個人に及ぼしかねない「抑圧的な影響（l'influence compressive）」を抑制することである。[44]しかし同時に、国家も一つの集団であり、個人と直接的に向き合うならば、今度は国家が個人を抑圧する結果となる。[45]したがって重要なのは、国家と二次的諸集団とが、お互いに「釣り合い（contrepoids）」となり、お互いにお互いの抑圧的な影響を牽制する状態を保つことである。[46]このような制度的な仕組みを整えることで、個々人が自由に活動できる余地の確保が可能となるのである。

政治社会の定義

国家と二次的諸集団との釣り合いを通じ、個々人の自由の保障を試みる、というこのデュルケムの職能団体論の理論的特徴は、その政治社会の定義にも表れている。デュルケムは政治社会を、統治の関係をめぐって形成される集団と考える。具体的に問題となるのは、「権力の構成（constitution d'un pouvoir）」とそれに対する人々の服従である。[47]しかし権力関係の存在だけでは、例えば家族と政治社会との概念的な区別が適切にできないとデュルケムは指摘する。家族における家長も、他の家族構成員に対する権力を保持し、それに対する服従がなされているからである。このような指摘を行った上でデュルケムは、家族と政治社会との相違とは、後者がその中に、

「複数の家族や複数の職能団体を包み込んでいること（contienne dans son sein une pluralité de familles différentes ou de groupes professionnels différents）」であると指摘する。[48] このような検討を踏まえた上でデュルケムは、政治社会を以下のように定義している。すなわち、政治社会とは、「単一の権力に服する相当数の二次的社会集団の結合により形成された社会（une société formée par une réunion d'un nombre plus ou moins considérables de groupes sociaux secondaires, soumis à une même autorité）」である。[49] 権力とそれに対する服従という統治の関係により特徴づけられる政治社会を、単なる権力の存在だけでなく、一元的な権力ならびにそれと結合している複数の二次的諸集団が並存する状態としてデュルケムが定義するのは、個々人の自由を保障する仕組みとして、国家と二次的諸集団との拮抗関係を保持する必要性を指摘するためである。

モンテスキューからの影響

政治社会を国家と二次的諸集団との拮抗関係が保持された状態として捉えるデュルケムの定義の背景にある発想とは、一八世紀のフランスの政治学者であるモンテスキューの君主政論である。モンテスキューは『法の精神』において政体を、共和政、君主政、専制の三つに分類している。共和政とは、主権を人民の全体、もしくは人民の一部が保持している政体、君主政とは、特定の人物が、「確固たる制定された法律（des lois fixes et établis）」により支配する政体、専制とは、特定の人物が、法律も規則もなく、自らの意思と気まぐれで、万事を引きずってゆく政体である。[50] 君主政においては、君主が「確固たる制定された法律」により支配を行うとモンテスキューは主張するが、この政体の維持には、君主の権力を媒介し、抑制する「従属的・依存的な中間的諸権力（les pouvoirs intermédiaires subordonnés et dépendants）」が必要となる。モンテスキューが具体的に想定しているのが、貴族である。君主政における君主と貴族との拮抗関係をモンテスキューは、「君主なければ貴族なく、貴族なければ君主なし」との標語で特徴づけている[51]。

このモンテスキューによる君主政論は、比較的小規模の社会でのみ可能であり、構成員が公共善に専心すべき共和政、大規模な社会を専制君主が恣意的に支配する専制との対照の中で特徴づけられている[52]。君主政とは、君主の下に、貴族という中間的諸権力が存在しうるヨーロッパのような大規模な社会で可能な政体であり、かつ法により君主の恣意を抑制し、自由の保障がなされている政体として特徴づけられているのである[53]。

デュルケムは『社会学講義』において、モンテスキューの言う君主政を、「最も高度に組織化された社会形態（la forme sociale [...] la plus hautement organisée）」と評価した上で、先のモンテスキューの標語を踏まえつつ、自らの定義する政治社会を、「二次的諸集団なければ政治権力（autorité politique）なし」と特徴づけている[54]。加えてデュルケムは、政治社会のような複合的社会は、それに先だって形成される家族や氏族のような基礎的社会から生じるとのメーンやクーランジュの議論を批判し、「全体と部分とは同時に組織される（le tout et les parties se sont organisés en même temps）」との見解を主張している[55]。したがってデュルケムの言う政治社会の特質とは、国家との関連を保ちながらも、一定の自律性を維持した二次的諸集団の組織化により、単一の権力の形成と「複環節的（polysegmentaire）」な構造との両立を可能とする点に求められるのである[56]。

国家権力の絶対性の評価

政治社会を国家と二次的諸集団との複合的な組織化として把握する視点は、近代社会において国家の担う役割が拡大している現実と、その現実を国家の肥大化として警戒するデュルケムの問題関心とを統一的に位置づける理論構成を提供することになった。一九〇一年に公刊した刑罰論においてデュルケムは、国家権力の絶対性を分節化して捉える視点を提示している。この論文でデュルケムは、国家権力の絶対性を「国家が担っている機能の数やその重要性」の増大と直接的に関連させて捉えるスペンサーの見解は誤りだと指摘している。確かに、同時代のヨーロッパの巨大な社会と例えばルイ一四世の時代とを比べるならば、「国家の活動領域（le champ d'action de l'État）」が拡大しているのは事実である。(57) しかし、国家権力のみを検討していても、その絶対性の評価は適切に行いえないとデュルケムはスペンサーを批判する。というのも、権力の絶対性を左右する要素としては、その抑制をなしうる存在の有無も重要であり、この後者の観点も考慮するならば、たとえ国家の役割が拡大していたとしても、その絶対性を抑制し、個々人の自由を保障する可能性が見出せるからである。(58)

国家権力の絶対性の程度を、国家とそれを抑制する存在との相互関係から評価する視点に基づきデュルケムは、国家権力に絶対的との形容が当てはまる場合を以下のように特徴づけている。すなわち、「国家権力（pouvoir gouvernemental）」が「絶対的（absolu）」であるとは、国家権力の「釣り合い（pondérer）」となり、それを実効的に制限（limiter efficacement）する他の社会的機能（fonctions sociales）が存在しない状態」である。ここでデュルケムが国家権力を実効的に制限しうる社会的機能として念頭に置いている存在とは、「伝統や宗教的信仰（tradition, croyances religieuses）」、加えて「二次的諸集団（organes sociaux secondaires）」である。(59) 言い換えるならば、絶対的な中央権力とは、「社会のあらゆる統制機能が単一の人物の下に集中（la réunion [...] de toutes les fonctions directrices de la société dans une seule et même main）」することによって確立するのである。この「過度の集権化（hyper-centralisation）」を通じ、権力を一手に掌握した人物は、残りの社会全体に対して、「圧倒的な優越性（prépondérance exceptionnelle）」を持つ。この優越性こそが、「絶対主義（absolutisme）」を意味するのである。加えて、このような絶対的権力を持った人物は、社会の「集合的な制約（contrainte collective）」から自由となり、自らの恣意のみに従って行動し、それを他人に押し付ける。[60] このような絶対主義の捉え方には、この箇所でデュルケム自身が明示しているわけではないが、先に触れたモンテスキューの専制政体の捉え方、すなわち、特定の人物が、法律も規則もなく、自らの意思と気まぐれで、万事を引きずってゆく政体という概念化が反映されているのであろう。

職能団体の公的な制度化の必要性

では、国家権力を絶対的とさせないためには、職能団体などの二次的諸集団が存在すればよいのか。それだけでは不十分であるとデュルケムは考えている。自由の保障された君主政を専制から区別する際、モンテスキューが二次的諸集団の存在に加え、「確固たる制定された法律」の存在にも留意したように、デュルケムも二次的諸集団による国家権力の制限が、「事実の水準（de fait）」において存在しているのみなのか、それとも成文法や慣習により、「法的に保障されている（juridiquement obligatoire）」のか、という違いを強調する。確かに、国家の側が権力の行使に際し、一定の節度を保っている場合もある。また、国家権力が一定の限度を越え、二次的諸集団を侵害する事態となれば、それらが協力して国家権力を抑制することもありえる。しかし国家権力に対する抑制が、そのような事実の水準において存在しているだけでは、その抑制は「本質的には偶然（essentiellement contingente）」に過ぎないとデュルケムは指摘する。重要なのは、国家権力を抑制するための「釣り合い（contre-poids）」の権限が「法的に定められている（régulièrement organisé）」という点である。[61]

国家権力の実効的な抑制には、その釣り合いとなりうる二次的諸集団の権限を法的に定める必要があるとの考察に基づきデュルケムは、職能団体の公的な制度化を主張するのである。当時の社会の現状につきデュルケムは

「社会は組織化されていない無数の個人から構成され、肥大化した国家が個々人を束縛し、抑圧している状況（une société composée d'une poussière infinie d'individus inorganisés, qu'un État hypertrophié s'efforce d'enserrer et de retenir）」と捉えた上で、このような状況とは、「まさしく社会学的な怪物（une véritable monstruosité sociologique）」であるとの危機感を表明している。[62] この肥大化した国家と個々人とが直接的に向き合っている状況を克服し、個々人の自由を実効的に保障するためには、国家と二次的諸集団との拮抗関係を法的に制度化し、複合的な組織をその本質とする政治社会を再構築する必要がある。このような問題関心に基づきデュルケムは、改めて職能団体を「現代ヨーロッパの社会構造における本質的な要素（l'élément essentiel de notre structure sociale）」として認め、「公的制度（institution publique）」、「政治社会の基礎単位（la base［...］de notre organisation politique）」とすべきだと主張するのである。[63]

6　職能団体論の理論的意義

職能団体論という新たな近代社会構想の提示によりデュルケムは、『社会分業論』の理論構成では十分に検討できなかった課題に対し、一定の回答を与えることに成功している。まず、『社会分業論』では適切に概念化できなかった近代社会における国家と経済活動との関係については、国家に対して一定の自律性を保った職能団体を、社会的規整を実際に執行する主体として位置づけることにより、国家による直接的な規整を避けた上で、分化を続ける経済活動を実効的に規整する枠組みの提示が可能となっている。次に使用者に対して相対的に不利な立場に置かれている労働者の実質的な自由の保障については、職能団体の内部構成の工夫により、労働者の側の自由な意思形成を保障した上で、職能団体を通じて、労働者が直接的に社会生活へと参与しうる仕組みをデュルケムは提案している。

経済活動に対する規整の担い手という『社会分業論』では不明確であった課題を職能団体として具体化する一方で、国家や職能団体といった具体的な集団を積極的な存在として位置づけるに至った職能団体論では、その近代社会構想の内部に個々人の自由を脅かしうる要素が含まれることになった。『社会分業論』では、社会の規模の拡大と個々人の自由の伸長とが、機械的連帯の弱体化を媒介として直接的に結びつけられていたのに対し、職能団体論では、社会の規模の拡大は、その内部に二次的諸集団という小規模な社会を成立させる余地を開くため、集団による個々人の自由の抑圧の可能性がなおも存在しうるのである。この新たな課題につき、先行研究は、デュルケムの人格崇拝論に着目し、個々人の自由を尊重する集合意識に基づいた社会統合の形成により、問題の解決が可能になると考えてきた。しかしデュルケム自身は、個々人の自由を保障するためには、個人主義の価値観を表明するだけでは不十分であり、そのような理念を支える制度の構築が不可欠だと主張している点を本書では確認した。

集団による抑圧に対し、個々人の自由を保障する仕組みとしてデュルケムが提案するのが、職能団体を公的に制度化し、国家と職能団体との拮抗関係を法的に保障することである。職能団体が個々人に及ぼす影響力を国家により相殺し、国家が個々人に対して直接的に向き合っている現状を職能団体の制度化により修正する。政治社会を国家と二次的諸集団との複合的な組織化として把握する視点によりデュルケムは、近代社会において国家の担う役割が拡大している現実を踏まえた上で、職能団体の制度化により国家権力を抑制し、個々人の自由を実効的に保障する理論的な枠組みを獲得したのである。

注

（1）Durkheim, [1902a], op. cit., p. vi. Id., [1893a], op. cit., pp. 351-3.

（2）Durkheim, [1893a], op. cit., p. 351. 強調は原文による。

（3）Ibid., p. 81. フランスの裁判制度には、司法機構に属する司法裁判機関と行政機構に属する行政裁判機関という二系統の裁判機関が存在する。日本の裁判制度では、公権力の行使の適法性を争う行政訴訟も裁判所が取り扱うが、フランスの場合は、刑事訴訟や民事訴訟を取り扱う司法機構とは別の系統である行政裁判機関が取り扱うことになる（中村義孝、2011a「フランスの裁判制度（1）」『立命館法学』335、p. 5、同著、2011b「フランスの裁判制度（2）」『立命館法学』336、p. 74）。また司法裁判機関の内部においても、例えば民事の裁判機関につき、商事裁判所や労働審判所といった第一審の特別裁判機関が設置されており、商人や労働者、使用者といった非職業裁判官からなる裁判機関が存在している（中村、2011a、前掲書、pp. 36, 45-53）。復原的法の執行を担う主体につき、デュルケムが司法とも国家とも特定せず、漠然と社会であると述べていたのは、このようなフランスの裁判制度が背景となっているのである。

（4）Durkheim, [1902a], op. cit., p. vi. 職能団体という非職業裁判官によって構成される機関に法的な権限を委譲し、規整の執行を担わせる発想は特異に思えるかもしれないが、現在でもフランスでは、例えば商人の間の契約に関する訴訟は、商人仲間の間で選挙された判事による商事裁判所が、労働契約の際に生じた個別的な紛争については、労使それぞれ同数の判事を選挙によって選出する労働審判所がというようにそれぞれ専属管轄権を持っており、個別の領域に関する訴訟につき、非職業裁判官からなる特別な裁判機関を設置するのは、決して異例なことではない（中村、2011a、前掲書、p. 46-8, 50-1）。

（5）Durkheim, [1897], op. cit., p. 449. 強調は原文による。

（6）Durkheim, [1902], op. cit., pp. xxv-xxvi.

（7）Ibid., p. xxvi.

（8）Ibid., pp. xxvi-xxvii.

（9）Ibid., p. xxviii.

（10） Fournier, 2007, op. cit., p. 125; Durkheim, [1895b], op. cit., p. 51.

（11） Durkheim, [1895b], op. cit., p. 49. 一八九三年に公刊の社会主義論においても、社会主義とは、「自律性を保った機関が複数存在しながら、お互いに結び付いている状態（organes multiples, autonomes, mais solidaires les uns des autres）」であるとの指摘をデュルケムは行っている（Durkheim, [1893c], op. cit., p. 235）。

（12） Durkheim, [1895b], op. cit., pp. 47-9.

（13） Ibid., p. 49. 原理的には、職能団体を媒介としてすべての経済活動を国家に関連づけることを主張する立場、加えて、一部の経済活動に限定して国家との直接的な関連づけを主張する立場もありえるはずである。

（14） Durkheim, [1902a], op. cit., pp. xxviii-xxix.

（15） Ibid., p. xxviii, n. 2.

（16） Ibid., p. xxviii, n. 2.

（17） Ibid., p. xxviii, n. 2.

（18） Durkheim, [1895b], op. cit., p. 55.

（19） 宮島喬は、デュルケムが「労使の利害対立の根ぶかさを無視していたわけではなく、職業集団を基礎とする一種の職能議会の構想のなかでも、両集団の区別の必要を説いている」点を指摘しているが、しかし宮島のデュルケム解釈の力点は、「産業社会における社会関係」を、階級ではなく職業集団として捉えた結果、「労使の利害対立を曖昧化したまま両者を包含する構成において考えられる可能性」を生み出している点に置かれている。加えて宮島は、職能団体が「独自の利益をもって国家に対立し、圧力を及ぼすことに警戒的であった」とのデュルケム解釈を提示した上で、デュルケムの職能団体論とは、「労資の利害の『均衡』化」を図るものであり、「社会改革の媒体であることを期待されつつも、究極するところ階級協調の実現ということに帰着」するという否定的な評価を下している（宮島、1977、前掲書、pp. 185-8、強調は原文による）。

（20） Durkheim, [1902a], op. cit., pp. vii-viii.

（21） Ibid., p. viii.

(22) Durkheim, [1893a], op. cit., pp. 237-8.
(23) Ibid., pp. 73-4, 283-7.
(24) Ibid., pp. 371-2.
(25) Ibid., pp. 289-90.
(26) 『社会学講義』の成立年代については、第1章の注(28)を参照のこと。
(27) Durkheim, [1898-1900], op. cit., p. 96.
(28) Durkheim, [1893a], op. cit., pp. 124-5.
(29) Durkheim, [1898-1900], op. cit., pp. 96-7.
(30) Ibid., p. 97.
(31) Ibid., p. 97.
(32) Ibid., p. 96.
(33) この点については、第2章第3節を参照のこと。
(34) Durkheim, [1898c], op. cit., p. 262-3. ギデンズのデュルケム理解については、第2章第4節を参照のこと。
(35) Ibid., p. 267.
(36) Ibid., pp. 270, 273-4.
(37) Ibid., p. 270.
(38) Ibid., p. 271.
(39) Ibid., p. 272.
(40) Durkheim, [1893a], op. cit., p. xxxix.
(41) Durkheim, [1898c], op. cit., p. 262.『社会学講義』においても、「個々人が追求する目的」と「非人格的な目的(une fin impersonnelle)」との対比に基づき、後者の追求とは、個人の自由な「個性化(l'individuation)」の保障であるとデュルケムは主張している(Durkheim, [1898-1900], op. cit., pp. 103-4)。

(42) Durkheim, [1898–1900], op. cit., p. 95.
(43) Ibid., p. 95.
(44) Ibid., p. 98.
(45) Ibid., p. 97.
(46) Ibid., pp. 98–9. 宮島喬は、デュルケムが二次的諸集団に求めていたのは、「国家が個人に対して抑圧的とならないため」、また「国家が個人から十分解放されるため」という二重の役割であると理解している（宮島、1977、前掲書、p. 179；Giddens, 1970, op. cit., p. 501）。しかし重要なのは、国家と個々人との間に二次的諸集団が介在するだけではなく、国家と二次的諸集団との拮抗関係の形成を通じて、個々人に対するその抑圧的傾向を緩和することである（中島道男、2015、「デュルケムの『国家－中間集団－個人』プロブレマティーク」『日仏社会学会年報』26、pp. 49–51）。
(47) Durkheim, [1898–1900], op. cit., p. 79.
(48) Ibid., pp. 79–81.
(49) Ibid., pp. 81–2.
(50) Charles-Louis de Montesquieu, [1748] 1995, *De l'ésprit des lois*, Paris: Gallimard, Part. I, Liv. II, Ch. I. なおモンテスキューの『法の精神』からの引用は、部と編、章の番号で、その箇所を明示する。
(51) Montesquieu, [1748], op. cit., Part. I, Liv. II, Ch. IV.
(52) Ibid., Part. I, Liv. VIII, Ch. XVI; Part. I, Liv. II, Ch. I.
(53) Ibid., Part. I, Liv. I, Ch. IV; Part. II, Liv. XI, Ch. VIII.
(54) Durkheim, [1898–1900], op. cit., p. 82. 博士副論文として提出したモンテスキュー論においてもデュルケムは、分業の進展と自由の保障が可能となる条件を検討し、多様性が社会統合に資する可能性を指摘した議論として、モンテスキューの君主政論を肯定的に評価している（Durkheim, [1892], op. cit., pp. 36–8）。
(55) Durkheim, [1898–1900], op. cit., pp. 82–3.
(56) Ibid., p. 83.

（57）Émile Durkheim, [1901], "Deux lois de l'évolution pénal," *Année sociologique*, 4, pp. 65-95. Reprinted in 1969, *Journal sociologique*, Paris: Presses universitaires de France, pp. 247-8.

（58）Ibid., p. 248.

（59）Ibid., p. 246.

（60）Ibid., p. 247.

（61）Ibid., pp. 246-7.

（62）Durkheim, [1902a], op. cit., p. xxxii.

（63）Ibid., pp. viii, xxxi, xxxiv.

終章

自由と社会秩序の両立に向けて

本書で得られた知見

終章では、本書で得られた知見を、章ごとに確認する。

第1章では、デュルケムの社会学をその近代社会構想という観点から検討する意義を提示した。デュルケムの近代社会構想を検討するに際し、本書が主たる対象としたのは、『社会分業論』や『社会学講義』といったデュルケムの学説の展開における前期のテキストである。これらのテキストにおいてデュルケムは、同時代のヨーロッパ社会の病理的な現状を分析し、それを克服する社会構想を提示している。しかし、この前期のデュルケムが提示した近代社会構想は、必ずしもその独自の理論的意義を認められてこなかった。というのもデュルケム研究においては、『宗教生活の原初形態』に代表される後期の学説に力点を置き、その萌芽を前期のテキストに指摘するという、パーソンズが『社会的行為の構造』で設定した解釈枠組みが、今もなお影響を持っているからである。本書では、一九七〇年代に始まるデュルケム・ルネサンス以降の研究が、デュルケム社会学の個別的な主題に関する検討を進めると同時に、社会史的・思想史的な知見に依拠した新たなデュルケム像の提示を行いながらも、パーソンズの設定したデュルケム理解の枠組みを、その本質的な点において相対化できていない実態を指摘した。

第2章では、このパーソンズが設定した解釈枠組みの偏りを、デュルケムのテキストとの対照を通じ、明確化した。パーソンズはそのデュルケム論において、『社会分業論』での機械的連帯の重要性や有機的連帯の道徳的基礎を主張し、デュルケムの近代社会論の根底に道徳への関心が存在するとの指摘を行っている。この指摘に基づきパーソンズは、有機的連帯における「契約における非契約的要素」とは、『自殺論』での人格崇拝論を意味しているとの理解を提示するのである。後のデュルケム理解は、このパーソンズの解釈枠組みに強く拘束されているが、本書では、パーソンズが宗教を典型例とする価値の共有という側面を強調して前期のデュルケムの学説を解釈する根拠は、デュルケムのテキストではなく、パーソンズ自身の理論的な判断に存するのであり、前期デュルケムのテキストの理解を試みるには、パーソンズの解釈枠組みを相対化する必要がある点を明らかにした。

第3章では、デュルケムが自らの近代社会構想を提示するに際し抱いていた規範的な問題関心を明らかにすべく、『社会分業論』へ至るデュルケムの知的変遷を検討した。前期のデュルケムの問題関心として先行研究は、専ら『社会分業論』の記述に依拠し、社会学に固有の研究対象を特定すること、当時のフランスに広がる社会解体的な傾向を抑制することという二点を指摘してきた。しかしこのような理解では、なぜデュルケムが有機的連帯という新たな社会統合の理念を提示したのか、その理論的な背景を十分に把握することはできない。というのも、これら二つの問題関心のみに応じるのであれば、集合意識の共有により人々を統合させる機械的連帯であっても、理論的には十分な解決策となりうるからである。

それに対し本書は、『社会分業論』以前にデュルケムが発表した論文、具体的には社会主義の特徴づけをめぐるシェフレの議論の受容に着目し、『社会分業論』に際してデュルケムが抱いていた問題関心には、国家による上からの介入や共同体への回帰に拠らずして、近代社会に内在的な統合のメカニズムにより社会解体的な傾向を抑制する可能性を示すこと、というデュルケム自身の思想的な問題関心が存在する点を明らかにした。社会統合と個々人の自由とを両立する可能性を模索するという課題は、デュルケムの近代社会構想に通底する問題関心であり、有機的連帯という新たな社会統合の理念の理論的な意義も、近代社会の展開に応じて広がる分業にその両立可能性を求めた点に存するのである。

第4章では、『社会分業論』の理論枠組みについて検討を行った。機械的連帯と有機的連帯という二つの社会統合の概念に対し、『社会分業論』ではどのような理論的関係が与えられているのか。先行研究は専ら、機械的連帯から有機的連帯へという時系列的な変化を主軸とした上で、『社会分業論』におけるデュルケムの議論の独自性とは、分業の進展を経済学的な側面で捉えるのではなく、そこに道徳的な意義を指摘した点であると理解している。それに対し本書は、『社会分業論』の理論構成を理解する際の鍵となっているこの道徳という用語に対して、デュルケム自身がどのような位置づけを与えているのか、という点を手がかりとして、機械的連帯と有機的連帯との理論的な関係を検討した。

この「道徳」という言葉でデュルケムが問題としているのは、道徳が果たしている社会的な役割である。つまり、デュルケムが問うているのは、道徳の内容それ自体ではなく、世の中で道徳的と思われている行為が社会的に持っている機能である。本書では、『社会分業論』の再版に際して削除されているその序論に着目し、デュルケムが道徳の機能として念頭においているのは、社会の構成員が自らのことのみを考えるのではなく、他者のことを考慮するよう導き、社会の調和的な統合を可能とするメカニズムである点を明らかにした。道徳の考察に際して、このような機能的な視点を採ることで、集合意識を共有すべきという道徳観と、分業は道徳としての意義を持っているのだろうかという問いとを、同一の平面で論じることが『社会分業論』では可能となっているのである。

第5章では、『社会分業論』でデュルケムが展開した近代社会構想である有機的連帯論の理論構成を論じた。『社会分業論』にてデュルケムが新たに提示した有機的連帯という社会統合の概念の特徴は、集合意識に基づく機械的連帯とは異なり、社会的分化と個々人の自由を許容している点に存する。しかし社会統合の概念である以上、有機的連帯は個々人の自己利益にのみ基づく経済的な関係から区別されるべきであり、その基礎となる契約関係も当事者間の合意に還元はできない性質を持っている、とデュルケムは考える。このデュルケムの指摘をパーソンズは「契約における非契約的要素」と定式化したのであるが、しかし「契約における非契約的要素」とは具体的に何を指しているのか。有機的連帯に固有の統合メカニズムの特定に重要となる論点であるにもかかわらず、その内容に関して先行研究の見解が分かれている。この問題について本書は「契約における非契約要素」とは契約法である、との解釈を提示した。

デュルケムによれば契約法とは、契約当事者間の権利義務を定め、有機的連帯の安定を可能にする、という法の執行に関わる役割のみを担っているのではない。契約法は、契約関係における調和の維持という積極的な役割をも果たしているのである。契約法は契約当事者に対し、当事者間で合意が成立したとしても、その合意が契約として法的保護を受けるためには、法により定められた条件を満たす必要がある、との規整を及ぼしている。この条件とは、合意の形成過程において、強制が存在しないことである。この契約法による規整こそ、分業に基づく協働関係において、相対的な強者の自己主張を抑制させ、相対的な弱者の自由を保障し、有機的連帯において社会統合と個々人の自由を両立させ、調和的な協働を可能にするためのメカニズムなのである。

第6章では、有機的連帯という近代社会構想の同時代的意義を明らかにした。具体的には、デュルケムの同時代認識がうかがえる『社会分業論』の第三部に着目し、有機的連帯を可能とする社会的規整の特質を検討した。一九世紀末のフランス社会は労使の対立などの社会経済問題の深刻化が強く意識され、コントやエスピナスは過度の分業の進展が社会解体につながると主張していた。それに対してデュルケムは、労使の対立といった病理的な現象が生じているのは、諸機能間の協働関係を定める均衡の条件が定められていないことが原因であるとの診断を下している。デュルケムが問題としているのは、労使の協働関係に強制の契機が介在しており、当事者間の自由な合意、契約内容の自発的な履行が損なわれている点である。したがって社会的規整が担うべきなのは、契約当事者間の不均衡な関係を是正し、分業の関係から強制の契機を排除する役割なのである。有機的連帯とは、同時代に確認された事実の単なる反映なのではなく、協働関係における相対的に弱い立場の側の自発性を保障することで、個々人の自由と社会統合とを調和させる近代社会構想として提示されたものなのである。

第7章では、デュルケムがなぜ、職能団体論という別の近代社会構想を提示するに至ったのか、その背景を明らかにすべく、『社会分業論』以降のデュルケムの知的変遷を検討した。実のところデュルケムは『社会分業論』の公刊直後から、有機的連帯論の理論的に不十分な点を自ら認めている。まず有機的連帯論では契約法による規整に期待が向けられていたが、当時のフランス民法学の通説的な解釈では、このデュルケムの理解は異端的であった。次に、『社会分業論』においては、分業の展開と安定的な社会統合とを両立させるために必要となる社会的規整は、諸機能間の継続的な相互関係から自然と形成されるとデュルケムは主張していたが、『社会分業論』の第二版においては、この議論は不十分であったとかつての自らの立論をデュルケムは批判している。最後に、『社会分業論』においては、事実として拡大を続けている国家の役割を、個々人の自由と社会統合との調和という自らの近代社会構想に照らし合わせてどう評価すべきか、その態度をデュルケムは明確にしておらず、結果として国家の位置づけが不明確なままになっていた。

その一方で職能団体論においても、社会関係における不均衡を見据えた上で、相対的に弱い立場の人々に実質的な自由を保障するための条件を追求するという『社会分業論』での問題関心は一貫している。本書では、職能団体論をデュルケムが導入したのは、『社会分業論』からの問題関心を引き継ぎつつ、先の三つの有機的連帯論の難点を克服するのが目的であった点を明らかにした。

第8章では，近代社会構想としてデュルケムが新たに提示した職能団体論の理論構成を論じた。職能団体概念の導入によりデュルケムは，『社会分業論』では適切に概念化できなかった近代社会における国家と経済活動との関係につき，国家に対して一定の自律性を保った職能団体を，社会的規整を執行する主体として位置づけることで，国家による直接的な規整に頼ることなく，分化を続ける経済活動を実効的に規整する枠組みの提示に成功している。次に使用者に対して相対的に不利な立場に置かれている労働者の実質的な自由の保障については，職能団体の内部構成の工夫により，労働者の側の自由な意思形成を保障した上で，職能団体を通じて，労働者が直接的に社会生活へと参与しうる仕組みをデュルケムは提案している。

しかし職能団体論では，国家や職能団体といった具体的な集団を積極的な存在として位置づけているため，その近代社会構想の内部に個々人の自由を脅かしうる要素が含まれることになった。『社会分業論』では，社会の規模の拡大と個々人の自由の伸長とが，機械的連帯の弱体化を媒介として直接的に結びつけられていたのに対し，職能団体論では，社会の規模の拡大は，その内部に二次的諸集団という小規模な社会を成立させる余地を開くため，集団による個々人の自由の抑圧の可能性がなおも存在しうるのである。この新たな課題につき，先行研究はデュルケムの人格崇拝論に着目し，個々人の自由を尊重する集合意識に基づいた社会統合の形成により，問題の解決が可能になると考えてきた。しかしデュルケム自身は，個々人の自由を保障するためには，個人主義の価値観を表明するだけでは不十分であり，そのような理念を支える制度の構築が不可欠だと主張している点を本書では確認した。

集団による抑圧に対し，個々人の自由を保障する制度としてデュルケムが提案するのが，職能団体を公的に制度化し，国家と職能団体との拮抗関係を法的に保障することである。職能団体が個々人に及ぼす影響力を国家により相殺し、国家が個々人に対して直接的に向き合っている現状を職能団体の制度化により是正する。政治社会を国家と二次的諸集団との複合的な組織化として把握するこの視点によりデュルケムは、近代社会において国家の担う役割が拡大している現実を踏まえた上で、職能団体の制度化により国家権力を抑制し、個々人の自由を実効的に保障する理論的な枠組みを獲得したのである。

既存のデュルケム解釈に付け加えた知見

本書が既存のデュルケム解釈に付け加えた知見としては、以下の四点がある。まず一点目は、パーソンズの設定したデュルケム解釈の枠組みの相対化を通じて、前期デュルケムの近代社会構想に独自の理論的意義を見出した点である。デュルケムの近代社会構想として本書が提示したのは、『社会分業論』での有機的連帯論と『社会学講義』を中心とした職能団体論の二種類である。そのどちらについてもデュルケムは、個々人の自由の保障という近代社会の理念と社会統合の必要性とを両立させる可能性を、近代社会に固有のメカニズムを通じて探求している。デュルケムが着目した近代社会に固有のメカニズムとは、有機的連帯論においては、契約法による協働関係の社会的規整であり、職能団体論においては、職能団体の制度化を通じた国家と職能団体との複合的な組織化である。契約法による規整や職能団体が具体化して執行する規整とは、複雑化した近代社会において形成される協働関係につき、協働関係を担う当事者の双方が、正当なものとして主張しうる領域を適切に整序し、自らの自由と意思を侵害される危険から保護を求めるための枠組みとなっている。デュルケムの近代社会構想の独自の理論的意義とは、個々人の自由と社会統合との両立を可能とするには、協働関係に伴う不均衡を是正するメカニズムが必要である点を指摘し、具体的なメカニズムとして契約法や職能団体の制度化を提示した点に求められるのである。

二点目は、有機的連帯論から職能団体論へとデュルケムの近代社会構想が深化した背景を明らかにした点である。既存のデュルケム解釈では、『社会分業論』以降のデュルケムの展開として、宗教現象への着目や、人格崇拝論の提示といった機械的連帯に由来する側面の前景化が主張されている。それに対し本書では、『社会分業論』の公刊後にデュルケムが提示した職能団体論とは、デュルケムの新たな近代社会構想として、有機的連帯論での難点を克服した結果として理解するのが適切であるとの解釈を提示した。職能団体論への展開を通じてデュルケムは、経済活動に対する実効的な規整を可能とする基盤、規整の権限の法的な裏付け、およびその規整が形成されるメカニズムを、国家と職能団体との拮抗関係という枠組みにおいて形式化しえたのである。

三点目は、国家と職能団体との拮抗関係の制度化が職能団体論において提唱されている背景として、個々人の自由の理論的な位置づけが『社会分業論』から変化している事実を明確化した点である。先行研究でも、『社会分業論』以降のデュルケムが、機械的連帯と有機的連帯という対概念を用いていない事実は指摘されているが、その背景については十分な考察がなされていなかった。それに対し本書では、個々人の自由の位置づけにつき、『社会分業論』においては、個々人の自由の伸長は機械的連帯の衰退と並行的に捉えられていたのに対し、職能団体論においては、大規模な社会の内部に形成される国家や職能団体といった具体的な集団が、その社会構想の枠組みとして明示的に位置づけられているため、異なる職能が併存し、分業が進展しているような規模の大きい社会においても、個々人の自由が侵害される可能性が内在している点を確認した。この点を踏まえることで、デュルケムが職能団体論において強調した国家と職能団体との拮抗関係の制度化とは、近代社会においても個々人に対する集団の抑圧的傾向が内在する事実に対し、個々人の自由を保障する仕組みを社会構想として具体化した結果であるとの理解が得られるのである。

四点目は、個々人の自由の保障というデュルケムの近代社会構想を支える規範的な問題関心の背景として、シェフレの議論の存在を明らかにした点である。既存のデュルケム解釈においても、『社会分業論』以前のデュルケムに対するドイツの社会科学からの影響は指摘されているが、本書では、デュルケムにおけるドイツの社会科学の受容の検討を通じて、国家の肥大化傾向に対する危惧と個々人の自由の重要性をデュルケムに意識させた伴走者として、シェフレの議論に着目すべき点を明らかにした。このシェフレの議論に対するデュルケムの評価を踏まえることで、『社会分業論』におけるデュルケムの立論の本筋とは、分業の異常形態について考察している第三部であり、職能団体論への展開も、『社会分業論』以前からデュルケムが抱いていた問題関心の延長線上に位置づけられると解釈できるのである。

残された課題

しかし本書には残された課題も存在する。一点目の課題としては、宗教を主題的に論じる機会の増えた後期のデュルケムに関する考察である。前期デュルケムの近代社会構想を検討した本書での知見を踏まえるならば、後期へ至るデュルケムの議論の変化をどのように解釈することができるのか。この課題については、また膨大な作業が必要となるため、別の機会で検討を試みていきたい。

二点目の課題としては、デュルケムのデモクラシー論の検討である。デュルケムの二つ目の近代社会構想として本書が考察を加えた職能団体論であるが、この議論の主軸となっている国家と職能団体との関係については、職能団体を基盤としたデモクラシーの構想という別の側面も存在する。このデモクラシー論の検討により、デュルケムの近代社会構想における議会と行政、世論との関係についての理解の深化が可能になると予想される。一九世紀末のフランスは、男子に限られてはいるものの、普通選挙を継続的に実施し、いわゆる大衆民主主義の社会を迎えていた時代である。一部の名望家のみが政治に関与するのではなく、さまざまな社会層に政治参加の機会を開き、実際の政治参加を求めるようになったこの時代においては、議会や政党と有権者との新たな関係づけが模索されていたのである。同時に新聞や雑誌などのマスメディアも登場し、世論の存在とその影響力が意識されてもいる。議論を社会学に限ってみても、例えばル・ボンが『群集心理』を、タルドが『世論と群集』を著わした時代である。[1]デュルケムのデモクラシー論の理解には、このような時代背景との照らし合わせが必要となるが、この作業にはまた稿を改めて取り組んでみたい。

三点目の課題としては、デュルケムのドイツ社会科学の受容に関する検討である。本書においてもシェフレの重要性は明らかとなったが、それはあくまでもデュルケムが受容した限りのシェフレ理解である。同時代のドイツの社会科学の現状につき、デュルケムがどのような理解を行った上で、いかなる側面を受容し、逆にいかなる側面を拒否したのか。その具体的な検討には、一九世紀後半のドイツの思想状況に関する広範な調査が必要となるが、この作業についても、また稿を改めて取り組んでみたい。

デュルケムの近代社会構想の現代的意義

最後に、デュルケムの近代社会構想の検討という本書の主題が、二一世紀の世界において持ちうる意義について述べておきたい。なぜ一〇〇年以上も前の社会学者が書き残したテキストを改めて読む意義があるのか。現代社会はデュルケムの直面していた現実とは全く異なる世の中に突入していると考えるならば、そのような作業に意義が認められなくなるのは当然である。確かにデュルケムのテキストを彼の直面していた歴史的現実と切り離して読むならば、「固体的な近代の世の中から後世に送られた手紙」のように、「現代人の耳には、風変わりで虚ろなものに響く」のかもしれない(2)。しかし本書で確認してきたように、デュルケムが直面していた時代とは、決して社会秩序が無前提に安定していた時代ではない。むしろ、社会が新たな方向へと進んでいるのに対し、既存の社会統合のメカニズムが不適合を起こし、その不安定性が露わになった時代と理解するのが適切である。デュルケムの提示した近代社会構想とは、このような流動化する時代状況に対し、変化を抑圧するのではなく、自由と社会統合とを両立しうる可能性を模索し、社会の安定化を試みた構想なのである。もちろんデュルケムが提示した構想が現代社会においてもそのまますべて妥当性を持っていると主張したいわけではない。しかし失われてしまった理想を過去に求めるのでもなく、現代の特異性を主張するがために過去を矮小化するのでもなく、個々人の自由と社会統合との両立というデュルケムの提起した問題関心を真摯に受け止めるならば、未だなおその近代社会構想から示唆をくみ取ることは可能であろう。

（1） Gustave Le Bon, ［1895］ 1896, *Psychologie des foules*, Paris: Alcan; Gabriel Tarde, 1901, *L'opinion et la foule*, Paris: Alcan.
（2） Zygmunt Bauman, 2000, *Liquid Modernity*, Cambridge: Polity, p. 183.

あとがき

対象を固有名詞で限定する研究を続けていると時折、その対象が好きなのですかと聞かれることがある。社会的にも人生設計上もあまり意義のある選択だと思えない研究を継続しているのだから、それらには還元されない何か内面的な動機があるに違いないと推察されているのかもしれないが、実のところ取り立ててデュルケムのことを好きなわけではない。デュルケムのテキストを単純に追いかけているだけで何か気持ちが高ぶる、といった経験をしたこともない。どちらかというと私にとってデュルケムは、なぜこんなことを言っているのだろうかと疑問を抱いてしまう存在である。「社会」なんてあるとは思えないと素朴に感じていたと同時に、「社会」はあるという思いを前提とした上で、「社会」なんてないと主張すること（「社会」に加えて同じように「近代」を批判する風潮もまだ当時は残っていた）にも虚しさを感じていた学部生は、素直に考えると無理なことを主張しているようにしか思えないのに、どうも社会学にとっては重要らしいデュルケムという存在を知り、あるはずのない「社会」の存在をデュルケムはなんとか証明しようとしているのだと早合点してしまったのである。今思い返してみると、粗雑な印象としか思えない出発点ではあるが、当たり前と思えていたことが、別段冷静な批判を経ることもなく当たり前でなくなりつつある時代において、闇雲に何かをとりあえずやってみるという方向性の代替を考えようとするのであれば、それまでの当たり前を形成していた蓄積を改めて吟味する作業が何かしらの意味を持ちうるとは考えている。私にとってのデュルケムとは、このような意味での学問的な対象である。

翻訳ではあるがデュルケムの本を最初に読み通したのは、学部四年生の秋の『社会分業論』である。実際にテキストを読み終えてみると、授業では聞かなかったような内容が多く含まれており、色々とわけのわからないことが書かれているのだなあ、といったごくありふれた印象を抱いたように記憶している。それから一〇年以上が過ぎたが、デュルケムのテキストに関する理解が深まったかと聞かれると、さほど深まったようにも思えない。多少なりとも変化したのは、それなりに理解できる箇所と考えてもうまく理解できない箇所との区別が明確になった程度である。終章では既存のデュルケム解釈に付け加えた知見として本書で示したデュルケム理解の特徴を明確化したが、学史研究に限らず、社会学の研究の中には、先行研究の築いてきた確固たる足場に立ち、そこに新たな知見を付け加えるという手続きとは異なる展開がありうるかと思っている。本書のデュルケム理解が、デュルケムのテキストの理解できる箇所と理解できない箇所との境界線を、先行研究と比べて多少なりとも違ったように引くことができていれば、本書にも一定の意味があったということになるだろう。

本書の原型は、東京大学大学院人文社会系研究科に提出し、学位を授与された博士論文である。多忙の中、審査の労を引き受けて頂いた先生方に感謝の意を表したい。

まずは主査を引き受けて下さった出口剛司先生。博士論文を提出するふんぎりがなかなかつかなかった状況のなかで、先生のあの後押しがなければ、博士論文もこの本も形を見ることはなかったかと思います。先生を中心の一人とする研究会にも継続的に参加させて頂き、そこでの報告が、本書の大きな部分を形成することになりました。学史研究を主軸とする研究会が身近に存在する有難さは、今一度強調しておきたいと思います。

次に盛山和夫先生。学部の三年生以来、先生のゼミに参加させて頂いておりましたが、先生のゼミでは迷いの時期のよくわからない報告しかした記憶がありません。結局、先生の東大退職に博士論文の提出が間に合わなかったのですが、最終的には審査して頂けたのは、何よりの喜びです。第2章の原稿を先生にお見せするのが非常に怖かったのですが、一言、「これは私小説ですね」とのコメントで、かつての私のデュルケム理解からの脱却にこの章が必要だったことを見抜かれてしまいました。全体の構成についても、先生の指摘がなければ、このような形でまとめることはできなかったと思います。

加えて夏刈康男先生。先生とお話しさせて頂いたのは、日本社会学史学会の研究例会の時ですが、『社会学評論』の拙稿もお読み頂いており、「あなたは教科書を書き換えようとしているね」とのコメントを頂戴し、大変恐縮したのを覚えております。先生のデュルケム解釈と本書のデュルケム理解との間には相違がある点を認めて頂いた上で、博士論文の原稿に対して非常に丁寧な指摘を頂けたことには、感謝しかありません。

さらには赤川学先生。学史研究における因果関係の立証について先生から頂いたコメントに対しては今もなお正面から返答する準備が整っていません。ただ、どのような手続きで何を立証することが学史研究には必要なのか、という問いは私自身が継続的に課題としている問題でもありますので、今後とも検討を続けてゆきたいと考えております。

最後に祐成保志先生。一九世紀のフランス社会史に関する知識を背景としながら、契約法に関する本書の理解を精確についた先生からのコメントは、狭い意味でのデュルケム研究を超えた読者を本書が持ち得ると思えた第一歩でした。学史研究としての専門性を高めつつも、他の領域を専門とする社会学者に刺激を与えうるのは、その専門性を通じてでしかないと考えている私にとって、先生からのコメントは何よりの励みです。

博士論文の完成に向けての最終段階は、ちょうど現在の勤務校である東京女子大学での仕事を始めた時期にあたりますが、社会学専攻の先生方をはじめとして、様々なご配慮を頂いた点は明記しておかなければならないと思います。また本書は「東京女子大学学会研究叢書」の一冊として、東京女子大学が費用の一部を負担し刊行されるものです。審査を務めて下さった先生方にも感謝申し上げます。

ミネルヴァ書房編集部の涌井格氏にも改めて感謝申し上げたいと思います。博士論文の原稿をそのまま本にするのは難しいのではと勝手に考えていたのですが、注に至るまで完全に内容を尊重して頂くと同時に、形式面については細かな点に至るまで綿密なチェックをほどこすという学術書の刊行にあたっての一つの理想を実現することができました。私にとって本書が初めての出版の経験となりますが、そんな私でもこのような編集者に担当して頂けるのがどれだけ貴重なことかは、理解しているつもりです。

大学院で社会学を専門としながら、一九世紀のフランスで活躍したデュルケムをその法社会学や政治社会学に注目して学史的な理解を試みる、という研究を進めるには、狭い意味での社会学の外に広がる知見が必要でした。私の入学した大学は学部の三年次に進学する際、どの学問を専門とするのかを決める必要があったのですが、そこでフランス文学、西洋史、政治学と迷った上で社会学研究室に進学したと記憶しています。ただ社会学を専門と定めた後も、講義を通じてそれらの学問の知見に触れ、また有難いことに様々な演習にも参加させて頂いたからこそ、このような研究をなすことができたのだと感じています。他の研究室に所属の学生からの不躾なお願いに応えて下さった先生方、ともに学んだ学生・院生の方には、ここで改めて感謝を示しておきたいと思います。もちろん本書に存在する理解の誤りは、すべて筆者の責任です。

最後に研究生活を継続して支えてくれている両親と家族にも改めて感謝を。

流王貴義

初出一覧

第2章　「社会史的知見とテキスト解釈――デュルケム研究史の吟味から」出口剛司編『社会学の公共性とその実現可能性に関する理論的・学説的基礎研究　平成23年度～平成25年度科学研究補助金（基盤研究（C））研究課題番号 23530625 平成23年度成果報告書』一-一七頁、二〇一二年。「社会学史研究における先行研究の位置づけ――デュルケム理解に対するパーソンズの解釈の規定性」出口剛司編『社会学の公共性とその実現可能性に関する理論的・学説的基礎研究　平成23年度～平成25年度科学研究補助金（基盤研究（C））研究課題番号 23530625 平成24年度成果報告書』四一-五九頁、二〇一三年。

第3章　「『社会分業論』へ至るデュルケムの問題関心――シェフレ受容に着目して」『ソシオロゴス』39、一-一六頁、二〇一五年。

第4章　「『社会分業論』における道徳の位置づけ」出口剛司編『社会学の公共性とその実現可能性に関する理論的・学説的基礎研究　平成23年度～平成25年度科学研究補助金（基盤研究（C））研究課題番号 23530625 平成24年度成果報告書』一-二二頁、二〇一三年。

第5章　「『契約における非契約的要素』再考――有機的連帯における契約法の積極的役割」『社会学評論』63（3）、四〇八-四二三頁、二〇一二年。

第6章　「強制なき協働関係を求めて――デュルケムの有機的連帯概念の理論的意義」『現代思想』二〇一四年一二月号、二一〇-二二〇頁、二〇一四年。

ただし本書への収録に際して、どの原稿にも、加筆・修正を加えている。

《著者紹介》

流王貴義（りゅうおう・たかよし）

1981年　生まれ

2013年　東京大学大学院人文社会系研究科博士課程単位取得退学

2017年　博士（社会学）

現　在　東京女子大学現代教養学部専任講師

主論文　「『契約における非契約的要素』再考——有機的連帯における契約法の積極的役割」『社会学評論』63(3)，2012年。

「強制なき協働関係を求めて——デュルケムの有機的連帯概念の理論的意義」『現代思想』42(16)，2014年。

「『社会分業論』へ至るデュルケムの問題関心——シェフレ受容に着目して」『ソシオロゴス』39，2015年。

共著書　「アノミーと同調・逸脱」友枝敏雄・浜日出夫・山田真茂留編『社会学の力』有斐閣，2017年。

MINERVA 社会学叢書54

デュルケムの近代社会構想

——有機的連帯から職能団体へ——

2019年３月31日　初版第１刷発行　〈検印省略〉

定価はカバーに
表示しています

著　者　流　王　貴　義

発行者　杉　田　啓　三

印刷者　藤　森　英　夫

発行所　株式会社　ミネルヴァ書房

607-8494　京都市山科区日ノ岡堤谷町１

電話(075)581-5191

振替01020-0-8076

亜細亜印刷・新生製本

ISBN978-4-623-08482-1

Printed in Japan

資料

以下に『社会分業論』の第２版においてデュルケムが削除した序論に関し，V. Karady の編集した論集に再録されていない箇所を，第１版から抜粋して掲載する。第１版での頁を明示するため，本文中に「|p.」という記号を割り込ませている。例えば「|p. 40」という記号は，『社会分業論』第１版の40頁の開始箇所を表している。加えて「〔　〕(亀甲括弧)」を用い流王による補注を明示する。

まずは，Presses universitaires de France 版の４頁の第二パラグラフ末尾が異なっている。V. Karady の編集した論集で抜粋されたテキストの前段である。第１版では，４頁に当たる箇所である。

tout le monde sent bien qu'elle est et qu'elle devient de plus en plus une des bases fondamentales de l'ordre social 〔ここまでは第２版と同じ〕; mais pour le résoudre, comment procéderons-nous?

Presses universitaires de France 版の４頁の第３パラグラフ，Ce problème, la conscience morale で始まるパラグラフは，第２版で付け加えられた箇所である。

V. Karady の編集した論集に再録されているのは，Presses universitaires de France 版の４頁の第２パラグラフと第４パラグラフの間であるが，それ以降も再版に際して手が加えられているので，以下に掲載する。第１版では，39頁以下に当たる箇所である。

Sans doute, ceux qui essaient d'y déroger ne sont pas punis d'une peine précise établie par la loi; mais ils sont blâmés.　Il fut un temps, il est vrai, où l'homme parfait nous paraissait être celui qui, sachant s'intéresser à tout sans s'attacher exclusivement à rien, capable de tout goûter et de tout comprendre, trouvait moyen de réunir et de condenser en lui ce qu'il y avait de plus exquis dans la civilisation. Mais aujourd'hui, cette culture générale, tant vantée jadis, ne nous fait plus l'effet que

d'une discipline molle et relâchée. Pour lutter contre la nature, nous avons besoin de facultés plus vigoureuses et d'énergies plus productives. Nous voulons que l'activité, au lieu de se disperser sur une large surface, se concentre et gagne en intensité ce qu'elle perd en étendue. Nous nous défions de ces talents trop mobiles qui, se prêtant également à tous les emplois, refusent de choisir un rôle spécial et de s'y tenir. Nous éprouvons de l'éloignement pour ces hommes dont l'unique souci est d'organiser et d'assouplir toutes leurs facultés, mais sans en faire aucun usage défini et sans en sacrifier aucune, comme si chacun d'eux devait se suffire à soi-même et former un monde indépendant. Il nous semble que cet état de détachement et d'indétermination a quelque chose d'antisocial. L'honnête homme d'autrefois n'est plus pour nous qu'un dilettante et nous refusons au dilettantisme toute valeur morale; nous voyons bien plutôt la perfection dans l'homme compétent qui cherche, non à être complet, mais à produire, qui a une tâche délimitée et qui s'y consacre, qui fait son service, trace son sillon. «Se perfectionner, dit M. Secrétan, c'est apprendre son rôle, c'est se rendre capable de remplir sa fonction... La mesure de notre perfection ne se trouve plus dans notre complaisance à nous-mêmes, dans les applaudissements de la foule ou dans le sourire approbateur |p. 40 d'un dilettantisme précieux, mais dans la somme des services rendus et dans notre capacité d'en rendre encore.»(1) Aussi l'idéal moral, d'un, de simple et d'impersonnel qu'il était, va-t-il de plus en plus en se diversifiant. Nous ne pensons plus que le devoir fondamenlal de l'homme soit de réaliser en lui les qualités de l'homme en général; mais nous croyons qu'il est non moins tenu d'avoir celles de son emploi. Un fait entre autres rend sensible cet état de l'opinion, c'est le caractère de plus en plus spécial que prend l'éducation. De plus en plus nous jugeons nécessaire de ne pas soumettre tous nos enfants à une culture uniforme, comme s'ils devaient tous mener une même vie, mais de les former différemment en vue des fonctions différentes qu'ils seront appelés à remplir. En un mot, par un de ses aspects, l'impératif catégorique de la conscience morale est en train de prendre la forme suivante : *Mets-toi en état de remplir utilement une fonction déterminée.*〔このパラグラフは，第２版の４－６頁の内容に当たる〕

Il faut ajouter, il est vrai, que la règle précédente, quelque impérative qu'elle soit, est toujours et partout limitée par une règle contraire. Jamais, pas plus aujourd'hui qu'autrefois, la division du travail n'a été déclarée bonne absolument et sans réserve, mais seulement dans de certaines limites qu'il ne faut pas dépasser.

Ces limites sont très mobiles; mais elles ne laissent pas d'exister. Partout, dans la conscience morale des nations, à côté de la maxime qui nous ordonne de nous spécialiser, il en est une autre, antagoniste de la première, qui nous commande de réaliser un même idéal qui nous est commun à tous. Si la fin morale se diversifie, c'est seulement à partir d'un certain point en deçà duquel elle est identique pour tout le monde. Ce point recule de plus en plus, puisque la diversification devient toujours plus grande, et par conséquent une place toujours moindre est laissée à l'idéal général. Mais si cette ligne de démarcation s'est déplacée, elle n'a pas disparu. Tout le monde ne la voit pas au |p. 41 même endroit : les uns la mettent plus haut, les autres plus bas, suivant qu'on a les yeux tournés vers le présent ou vers le passé, suivant qu'on est plus respectueux de la tradition ou plus épris de progrès; tout le monde cependant reconnaît qu'elle existe. Mais il n'y a dans cette limitation d'une règle obligatoire par une autre rien qui doive surprendre ni qui altère le caractère moral de la première. Il en est de la vie morale comme de la vie du corps ou de celle de la conscience; rien n'y est bon indéfiniment et sans mesure. Comme toutes les forces en présence ont droit à l'existence, il est juste que chacune ait sa part et il ne faut pas qu'aucune empiète sur les autres. C'est pourquoi, de même que les différentes fonctions et les différentes facultés se pondèrent et se retiennent les unes les autres en deçà d'un certain degré de développement, de même les différentes pratiques morales se modèrent mutuellement et leur antagonisme produit leur équilibre.

Cet antagonisme démontre même qu'en tout cas la division du travail ne saurait être moralement neutre. Elle ne peut pas occuper de situation intermédiaire. En effet, la règle qui nous commande de réaliser en nous tous les attributs de l'espèce ne peut être limitée par la règle contraire de la division du travail que si celle-ci est de même nature, c'est-à-dire si elle est morale. Un devoir peut être contenu et modéré par un autre devoir, mais non par des nécessités purement économiques. Si la division du travail ne se recommande que par des avantages matériels, elle n'a pas qualité pour restreindre l'action d'un précepte moral. Mais alors celui-ci débarrassé de tout contrepoids s'applique sans restriction; car c'est une obligation qui n'est plus neutralisée par aucune autre. Il ne faut plus dire que nous devons tous nous proposer *en partie* un même idéal, mais que nous ne devons pas en avoir d'autre que celui qui nous est commun à tous; nous ne sommes plus seulement tenus

de ne pas laisser entamer *au delà d'un certain point* l'intégrité de notre nature, mais de la maintenir absolument intacte, sans en rien abandonner. Toute spécia- |p. 42 lisation, si réduite soit-elle, devient donc moralement mauvaise; elle constitue en effet une dérogation à ce devoir fondamental, car elle n'est possible que si l'individu renonce à être un homme complet, fait le sacrifice d'une partie de soi-même pour développer le reste. Ainsi il faut choisir: si la division du travail n'est pas morale, elle est franchement immorale; si elle n'est pas une règle obligatoire, elle viole une règle obligatoire et doit être proscrite.

Or, on ne peut la proscrire sans s'insurger contre les faits; car elle est évidemment inévitable puisqu'elle progresse depuis des siècles sans que rien puisse l'arrêter. Pour porter contre elle une condamnation sans réserve, il faudrait admettre entre la morale et la réalité un divorce inintelligible. La morale vit de la vie du monde; il est donc impossible que ce qui est nécessaire au monde pour vivre soit contraire à la morale. Ainsi se trouve écarté un des termes du dilemme et démontré à nouveau, par l'absurde, le caractère moral de la division du travail.

Cependant, quoique ces preuves constituent de fortes présomptions, elles laissent place à quelques doutes.

En effet, en regard des faits que nous venons de rappeler on en peut citer qui sont contraires. Si l'opinion publique sanctionne la règle de la division du travail, ce n'est pas sans une sorte d'inquiétude et d'hésitation. Tout en commandant aux hommes de se spécialiser, elle semble toujours craindre qu'ils ne se spécialisent trop. A côté des maximes qui vantent le travail intensif il en est d'autres, non moins répandues, qui en signalent les dangers. «C'est, dit Jean-Baptiste Say, un triste témoignage à se rendre que de n'avoir jamais fait que la dix-huitième partie d'une épingle; et qu'on ne s'imagine pas que ce soit uniquement l'ouvrier qui toute sa vie conduit une lime ou un marteau qui dégénère ainsi de la dignité de sa nature, c'est encore l'homme qui par état exerce les facultés les plus déliées de son esprit.»(2) |p. 43 Dès le commencement du siècle, Lemontey,(3) comparant l'existence de l'ouvrier moderne à la vie libre et large du sauvage, trouvait le second bien plus favorisé que le premier. Tocqueville n'est pas moins sévère: «A mesure, dit-il, que le principe de la division du travail reçoit une application plus complète... l'art fait des progrés, l'artisan rétrograde.(4) »

Ce que prouvent ces faits contradictoires, c'est que, si la division du travail

est en train de revêtir la forme de l'obligation, ce n'est pas encore un fait accompli. La conscience morale paraît bien s'orienter dans ce sens, mais n'a pas encore trouvé son assiette. Deux tendances contraires sont en présence et, quoique l'une d'elles semble de plus en plus l'emporter sur l'autre, cependant les faits acquis ne sont ni assez définitifs ni assez caractérisés pour nous permettre d'assurer en toute certitude que l'évolution doit régulièrement continuer dans ce sens jusqu'à son entier achèvement. C'est donc un de ces cas où le type normal ne peut servir de critère parce qu'il n'est pas encore constitué sur ce point.

Par conséquent, il nous reste à procéder d'après l'autre manière que nous avons indiquée. Il nous faut étudier la division du travail en elle-même d'une façon toute spéculative, chercher à quoi elle sert et de quoi elle dépend, en un mot nous en former une notion aussi adéquate que possible. Cela fait, nous pourrons la comparer avec les autres phénomènes moraux et voir quels rapports elle soutient avec eux. Si nous trouvons qu'elle joue un rôle similaire à quelque autre pratique dont le caractère moral et normal est indiscuté; que si dans certains cas elle ne remplit pas ce rôle, c'est par suite de déviations anormales; que les causes qui la déterminent sont aussi les conditions déterminantes d'autres règles morales, nous pourrons conclure qu'elle doit être classée parmi ces dernières. Sans doute nous n'avons pas à nous substituer à la conscience morale des sociétés |p. 44 et à légiférer à sa place; mais nous pouvons chercher à lui apporter un peu de lumière et à faire cesser ses perplexités.〔以下は第２版の８頁第３パラグラフ以降と同じ文章である〕

原注

（１） *Le Principe de la morale*, p. 189.

（２） *Traité d'économie politique*, livre I, ch, VIII.

（３） *Raison ou Folie*, chapitre sur l'influence morale de la division du travail.

（４） *La Démocratie en Amérique*.

人名索引

ア行

カ行

サ行

タ行

ナ行

ハ行

マ行

ラ行

事項索引

サ行

タ行

ハ行

ヤ・ラ行

文献

Achimastos, Myron et Dimitris Foufoulas, 2018, "Introduction des éditeurs: *De la division du travail social,* La formation d'une problématique sociologique (1879-1892)," in Émile Durkheim, *Œuvres, t. 2, De la division du travail social,* Paris: Garnier.

Alexander, Jeffrey C., 1986a, "Rethinking Durkheim's Intellectual Development: Part 1, On 'Marxism' and the Anxiety of Being Misunderstood," *International Sociology,* 1 (1): 91-107.

———, 1986b, "Rethinking Durkheim's Intellectual Development: Part 2, Working Out a Religious Sociology," *International Sociology,* 1 (2): 189-201.

——— and Philip Smith (eds.), 2005, *The Cambridge Companion to Durkheim,* Cambridge: Cambridge University Press.

Alland, Denis et Stéphane Rials (dir.), 2003, *Dictionnaire de la culture juridique,* Paris: Presses universitaires de France.

Allen, N. J., W. S. F. Pickering and W. Watts Miller (eds.), 1998, *On Durkheim's* Elementary Forms of Religious Life, London: Routledge.

Alpert, Harry, 1939, *Emile Durkheim and His Sociology,* New York: Columbia University Press.

芦田徹郎, 1981,「デュルケム『社会分業論』における有機的連帯論の構成」『ソシオロジ』26 (1): 85-101.

Bauman, Zygmunt, 2000, *Liquid Modernity,* Cambridge: Polity.

Bellah, Robert N., 1973, "Introduction," in Robert N. Bellah (ed.), *Emile Durkheim on Morality and Society,* Chicago: University of Chicago Press, pp. ix-lv.

Besnard, Philippe, 1987, *L'anomie, ses usages et ses fonctions dans la discipline sociologique depuis Durkheim,* Paris: Presses universitaires de France.

——— (ed.), 1983, *The Sociological Domain: The Durkheimians and the Founding of French Sociology,* Cambridge: Cambridge University Press.

———, 1993, "La diffusion de l'édition française," in Philippe Besnard, Massimo Borlandi et Paul Vogt (dir.), *Division du travail et lien social: la thèse de*

Durkheim un siècle après, Paris: Presses universitaires de France, pp. 251-6.

Blanning, T. C. W., 1998, *The French Revolution: Class War or Culture Clash?*, London: Macmillan.

Burdeau, Auguste, 1879, "Préface du traducteur", in Herbert Spencer, 1879b, *Essais de morale, de sciences et d'esthétique, t. 2: essais de politique*, Paris: Germer Baillière, pp. v-xiii.

Camic, Charles, 1979, "The Utilitarians Revisited," *American Journal of Sociology*, 85 (3): 516-50.

———, 1989, "*Structure* After 50 Years: The Anatomy of a Charter," *American Journal of Sociology*, 95 (1): 38-107.

———, 1991, "Introduction: Talcott Parsons before *The Structure of Social Action*, in Charles Camic (ed.), 1991, *Talcott Parsons, The Early Essays*, Chicago: The University of Chicago Press, pp. ix-lxix.

Charle, Christophe, 1991, *Histoire sociale de la France au XIXe siècle*, Paris: Seuil.

Chazel, François, 1974, *La théorie analytique de la société dans l'œuvre de Talcott Parsons*, Paris: Mouton.

Cladis, Mark S., 1992, *A Communitarian Defense of Liberalism: Emile Durkheim and Contemporary Social Theory*, Stanford, California: Stanford University Press.

Clark, Terry N., 1968, "Émile Durkheim and the Institutionalization of Sociology in the French University System," *Archives européennes de sociologie*, 9: 37-71.

Clarke, Michael, 1976, "Durkheim's Sociology of Law," *British Journal of Law and Society*, 3 (2): 246-55.

Cobban, Alfred, 1968, *A History of Modern France, vol. 2: 1799-1945*, London: Penguin.

Collins, Randall, 1982, *Sociological Insight: An Introduction to Non-Obvious Sociology*, Oxford: Oxford University Press.

Comte, Auguste, 1864, *Cours de philosophie positive, t. 4, 2è édition*, Paris: Baillière.

Coser, Lewis A., 1960, "Durkheim's Conservatism and Its Implications for His Sociological Theory," in Kurt H. Wolff (ed.), *Emile Durkheim, 1858-1917*, Columbus: Ohio State University Press, pp. 211-32.

Cotterrell, Roger, 1977, "Durkheim on Legal Development and Social Solidarity," *British Journal of Law and Society*, 4 (2): 241-52.

———, 1999, *Émile Durkheim: Law in a Moral Domain*, Stanford, California: Stanford University Press.

Coulanges, Fustel de, [1864] 1984, *La cité antique: étude sur le culte, le droit, les institutions de la Grèce et de Rome*, Paris: Flammarion.

Crook, Malcolm (ed.), 2002, *Short Oxford History of France, Revolutionary France, 1788-1880*, Oxford: Oxford University Press.

Deploige, Simon et Émile Durkheim, 1907, "A propos du conflit de la morale et de la sociologie. Lettres de M. Durkheim et réponses de S. Deploige," *Revue néo-scolastique*, 56: 606-21. Reprinted in Victor Karady (ed.), 1975, *Textes, t. 1*, Paris: Minuit, pp. 401-5.

Donzelot, Jacques, 1984, *L'invention du social: essai sur le déclin des passions politiques*, Paris: Seuil.

Durkheim, Émile, [1885a], "Analyse et compte rendu d'Albert Schäffle, *Bau und Leben des socialen Körpers, Bd. 1, 2è édition*," *Revue philosophique de la France et de l'étranger*, 19: 84-101. Reprinted in Victor Karady (ed,), 1975, *Textes, t. 1*, Paris: Minuit, pp. 355-77.

———, [1885b], "Analyse et compte rendu d'Alfred Fouillée, *La propriété sociale et la démocratie*," *Revue philosophique de la France et de l'étranger*, 19: 446-53. Reprinted in Jean-Claude Filloux (ed.), 1970, *La science sociale et l'action*, Paris: Presses universitaires de France, pp. 171-83.

———, [1885c], "Analyse et compte rendu d'Ludwig Gumplowicz, *Grundriss der Sociologie*," *Revue philosophique de la France et de l'étranger*, 20: 627-34. Reprinted in Victor Karady (ed.), 1975, *Textes, t. 1*, Paris: Minuit, pp. 344-54.

———, [1886a], "Revue générale des études de science sociale: Herbert Spencer, *Ecclesiastical Institution: Being Part V of the Principles of Sociology*, A. Regnard, *L'État, ses origines, sa nature et son but*, A. Coste, Aug. Burdeau et Lucien Arréat, *Les questions sociales contemporaines*, A. Schäffle, *Die Quintessenz des Sozialismus*," *Revue philosophique de la France et de l'étranger*, 22: 61-80. Reprinted in Jean-Claude Filloux (ed.), 1970, *La science sociale et l'action*, Paris: Presses universitaires de France, pp. 184-214.

———, [1886b], "Analyse et compte rendu d'Guillaume De Greef, *Introduction à la sociologie*, 1re partie," *Revue philosophique de la France et de l'étranger*, 22: 658-63. Reprinted in Victor Karady (ed.), 1975, *Textes, t. 1*, Paris: Minuit, pp.

37-43.

———, [1887a], "Analyse et compte rendu de Guyau, *L'irréligion de l'avenir: étude de sociologie*," *Revue philosophique de la France et de l'étranger*, 23: 299-311. Reprinted in Victor Karady (ed.), 1975, *Textes, t. 2*, Paris: Minuit, pp. 149-65.

———, [1887b], "La philosophie dans les universités allemandes," *Revue internationale de l' enseignement*, 13: 313-38, 423-40. Reprinted in Victor Kadary (ed.), 1975, *Textes, t. 3*, Paris: Minuit, pp. 437-86.

———, [1887c], "La science positive de la morale en Allemagne," *Revue philosophique de la France et de l'étranger*, 24: 33-58, 113-42, 275-84. Reprinted in Victor Karady (ed.), 1975, *Textes, t. 1*, Paris: Minuit, pp. 267-343.[1]

———, [1888a], "Cours de science sociale: leçon d'ouverture," *Revue internationale de l'enseignement*, 15: 23-48. Reprinted in Jean-Claude Filloux (ed.), 1970, *La science sociale et l'action*, Paris: Presses universitaires de France, pp. 77-110.

———, [1888b], "Le programme économique de Schäffle," *Revue d'économie politique*, 2 (1): 3-8. Reprinted in Victor Karady (ed.), 1975, *Textes, t. 1*, Paris: Minuit, pp. 377-83.[2]

———, [1888c], "Suicide et natalité: étude de statistique morale," *Revue philosophique de la France et de l'étranger*, 26: 446-63. Reprinted in Victor Karady (ed.), 1975, *Textes, t. 2*, Paris: Minuit, pp. 216-36.

———, [1888d], "Introduction à la sociologie de la famille," *Annales de la Faculté des lettres de Bordeaux*, 10: 257-81. Reprinted in Victor Karady (ed.), 1975, *Textes, t. 3*, Paris: Minuit, pp. 9-34.

———, [1889], "Analyse et compte rendu d'Ferdinand Tönnies, *Gemeinschaft und Gesellschaft: Abhandlung des Communismus und des Socialismus als empirischer Culturformen*," *Revue philosophique de la France et de l'étranger*, 27: 416-22. Reprinted in Victor Karady (ed.), 1975, *Textes, t. 1*, Paris: Minuit, pp. 383-90.

———, [1890], "Bibliographie de Th. Ferneuil, *Les principes de 1789 et la sociologie*," *Revue internationale de l'enseignement*, 19: 450-6. Reprinted in Jean-Claude Filloux (ed.), 1970, *La science sociale et l'action*, Paris: Presses universitaires de France, pp. 215-25.

———, 1892, *Quid Secundatus Politicae Scientiae Instituendae Contulerit*,

Burdigalae: Gouhouilhou.

———, [1892] 1997, *Montesquieu, Quid Secundatus Politicae Scientiae Instituendae Contulerit*, ed. with a Commentary by W. Watts Miller, trans. by W. Watts Miller and Emma Griffiths, Oxford: Durkheim Press.

———, 1893, *De la division du travail social*, Paris: Alcan.

———, [1893a] 1998, *De la division du travail social*, Paris: Presses universitaires de France.

———, [1893b], "Définition du fait moral," in Victor Karady (ed.), 1975, *Textes, t. 2*, Paris: Minuit, pp. 257-88.

———, [1893c], "Note sur la définition du socialisme," *Revue philosophique de la France et de l'étranger*, 26: 506-12. Reprinted in Jean-Claude Filloux (ed.), 1970, *La science sociale et l'action*, Paris: Presses universitaire de France, pp. 226-35.

———, 1894, "Les règles de la méthode sociologique," *Revue philosophique de la France et de l'étranger*, 37: 465-98, 577-607; 38: 14-39, 168-82.

———, [1895a] 2002, *Les règles de la méthode sociologique*, Paris: Presses universitaires de France.

———, [1895b] 1992, *Le socialisme: sa définition, ses débuts, la doctrine saint-simonienne*, Paris: Presses universitaire de France.

———, [1897] 2005, *Le suicide: étude de sociologie*, Paris: Presses universitaires de France.（＝1985，宮島喬訳，『自殺論――社会学研究』中央公論社.）

———, [1898a], "Représentations individuelles et représentations collectives," *Revue de métaphysique et de morale*, 6: 273-302. Reprinted in 2002, *Sociologie et philosophie*, Paris: Presses universitaires de France, pp. 1-48.

———, [1898b] 2012, *L'éducation morale*, Paris: Presses universitaires de France.

———, [1898c], "L'individualisme et les intellectuels," *Revue bleue, 4e série*, 10: 7-13. Reprinted in Jean-Claude Filloux (ed.), 1970, *La science sociale et l'action*, Paris: Presses universitaires de France, pp. 261-78.

———, [1898d], "Préface," *Année sociologique*, 1: I-VII. Reprinted in 1969, *Journal Sociologique*, Paris: Presses universitaires de France, pp. 31-6.

———, [1898-1900] 2003, *Leçons de sociologie*, Paris: Presses universitaires de France.

———, [1901], "Deux lois de l'évolution pénal," *Année sociologique*, 4: 65-95. Reprinted in 1969, *Journal sociologique*, Paris: Presses universitaires de France, pp. 245-73.

———, [1902a], "Préface de la seconde édition: Quelques remarques sur les groupements professionnels," in 1998, *De la division du travail social*, Paris: Presses universitaires de France, pp. i-xxxvi.

———, [1902b], "Introduction," in 1998, *De la division du travail social*, Paris: Presses universitaires de France, pp. 1-9.

———, [1906], "Détermination du fait moral," *Bulletin de la société française de philosophie*, 6: 113-38. Reprinted in 2002, *Sociologie et philosophie*, Paris: Presses universitaires de France, pp. 49-90.

———, [1907], "Lettres de M. Durkheim," *Revue néo-scolastique*, 14: 606-7, 612-4. Reprinted in: Victor Karady (ed.), 1975, *Textes, t. 1*, Paris: Minuit, pp. 401-5.

———, [1912] 2003, *Les formes élémentaires de la vie religieuse: le système totémique en Australie*, Paris: Presses universitaires de France.

———, 1933, trans in English By George Simpson, *Emile Durkheim on the Division of Labor in Society: Being a Translation of his* De la division du travail social *with an Estimate of his Work*, New York: Macmillan.

———, 1955, *Pragmatisme et sociologie*, Paris: Vrin.

———, 1957, trans. in English by Cornelia Brookfield, *Professional Ethics and Civic Morals*, London: Routledge.

———, 1969, *Journal sociologique*, Paris: Presses universitaires de France.

———, Jean-Claude Filloux (ed.), 1970, *La science sociale et l'action*, Paris: Presses universitaire de France.

———, Victor Karady (ed.), 1975, *Textes, t. 1-3*, Paris: Minuit.

———, 1987, "Lettres de Émile Durkheim à Henri Hubert présentées par Philippe Besnard," *Revue française de sociologie*, 28 (3): 483-534.

———, 1998, *Lettres à Marcel Mauss*, Paris: Presses universitaires de France.

———, 2004, *Durkheim's Philosophy Lectures: Notes from the Lycée de Sens Courses, 1883-1884*, Cambridge: Cambridge University Press.

———, 2011, *Hobbes à l'agrégation*, Paris: Éditions de l'École des hautes études en sciences sociales.

——— et Paul Fauconnet, [1903], "Sociologie et sciences sociales," *Revue philosophique de la France et de l'étranger*, 55: 465-97. Reprinted in Victor Karady (ed.), 1975, *Textes, t. 1*, Paris: Minuit, pp. 121-59.

海老原明夫，1987，「ドイツ国法学の『国家学的』方法について」国家学会編『国家学会百年記念　国家と市民　第1巻　公法』有斐閣，pp. 355-85.

Espinas, Alfred, 1877, *Sociétés animales: étude de psychologie comparée*, Paris: Baillière.

Fabiani, Jean-Louis, 1988, *Les philosophes de la république*, Paris: Minuit.

Fournier, Marcel, 1994, *Marcel Mauss*, Paris: Fayard.

———, 2007, *Émile Durkheim (1858-1917)*, Paris: Fayard.

Freund, Julien, 1975, "Compte rendu de François Chazel, *La théorie analytique de la société dans l'œuvre de Talcott Parsons*," *Revue française de sociologie*, 16 (2): 278-80.

Giddens, Anthony, 1970, "Durkheim as a Review Critic," *Sociological Review*, 18 (2): 171-96.

———, 1971, "Durkheim's Political Sociology," *Sociological Review*, 19 (4): 477-519.

———, 1972, "Four Myths in the History of Social Thought," *Economy and Sociology*, 1 (4): 357-84.

———, 1976, "Classical Social Theory and the Origins of Modern Sociology," *American Journal of Sociology*, 81 (4): 703-29.

———, 1977, "Positivism and Its Critics," in *Studies in Social and Political Theory*, London: Hutchinson, pp. 29-89.

Gildea, Robert, 1996, *France, 1870-1914, 2nd ed.*, Harlow: Longman.

Girard, Paul Frédéric, [1895] 2003, *Manuel élémentaire de droit romain*, Paris: Dalloz.

権上康男，1982，「フレシネ・プラン（一八七八－八二年）と財政投資政策――大不況期フランスにおける国家と経済」遠藤輝明編『国家と経済――フランス・ディリジスムの研究』東京大学出版会，pp. 107-75.

Guyau, Jean-Marie, 1887, *L'irréligion de l'avenir: étude sociologique*, Paris: Alcan.

Halpérin, Jean-Louis, [1996] 2001, *Histoire du droit privé français depuis 1804*, Paris: Presses universitaires de France.

Hawkins, M. J., 1980, "Traditionalism and Organicism in Durkheim's Early Writings,

1885-1893," *Journal of the History of the Behavioral Sciences*, 16: 31-44.
————, 1994, "Durkheim on Occupational Corporations: An Exegesis and Interpretation," *Journal of the History of Ideas*, 55 (3): 461-81.
Héran, François, 1987, "L'institution démotivée: De Fustel de Coulanges à Durkheim et au-delà," *Revue française de sociologie*, 28 (1): 67-97.
樋口陽一，1994，『近代国民国家の憲法構造』東京大学出版会．
Hobbes, Thomas, Richard Tuck (ed.), 1991, *Leviathan*, Cambridge: Cambridge University Press.
Horne, Janet R., 2002, *A Social Laboratory for Modern France: The* Musée social *and the Rise of the Welfare State*, Durham: Duke University Press.
星野英一，1983a，「私法における人間——民法財産法を中心として」芦部信喜ほか編『岩波講座　基本法学 1　人』岩波書店，pp. 125-75.
————，1983b，「契約思想・契約法の歴史と比較法」芦部信喜ほか編『岩波講座　基本法学 4　契約』岩波書店，pp. 3-79.
Isambert, François André, 1976, "L'élaboration de la notion de sacré dans l'«école» durkheimienne," *Archives des sciences sociales des religions*, 42: 35-56.
市野川容孝，2012，『社会学』岩波書店．
岩村正彦，1984，『労災補償と損害賠償——イギリス法・フランス法との比較法的考察』東京大学出版会．
Johnson, Barclay D., 1965, "Dukheim's One Cause of Suicide," *American Sociologial Review*, 30 (6): 875-86.
Johnson, Harry M., 1978, "Comment on Jones's 'On Understanding a Sociological Classic'," *American Journal of Sociology*, 81 (1): 171-5.
Jones, Robert Alun, 1977, "On Understanding a Sociological Classic," *American Journal of Sociology*, 83 (2): 279-319.
————, 1978, "Subjectivity, Objectivity, and Historicity: A Response to Johnson," *American Journal of Sociology*, 84 (1): 175-81.
————, 1983, "The New History of Sociology," *Annual Review of Sociology*, 9: 447-69.
————, 1993a, "La science positive de la morale en France: les sources allemandes de *la division du travail social*," in Ph. Besnard, M. Borlandi et P. Vogt (dir.), *Division du travail et lien social: Durkheim un siècle après*, Paris: Presses universitaires de France, pp. 11-41.

————, 1993b, "Durkheim and *La cité antique*: An Essay on the Origins of Durkheim's Sociology of Religion," in Turner Stephen P.（ed.）, 1993, *Emile Durkheim: Sociologist and Moralist*, London: Routledge, pp. 25–51.

————, 1999, *The Development of Durkheim's Social Realism*, Cambridge: Cambridge University Press.

Kaesler, Dirk, 2005, "Schäffle, Albert Eberhard Friedrich," in Historische Kommission bei der bayerischen Akademie der Wissenschaften（hrsg.）, *Neue Deutsche Biographie, Bd. 22*, Berlin: Duncker und Humblot, pp. 521–2.

Kaufmann, Franz-Xaver, 2003, *Sozialpolitisches Denken: die deutsche Tradition*, Frankfurt a. M.: Suhrkamp.（= translated in English by Thomas Dunlap, 2013, *Thinking About Social Policy: The German Tradition*, Heidelberg: Springer）.

Karady, Victor, 1976, "Durkheim, les sciences sociales et l'Université: bilan d'un semi-échec," *Revue française de sociologie*, 17（2）: 267–311.

————, 1979, "Stratégies de réussite et modes de faire-valoir de la sociologie chez les durkheimiens," *Revue française de sociologie*, 20（1）: 49–82.

北村一郎，1983，「私法上の契約と『意思自律の原理』」芦部信喜ほか編『岩波講座　基本法学 4　契約』岩波書店，pp. 165–208.

小林幸一郎，1966，「生成期におけるデュルケム社会学思想——一八八五年から一八八七年まで」『社会学評論』16（3）: 75–92.

Koselleck, Reinhard,［1977］, ">Neuzeit<: Zur Semantik moderner Bewegungsbegriffe," in Reinhard Koselleck（hrsg.）, *Studien zum Beginn der modernen Welt*, Stuttgard: Klett-Cotta, S. 264–99. Reprited in 1979, *Vergangene Zukunft: Zur Semantik geschichtlicher Zeiten*, Frankfurt a. M.: Suhrkamp, S. 300–48.

Lacroix, Bernard, 1976, "La vocation originelle d'Émile Durkheim," *Revue française de sociologie*, 17（2）: 213–45.

————, 1981, *Durkheim et le politique*, Montréal: Presses de la fondation nationales des sciences politiques.

Le Bon, Gustave,［1895］1896, *Psychologie des foules*, Paris: Alcan.

Léon XIII, 1891, *Rerum Novarum*,（Retrieved December, 30, 2015, http://w2.vatican. va/content/leo-xiii/fr/encyclicals/documents/hf_l-xiii_enc_15051891_rerum-novarum.html）.

レオ13世，岳野慶作訳，1991，「レールム・ノヴァルム——労働者の境遇について」中央出版社編『教会の社会教書』中央出版社，pp. 15–117.

Littré, Émile, 1872-77, *Dictionnaire de la langue française* (Retrieved February 13, 2015, http://littre.reverso.net/dictionnaire-francais/).

Lukes, Steven, 1973, *Émile Durkheim, His Life and Work: A Historical and Critical Study*, Harmondsworth: Penguin.

巻口勇一郎，1999，「契約における儀礼——規範的契約概念を通じて理解する個人と社会」『立命館産業社会論集』35（2）: 95-123.

————，2004，『デュルケム理論と法社会学——社会病理と宗教，道徳，法の相互作用』信山社.

松本佐保，2012，『バチカン近現代史——ローマ教皇たちの「近代」との格闘』中央公論新社.

Mauss, Marcel, 1925, "In Memoriam: L'œuvre inédite de Durkheim et de ses collaborateurs," *Année sociologique, n. s.*, 1: 7-29.

————, [1928], "Introduction," in Émile Durkheim, 1992, *Le socialisme: sa définition, ses débuts, la doctrine saint-simonienne*, Paris: Presses universitaires de France, pp. 27-31.

Merton, Robert K., 1934, "Durkheim's Division of Labor in Society," *American Journal of Sociology*, 40（3）: 319-28.

————, 1938, "Social Structure and Anomie," *American Sociological Review*, 3（5）: 672-82.

Miller, W. Watts, 1993, "Les deux préfaces: science morale et réforme morale," Ph. Besnard, M. Borlandi et P. Vogt (eds.), 1993, *Division du travail et lien social: Durkheim un siècle après*, Paris: Presses universitaires de France, pp. 147-64.

宮島喬，1974，「訳者あとがき」エミール・デュルケム，宮島喬・川喜多喬訳『社会学講義——習俗と法の物理学』みすず書房，pp. 275-85.

————，1977，『デュルケム社会理論の研究』東京大学出版会.

————，1987，『デュルケム理論の現在』東京大学出版会.

水町勇一郎，2001，『労働社会の変容と再生——フランス労働法制の歴史と理論』有斐閣.

Momigliano, Alnaldo, [1970], "*La città antica* di Fustel de Coulanges," *Rivista Storica Italiana*, 82: 81-98. Reprinted in Arnaldo Momigliano, 1975, *Quinto Contributo alla Storia degli Studi Classici e del Mondo Antico, t. 1*, Roma: Edizioni di Storia et Letteratura, pp. 159-78.

Montesquieu, Charles-Louis de, [1748] 1995, *De l'ésprit des lois*, Paris: Gallimard.

森博，1977，「デュルケム社会学思想の形成——個人主義と社会主義」デュルケム，森博訳，『社会主義およびサン-シモン』恒星社厚生閣，pp. 289-333.

中久郎，1969，「社会連帯論と社会主義——デュルケム理論の問題」『社会学評論』20（1）: 52-72.

中上光夫，1979，「19世紀末におけるフランスの共済組合（上）」『三田学会雑誌』72: 467-97.

中村義孝，2011a，「フランスの裁判制度（１）」『立命館法学』335: 1-61.

————，2011b，「フランスの裁判制度（２）」『立命館法学』336: 26-138.

中島道男，2001，『エミール・デュルケム——社会の道徳的再建と社会学』東信堂.

————，2015，「デュルケムの『国家－中間集団－個人』プロブレマティーク」『日仏社会学会年報』26: 47-67.

夏刈康男，1996，『社会学者の誕生——デュルケム社会学の形成』恒星社厚生閣.

Nau, Heino Heinrich and Philippe Steiner, 2002, "Schmoller, Durkheim, and Old European Institutionalist Economics," *Journal of Economic Issues*, 36（4）: 1005-24.

Nisbet, Robert A., 1943, "The French Revolution and the Rise of Sociology in France," *American Journal of Sociology*, 49（2）: 156-64.

————, 1952, "Conservatism and Sociology," *American Journal of Sociology*, 58（2）: 167-75.

————, ［1966］2005, *The Sociological Tradition*, New Brunswick: Transcation Pulishers.

————, 1974, *The Sociology of Emile Durkheim*, Oxford: Oxford University Press.

Nord, Philip, 1994, "The Welfare State in France," *French Historical Studies*, 18（3）: 821-38.

大村敦志，2003，『消費者法　第２版』有斐閣.

折原浩，1969，「デュルケーム社会学の『保守主義』的性格——『社会主義論』を手がかりとする知識社会学的考察のノート」『社会学評論』16（2）: 57-82.

Parsons, Talcott, ［n. d.］, "Review of *An Introduction to the Study of Society*, by Frank H. Hankins," in Charles Camic（ed.）, 1991, *Talcott Parsons, The Early Essays*, Chicago: The University of Chicago Press, pp. 95-6.

————, ［1934］, "Some Reflections of 'The Nature and Significance of Economics'," *Quarterly Journal of Economics*, 48: 511-45. Reprinted in Charles Camic（ed.）, 1991, *Talcott Parsons, The Early Essays*, Chicago: The University of Chicago

Press, pp. 153-80.
———, [1935], "Sociological Elements in Economic Thought," *Quarterly Journal of Economics*, 49: 414-53. Reprinted in Charles Camic (ed.), 1991, *Talcott Parsons, The Early Essays*, Chicago: The University of Chicago Press, pp. 181-229.
———, [1936], "On Certain Sociological Elements in Professor Taussig's Thought," in *Explanations in Economics: Notes and Essays Contributed in Honor of F. W. Taussig*, New York: MacGraw-Hill, pp. 359-79. Reprinted in Charles Camic (ed.), 1991, *Talcott Parsons, The Early Essays*, Chicago: The University of Chicago Press, pp. 259-78.
———, [1937] 1949, *The Structure of Social Action: A Study in Social Theory with Special Reference to a Group of Recent European Writers*, New York: Free Press.
———, 1949, *Essays in Sociological Theory: Pure and Applied*, Glencoe, Ill. : Free Press.
———, 1951, *The Social System*, Glencoe, Ill. : Free Press.
———, 1953, "A Revised Analytical Approach to the Theory of Social Stratification," in Reinhard Bendix and Seymour Martin Lipset (eds.), *Class, Status and Power: A Reader in Social Stratification*, Glencoe, Ill.: Free Press, pp. 92-128.
———, 1955, tr. fr. par François Bourricaud, *Eléments pour une sociologie de l' action*, Paris: Plon.
———, 1966, *Societies: Evolutionary and Comparative Perspectives*, Englewood Cliffs, N. J. : Prentice-Hall.
———, 1967, "Review of Robert A. Nisbet, *The Sociological Tradition*," *American Sociological Review*, 32 (4): 640-3.
———, 1970, "On Building Social System Theory: A Personal History," *Dædalus*, 99 (4): 826-81.
———, 1971, *The System of Modern Societies*, Englewood Cliffs, N. J. : Prentice-Hall.
———, 1973a, tr. fr. par Gérard Prunier, *Sociétés: essai sur leur évolution comparée*, Paris: Dunod.
———, 1973b, tr. fr. par Guy Melleray, *Le système des société modernes*, Paris:

Dunod.

———, 1975, "Comment on 'Parsons' Interpretation of Durkheim' and on 'Moral Freedom Through Understanding in Durkheim'," *American Sociological Review*, 40 (1): 106–11.

———, 1978, "Comment on R. Stephen Warner's 'Toward a Redefinition of Action Theory' : Paying the Cognitive Element Its Due," *American Journal of Sociology*, 83 (6): 1350–8.

Peel, J. D. Y., 1971, *Herbert Spencer: The Evolution of a Sociologist*, London: Heinemann.

Pickering, W. S. F., 1984, *Durkheim's Sociology of Religion: Themes and Theories*, Cambridge: James Clarke.

——— (ed.), 2000, *Durkheim and Representations*, London: Routledge.

Platt, Jennifer, 1995, "La réception des *Règles de la méthode sociologique* en Angleterre et aux États-Unis (1930–1970)," in Massimo Borlandi et Laurent Mucchielli (eds.), 1995, *La sociologie et sa méthode: Les* Règles *de Durkheim un siècles après*, Paris: L'Harmattan, pp. 321–49.

Poggi, Gianfranco, 2000, *Durkheim*, Oxford: Oxford University Press.

Pope, Whitney, 1973, "Classic on Classic: Parsons' Interpretation of Durkheim," *American Sociological Review*, 38 (4): 399–415.

Price, Roger, 1987, *A Social History of Nineteenth-Century France*, London: Hutchinson.

Ramp, William, 2008, "Durkheim Redux," *Journal of Classical Sociology*, 8 (2): 147–57.

Rawls, Anne Warfield, 2004, *Epistemology and Practice: Durkheim's* The Elementary Forms of Religious Life, Cambridge: Cambridge University Press.

Rawls, John, 1973, *A Theory of Justice, Original Edition*, Cambridge, Massachusetts: Belknap Press.

Rousseau, Jean-Jacques, [1762], *Du contrat social; ou, principes du droit politique*, in 1964, *Œuvres complètes, t. 3*, Paris: Gallimard, pp. 347–470.

Rosanvallon, Pierre, 2004, *Le modèle politique français: la société civile contre le jacobinisme de 1789 à nos jours*, Paris: Seuil.

流王貴義, 2012a,「社会史的知見とテキスト解釈——デュルケム研究史の吟味から」出口剛司編『社会学の公共性とその実現可能性に関する理論的・学説的基

礎研究　平成23年度～平成25年度科学研究補助金（基盤研究（C））研究課題番号 23530625　平成23年度成果報告書』, pp. 2-17.

――――, 2012b,「デュルケムの所有権論――『社会学講義』第11講から第14講の分析」出口剛司編『社会学の公共性とその実現可能性に関する理論的・学説的基礎研究　平成23年度～平成25年度科学研究補助金（基盤研究（C））研究課題番号 23530625　平成23年度成果報告書』, pp. 88-103.

――――, 2012c,「『契約における非契約的要素』再考――有機的連帯における契約法の積極的役割」『社会学評論』63（3）: 408-23.

――――, 2013a,「『社会分業論』における道徳の位置づけ」出口剛司編『社会学の公共性とその実現可能性に関する理論的・学説的基礎研究　平成23年度～平成25年度科学研究補助金（基盤研究（C））研究課題番号 23530625　平成24年度成果報告書』, pp. 2-22.

――――, 2013b,「社会学史研究における先行研究の位置づけ――デュルケム理解に対するパーソンズの解釈の規定性」出口剛司編『社会学の公共性とその実現可能性に関する理論的・学説的基礎研究　平成23年度～平成25年度科学研究補助金（基盤研究（C））研究課題番号 23530625　平成24年度成果報告書』, pp. 41-59.

――――, 2014a,「『社会分業論』へ至るデュルケムの問題関心――社会統合と個々人の自由の両立可能性」出口剛司編『社会学の公共性とその実現可能性に関する理論的・学説的基礎研究　平成23年度～平成25年度科学研究補助金（基盤研究（C））研究課題番号 23530625　平成25年度成果報告書』, pp. 2-13.

――――, 2014b,「強制なき協働関係を求めて――デュルケムの有機的連帯概念の理論的意義」『現代思想』2014年12月号: 210-20.

――――, 2015,「『社会分業論』へ至るデュルケムの問題関心――シェフレ受容に着目して」『ソシオロゴス』39: 1-16.

Schäffle, Albert,［1875-78］1881, *Bau und Leben des socialen Körpers, Bde. 4*, Tübingen.

Seigel, Jerrold, 1987, "Autonomy and Personality in Durkheim: An Essay on Content and Method," *Journal of the History of Ideas*, 48（3）: 483-507.

関口正司, 1995,「コンテクストを閉じるということ――クェンティン・スキナーと政治思想史」『法政研究』61（3・4）: 653-723.

――――, 2015,「クェンティン・スキナーの政治思想史論をふりかえる」『法政研究』81（4）: 225-43.

盛山和夫，2011，『社会学とは何か――意味世界への探求』ミネルヴァ書房.

清水強志，2007，『デュルケームの認識論』恒星社厚生閣.

白鳥義彦，1992，「フランス第三共和政下の教育改革とデュルケームの教育論」『ソシオロジ』37（2）: 21-39.

Skinner, Quentin, [1969], "Meaning and Understanding in the History of Ideas," *History and Theory*, 8: 3-53. Reprinted in James Tully（ed.）, 1988, *Meaning and Context: Quentin Skinner and His Critics*, Princeton, New Jersey: Princeton University Press, pp. 29-67.

Spencer, Herbert, [1879a], "The Principles of Sociology, Part IV, Ceremonial Institutions." Reprinted in 1890, *The Principles of Sociology*, New York: Appleton, pp. 3-232*.

―――, 1879b, tr. fr. par A. Burdeau, *Essais de morale, de sciences et d'esthétique, t. 2: essais de politique*, Paris: Germer Baillière.

―――, [1882], "The Principles of Sociology, Part V, Political Institutions." Reprinted in 1890, *The Principles of Sociology*, New York: Appleton, pp. 229-667.

―――, 1883, tr. fr. par E. Cazelles, *Principes de sociologie, t. 3*, Paris: Germer Baillière.

―――, [1885] 1893, *The Principles of Sociology, vol. 3*, New York: Appleton.

Steiner, Philippe, 1994, *La sociologie de Durkheim*, Paris: La Découverte.

―――, 2005, *L'école durkheimienne et l'économie: sociologie, religion et connaissance*, Genève: Droz.

菅野和夫，2004，『新・雇用社会の法　補訂版』有斐閣.

杉山由紀男，1987，「デュルケム社会学における所有権論の意義」『ソシオロジカ』12（1）: 47-76.

―――，1988，「デュルケムの契約理論」『ソシオロジカ』13（1）: 73-97.

鈴木智之，1990，「連帯概念と連帯的社会像――É. デュルケーム『社会分業論』の主題と論理構成をめぐって」『慶應義塾大学大学院社会学研究科紀要』30: 63-71.

田原音和，[1971] 2017，「訳者解説」エミール・デュルケーム，田原音和訳，『社会分業論』筑摩書房，pp. 720-70.

―――，1983，『歴史のなかの社会学――デュルケームとデュルケミアン』木鐸社.

高村学人，2007，『アソシアシオンへの自由――〈共和国〉の論理』勁草書房.

田中拓道，2006，『貧困と共和国――社会的連帯の誕生』人文書院.

Tarde, Gabriel, 1901, *L'opinion et la foule*, Paris: Alcan.

上垣豊，2016，『規律と教養のフランス近代――教育史から読み直す』ミネルヴァ書房.

Turner, Stephen P.（ed.）, 1993, *Emile Durkheim: Sociologist and Moralist*, London: Routledge.

Vogt, W. Paul, 1991, "Political Connections, Professional Advancement, and Moral Education in Durkheimian Sociology," *Journal of the History of the Behavioral Sciences*, 27: 56–75.

————, 1993, "Durkheim's Sociology of Law: Morality and the Cult of the Individual," Stephen P. Turner（ed.）, *Emile Durkheim: Sociologist and Moralist*, London: Routledge, pp. 71–94.

渡辺和行，2009，『近代フランスの歴史学と歴史家――クリオとナショナリズム』ミネルヴァ書房.

Wundt, Wilhelm, 1886, *Ethik: eine Untersuchung der Thatsachen und Gesetze des sittlichen Lebens*, Stuttgart: Enke.

山口俊夫編，2002，『フランス法辞典』東京大学出版会.

山下雅之，1989，「初期デュルケームの諸論文に関する知識社会学的研究――道徳の科学と道徳の主張」『社会学評論』39（4）: 49–64.

山﨑亮，2001，『デュルケーム宗教学思想の研究』未來社.

吉本惣一，2016，『蘇る「社会分業論」――デュルケームの「経済学」』創風社.

注

（1） Victor Karady の編集した *Textes, t. 3*, p. 490の文献表には，*Revue philosophique de la France et de l'étranger* の24巻２号と記載されているが，24巻が正しい。

（2） Victor Karady の編集した *Textes, t. 3*, p. 490の文献表には，*Revue d'économie politique* の11巻と記載されているが，２巻１号が正しい。

（3） 出版地の Burdigalae とは，ボルドーのラテン語表記である。